2017 山东省民营经济发展报告

2017 SHANDONG SHENG MINYING JINGJI FAZHAN BAOGAO

主编　王乃静　夏季亭

西南财经大学出版社

·成都·

图书在版编目(CIP)数据

2017山东省民营经济发展报告/王乃静,夏季亭主编.—成都:西南财经大学出版社,2017.11
ISBN 978-7-5504-3271-0

Ⅰ.①2… Ⅱ.①王…②夏… Ⅲ.①民营经济—经济发展—研究报告—山东—2017 Ⅳ.①F127.52

中国版本图书馆CIP数据核字(2017)第268176号

2017山东省民营经济发展报告
王乃静 夏季亭 主编

责任编辑:孙婧 高玲 廖韧
助理编辑:冯雪 袁婷 金欣蕾
封面设计:墨创文化
责任印制:封俊川

出版发行	西南财经大学出版社(四川省成都市光华村街55号)
网 址	http://www.bookcj.com
电子邮件	bookcj@foxmail.com
邮政编码	610074
电 话	028-87353785 87352368
照 排	四川胜翔数码印务设计有限公司
印 刷	郫县犀浦印刷厂
成品尺寸	170mm×240mm
印 张	14.75
字 数	285千字
版 次	2017年11月第1版
印 次	2017年11月第1次印刷
书 号	ISBN 978-7-5504-3271-0
定 价	88.00元

《2017 山东省民营经济发展报告》编委会

主　任　王乃静

副主任　杨　文　夏季亭

编　委　帅相志　赵　琳　杨建军　崔奎勇　梁庆文

主　编　王乃静　夏季亭

副主编　赵　琳　刘　斌　潘洪洋

参　编　（排名不分先后）

罗殿华　金延辰　张吉芳　胡近东　孟　鹤

迟萍萍　石　猛　张　威　谷振涛　孙　雪

董海珍

前　言

党的十八大以来，以习近平同志为核心的党中央高度重视非公有制经济的发展。党的十八大报告提出，毫不动摇鼓励、支持、引导非公有制经济的发展，保证各种所有制经济依法平等使用生产要素，公平参与市场竞争，同等受到法律保护。党的十八届三中全会又强调必须毫不动摇巩固和发展公有制经济，坚持公有制的主体地位，发挥国有经济主导作用，不断增强国有经济的活力、控制力以及影响力。党的十八届五中全会再次指出，鼓励民营经济进入更多领域，更好激发非公有制经济的活力和创造力。这些为非公有制经济的发展扫清了思想理念上的障碍，奠定了持续健康发展的基础。

在最近召开的党的十九大上，习近平总书记站在历史和时代的高度，鲜明地提出了新时代中国特色社会主义思想和基本方略，深刻回答了新时代坚持和发展中国特色社会主义的一系列重大理论问题和实践问题，在报告中重申了“两个不动摇”，提出“要支持民营企业发展，激发各类市场主体活力，要努力实现更高质量、更有效率、更加公平、更可持续的发展”，为我国非公有制经济持续健康发展指明方向，标志着我国民营经济将迎来新的历史机遇、进入一个新的发展阶段。

山东省委省政府历来重视非公有制经济的发展。2016 年 8 月，山东省委省政府出台了《关于深入推进供给侧结构性改革的实施意见》，指出要切实推进非公有制经济重点行业转型升级。2017 年 7 月份，山东省委省政府召开了全省支持非公有制经济健康发展工作会议；9 月，出台了《关于支持非公有制经济发展的十条意见》，提出了打造一流营商环境、制定实施投资项目管理负面清单、建立健全融资新机制、支持发展“四新”促“四化”项目、推动建立现代企业制度、加强诚信体系建设、合理降低税费负担、建设高素质企业家队伍、引导民营企业“走出去”、提高产权保护精准度 10 项要求，明确规定了 56 项具体任务及若干责任单位。这是在加快新旧动能转换中推动山东省非公有制经济健康发展的重要举措。回顾过去的 2016 年，山东省民营市场主体达到 694.1 万户，注册资本（金）达 8.7 万亿元，分别占各类市场主体总量的 97.8%和 70.3%；非公有制经济增加值超过 3.9 万亿元，占地区生产总值的比重达到 58.3%；民间投资 4.1 万亿元，占全部投资的 78.6%；个体私营企业累计安置从业人员 2 372.7 万人，约占全省就业人员总数的 35.2%。可以说，非公有制经济已经成为山东省保持经济稳定的重要基础、财政收入的重要来源、促进就业的重要渠道、技术创新的重要主体、经济持续健康发展的重要力量。

《2017 山东省民营经济发展报告》是 2017 年度山东省民营经济发展研究的集中反映，划分为综合篇、政策篇、案例篇、省会经济发展专题和军民融合发展专题，从宏观和微观的角度剖析了山东省民营经济的发展状态，希望能对民营经济发展决策与管理者、理论研究与基层工作者，以及关注山东省民营经济发展的人士有所启迪和帮助。同时，《2017 山东省民营经济发展报告》涵盖面广，编写时间紧促，加之我们水平有限，报告内容难免有不足之处，恳请读者批评指正。

《2017 山东省民营经济发展报告》的编写得到了有关领导和专家的悉心指导，在此一并致谢。

编者

2017 年 10 月

目　录

综合篇

政策篇

案例篇

省会经济发展专题

军民融合发展专题

综合篇

经济增长新常态下山东省产业结构优化升级研究

引言

新常态是对中国经济增长从高速到中高速的增长速度换挡期、结构调整阵痛期、前期刺激政策消化期“三期叠加”阶段的重要判断。随着我国经济进入新常态，经济增长呈现放缓趋势，开始从高速增长转向中高速增长。但是，新常态并不意味着低增长，而是要通过结构调整和发展方式转变来开发经济增长的潜力和转换经济增长的动力，以实现经济长期持续的增长。当前，新一轮科技革命和产业变革呈现多领域、跨学科、群体性突破新态势。以新技术、新产业、新业态、新模式为核心，以知识、技术、数据等新生产要素为支撑的经济发展新动能，逐渐成为引领发展的主导力量。从中长期来看，我国经济依然有着持续快速增长的潜力，如何开发我国经济增长的潜力，以保持我国经济增长的持续性成为新常态背景下的一个关键问题。

山东是转型中国的经典缩影。山东作为东部经济大省，地处中国南北方临界线，改革开放以来经济社会发展取得巨大成就，在全国经济发展大格局中具有非常重要位置。党中央、国务院十分关心和重视山东发展，习近平总书记 2013 年 11 月视察山东时要求我省在推动科学发展、全面建成小康社会历史进程中走在前列。李克强总理 2015 年全国两会期间参加山东代表团审议时指出，山东在全国发展中地位重要，是由南向北扩大开放、由东向西梯度发展的战略节点。山东发展好了，既可以形成新的增长极，还可以带动内地发展。积极应对经济增长新常态，研究提出适应山东现实基础和未来发展的产业结构优化方向和转型升级路径，不仅关系当前，也关系长远，不仅关系山东，也关系全国发展大局，对全国同类省市具有重要借鉴意义。

一、产业结构优化升级的理论总结

（一）相关概念与内涵

1. 产业的概念

从一般意义上来说，“产业”一词泛指国民经济的各行各业。它不仅包括生产部门，还包括流通部门、一般服务行业、文化教育和行政服务业等。产业介于微观经济与宏观经济之间，属于中观经济。它既是具有某些相同属性企业的集合，又是国民经济中具有某些共同特点的整体部分。产业是社会分工的产物，它随着社会分工的产生而产生，并随着社会分工的发展而发展。从需求的角度讲，它是具有同类或者相互密切竞争关系和替代关系的产品或服务；从供应角度来讲，它是具有类似生产技术、生产过程、生产工艺等特征的物质生产活动或类似经济性质的服务活动。

2. 产业结构的概念

从经济学说史来看，产业结构概念的提出最早可追溯到 17 世纪配第、魁奈等古典经济学家，它的应用则是在 20 世纪 40 年代。日本在 20 世纪 50 年代中期用产业结构这一词概括各产业之间的相互结构关系，之后随着对产业研究的进一步深化，它的概念随之确立起来。“结构”是指事物的各个组成部分之间的组织、配合及相互关系。产业结构就是指国民经济中产业的构成、配合及相互关系。由于研究范围的不同，产业结构存在狭义和广义之分。狭义的产业结构的内容主要包括：构成产业总体的产业类型、组合方式，各产业之间的本质联系，各产业的技术基础、发展程度及其在国民经济中的地位和作用。广义的产业结构除了狭义产业结构的内容，还包括产业之间的数量比例关系及空间分布。另外也有学者把产业结构比喻成“资源转换器”，从概念上将资源与产业结构联系在一起，认为产业结构即劳动力、资本、技术和资源等生产要素在各产业间的配置关系；随着产业结构的转变，这些生产要素在各产业间的配置也会相应发生改变，从而起到了转换的作用。

3. 产业结构的分类

按照不同的标准可将产业分为不同的类型，相对地，产业结构也有各种不同的类型。

（1）按照三次产业划分产业结构

按照三次产业在国民经济中地位和比重的不同，可将产业结构划分为四种类型，即金字塔型、橄榄型、工字型和倒金字塔型。金字塔型产业结构的国家，第一产业是国民经济的基础，比重最大，第二产业其次、第三产业最小，形成下粗上细的金字塔型，这种国家多为农业国。橄榄型产业结构的国家，第二产业是国民经济的基础，比重较大，第一产业和第三产业比重较小，这种国家一般为工业国家。工字型产业结构的国家，第一产业和第三产业在国民经济中的比重较大，第二产业比重较小，形成两端粗中间细的工字型，多为以能源生产为主的国家，如石油输出国。倒金字塔型产业结构的国家，第三产业较发达，在国民经济中的比重最大，第一产业比重最小，形成上粗下细的金字塔型，这种国家多为发达资本主义国家。

（2）按照农、轻、重产业划分产业结构

依据农、轻、重产业分类法，可将产业结构划分为三种类型，即以农业为主的产业结构、以轻工业为主的产业结构和以重工业为主的产业结构。以农业为主的国家多为农业国，以轻工业为主的国家多处于工业发展的初级阶段，以重工业为主的国家则多处于工业化的中后期。

（3）按照产业发展程度及生产要素集约程度划分产业结构

按照产业发展程度及生产要素集约程度，可将产业结构划分为三种类型，即初级结构、中级结构和高级结构。初级结构指以发展水平较低、技术落后的劳动密集型产业及第一产业为主的产业结构。中级结构指以发展水平较高、技术先进的资本密集型产业为主的产业结构。高级结构是指以发展水平极高，拥有高新技术的技术密集型、知识密集型产业为主的产业结构。

（4）按四次产业分类法划分产业结构

四次产业包括第一产业农业、第二产业工业、第三产业服务业和第四产业信息业。其中前三次产业与三次产业分类法相同。第四产业为信息产业，又称 IT 产业，是指从事信息产品的生产、信息系统的建设、信息技术装备的制造等活动的企事业单位及有关内部机构的总称。信息产业在世界各国的经济发展中将逐步超过其他产业，居于主导地位，成为新的支柱产业。因此，在此种分类法中，产业结构划分的前三个阶段与依三次产业划分的产业结构相同，但强调第四个阶段——信息产业的兴起和发展，注重产业结构的优化升级。

（二）研究综述与评价

进入新常态后，我国经济正在向形态更高级、分工更复杂、结构更合理的阶段演化，而产业结构转型与升级被认为是“十三五”时期我国特别是经济发达地区应对经济新常态的中心任务。通过对文献的梳理，可以发现产业结构优化升级是一个被广泛研究的热点，相关研究成果为本课题的深入研究提供了理论基础。

1. 经济增长新常态的相关研究

自 2014 年中央政治局正式提出我国进入经济发展“新常态”，中国经济新常态在很短的时间内便成为国内经济学研究领域中的一大热点，国内学界已经取得了一定的进展。厉以宁（2014）、王一鸣（2014）、高峰（2015）等学者从宏观调控方面研究了中国应对经济新常态时期问题和挑战的对策；吴敬琏（2014）、郝福满（2015）、迟福林（2014）、裴长洪（2015）等学者从深化改革、对外开放的中观视角研究了中国应对经济新常态的对策措施；刘静（2014）、周其仁（2014）、张维迎（2014）等学者从企业家的培养和成长、企业自身的创新能力提升等微观视角研究了企业应对经济新常态时期问题和挑战的对策。

2. 产业结构优化的理论研究

美国经济学家罗斯托最早提出了主导产业理论，他根据技术标准将经济成长划分为六个阶段，并且指出每个阶段的演进都以主导产业部门的更替为特征。1957年，日本经济学家筱原三代平在《产业结构与投资分配》中提出了产业基准标准，即应该把收入弹性高和生产率上升快的产业作为优先发展产业，提高其在整个产业结构中的比重。国内对产业结构优化进行理论分析的文献大都倾向于指出产业结构优化的内涵和方向。比较有代表性的有周振华（1992）认为产业结构优化指产业结构合理化和高度化两方面；刘树林（2012）提出了衡量产业结构优化的三个现代基准，即产业的融合化、协同化和生态化；林岗等（2014）解释了中国产业结构未达到最优状态的原因。

3. 产业结构优化的实证研究

对产业结构优化进行实证分析的文献很多，相关研究主要集中在产业结构优化的衡量、产业结构优化的影响因素、产业结构优化对策等三个方面。其中，在产业结构优化的衡量方面，李博和胡进（2008）建立了一套基于静态投入产出模型的产业结构优化升级测度方法；李治国和周德田（2013）将第二、三产业增加值占GDP的比重作为产业结构优化的指标；张宝华和原毅军（2015）用高技术产业比重来衡量产业结构升级。在影响因素方面，王艳荣（2006）对影响我国产业结构演变的影响因素进行了研究，其中包括市场需求、国际贸易、科技进步和产业政策；龙波（2013）研究了中国居民消费变动对产业结构演变的影响；徐冰曦（2014）研究了国际市场变化如美国制造业回归对我国产业结构升级的影响。在优化对策方面，张丽英（2009）在分析河北省产业结构存在问题的基础上，提出了河北省产业结构调整的方向和策略。结合新常态背景研究产业结构优化对策的学者还有很多，如李文军（2015）、张秀生（2015）、魏杰（2015）、邵光学（2016）等。

但从现有研究成果看，定性研究多于定量研究，尤其使用实地调查数据研究的文献比较少。山东作为全国经济大省、制造业强省，在多年来高速发展中也积累了诸多深层次矛盾和问题，如传统要素优势不断减弱、产业结构不尽合理、产业集聚度低、产能过剩严重等。可以说山东是全国产业结构转型升级的典型区域。经济新常态的提出又对产业结构优化升级提高了要求，对于山东省来说，如何发挥供给侧改革、一带一路、互联网+等政策优势，化解土地空间限制、能源和水资源短缺、人口红利消失等现实困境，探寻适应山东实际的产业结构优化升级路径是一个值得研究的课题。

（三）产业结构演进的相关理论

产业结构演进规律的理论主要包括马克思主义的产业结构调整理论、西方产业结构演进理论和日本的产业结构调整理论。

1. 马克思主义的两大部类增长理论

马克思在分析社会资本再生产的实现条件时，从简单生产和扩大再生产的角度分析了生产资料部门和消费资料部门生产间的平衡关系。马克思指出："要想得到和各种不同的需要量相适应的产品量，就要付出各种不同的和一定数量的社会总劳动量。这种按一定比例分配社会劳动的必要性，绝不可能被社会生产的一定形式所取消，而可能改变的只是它的表现形式，这是不言而喻的。"即社会化大生产客观存在着按比例分配社会劳动的规律。列宁在此基础之上深入分析了两大部类之间的相互关系和变动趋势，明确指出：资本发展的规律就是不变资本比可变资本增长得快，也就是说，新形成的资本越来越多地转入制造生产资料的社会经济部门，即生产资料部门的增长速度快于消费资料部门，进而，个人消费品在资本主义生产总额中所占的比例不断缩小。社会经济生产中增长最快的是用于制造生产资料的生产资料的生产，其次是用于制造消费资料的生产资料的生产，最慢的是消费资料的生产。生产资料生产的快速增长，其客观必然性在于技术进步会引起资本有机构成的不断提高，使不变资本相对更快地增长。对生产资料需求的快速增加，必然要求生产资料生产的更快增长，以满足社会生产的需求。

2. 西方的产业结构演进理论

（1）配第-克拉克定理

配第-克拉克定理的中心内容是指出了经济发展过程中由收入差距所引起的劳动力在三次产业间的变动规律。17 世纪，英国古典经济学创始人威廉·配第在其代表作《政治算术》一书中曾经指出："比起农业来，工业的收入多，而商业的收入又比工业多。"其阐述了不同产业之间收入变化的规律，被称为配第定律。之后，英国科学家科林·克拉克对配第定律做出开创性的研究，得出经济发展的一般规律——一个国家经济的发展大致可以分为三个阶段：第一个阶段是经济发展的初级阶段，在这一阶段，农业是人们收入的主要来源，农业的收入极低，决定了这一阶段的人均收入水平很低、经济发展水平也很低；第二阶段，由于制造业的人均收入要高于农业，因此随着经济的发展，制造业在国民经济中的比重不断提高，这一阶段的经济发展水平和人均收入水平都要高于第一阶段；第三阶段，随着经济的进一步发展，第三次产业的人均收入高于农业和制造业，因此第三产业特别是服务业取得了较快的发展，经济发展水平进一步提高。在这三个阶段，劳动力首先从第一产业向第二产业转移，当经济发展到一定水平后开始向第三产业转移。三次产业的劳动力比重也发生相应变化，第一产业劳动力比重始终呈下降趋势，第二产业劳动力比重先上升后小幅下降，第三产业劳动力比重呈上升趋势。克拉克的研究印证和丰富了配第定律，因此他们的定理被合称为"配第-

克拉克定理”。

（2）库兹涅茨的产业结构演进规律

美国经济学家库兹涅茨在克拉克等人研究成果的基础上，从国民收入及劳动力在产业间的分布两个方面入手，通过对 50 多个国家历史数据的回归分析后发现：当人均产值在 70~300 美元时，农业在国民经济中的比重下降，工业和服务业的比重上升；当人均产值在 300~1 000 美元时，各部门比重变化不大，但工业和服务业内部结构有较大变化。他还对产业结构演进规律做了进一步的探讨，得出以下结论：第一，农业部门即第一产业的国民收入随着时间的推移，在整个国民收入中的比重与农业劳动力的相对比重均呈不断下降的趋势；第二，工业部门即第二产业的国民收入比重基本是不断上升的，但该产业的劳动力相对比重则大体不变或略有上升；第三，第三产业的劳动力相对比重始终呈上升趋势，但国民收入的相对比重则大体不变或仅有小幅上升。

（3）霍夫曼定律

德国经济学家霍夫曼对产业结构中工业结构的演进规律和发展阶段进行了深入的研究。他通过对近 20 个国家制造业中消费资料工业和资本资料工业的比例关系的分析，得出了著名的霍夫曼定律，即在工业化进程中，消费资料工业净产值与资本资料工业净产值的比例是持续下降的。根据这一比例的变化趋势，他将工业内部结构的演进划分为四个阶段：第一阶段，消费资料工业的生产在工业中占主导地位，比例较大，资本资料工业的生产居从属地位，比例相对较小；第二阶段，与消费资料相比，资本资料工业的发展速度极快，但规模远远小于消费资料工业的规模；第三阶段，随着资本资料工业规模的迅速扩大，其在工业内部的比重与消费资料工业的比重大体相当；第四阶段，随着资本资料工业规模的进一步扩大，其在工业内部取代消费资料工业，居主导地位。

（4）罗斯托的主导产业扩散效应理论

美国经济学家罗斯托提出了“主导产业扩散理论”和“经济成长阶段理论”。他认为，一个国家或经济体之所以能够保持持续的经济增长，主要是源于主导产业规模的迅速扩大，并影响其他产业，即产生了扩散效应。“主导产业扩散效应”包括回顾效应、旁侧效应和前向效应。他还根据科学技术水平和生产力发展水平，将经济成长的过程划分为六个阶段：第一个阶段是传统社会阶段，这一阶段的科学技术水平和生产力水平低下，主导产业部门为农业部门；第二个阶段是为“起飞”创造前提的阶段，在这一阶段，近代科学技术开始在工业中发挥作用，占人口 75%以上的劳动力逐渐从农业转向工业、交通、商业、服务业，投资率的提高明显超过人口的增长水平；第三个阶段是“起飞”阶段，这一阶段相当于产业革命时期，积累率在国民收入中所占的比例从 5%增加到 10%以上，由一个或几个经济主导部门带动国民经济的增长；第四个阶段是向成熟挺进的阶段，在这一阶段，现代科学技术已经有效地应用于生产，投资率为10%~20%，由于技术创新和新兴产业的不断涌现和发展，产业结构发生巨大变化；第五个阶段是高额大众消费阶段，这一阶段工业高度发展，主导部门转移到耐用消费品和服务部门；第六个阶段是追求生活质量的阶段，这一阶段的主导部门从耐用消费品部门转移到教育、医疗、保健、福利、文娱、旅游等提高生活质量的部门。

（5）钱纳里工业化阶段理论

美国经济学家钱纳里运用库兹涅茨的方法，对产业结构变动趋势进行了更深层次的研究，揭示了制造业内部结构的转换是由于产业间存在着产业关联效应而引起的。他发现，制造业的发展主要受到人均GDP、需求规模和投资率的影响，进而根据经济发展的不同阶段将制造业内部结构的演进划分为三个发展时期，并根据这三个时期的特点将制造业分为三种不同类型的产业。即在经济发展初期，对经济发展起主要作用的是初期产业，如食品、皮革、纺织等部门；在经济发展中期，对经济发展起主要作用的是中期产业，如非金属矿产品、橡胶制品、木材加工、石油、化工、煤炭制品等部门；在经济发展后期，对经济发展起主要作用的是后期产业，如服装和日用品、印刷出版、粗钢、纸制品、金属制品和机械制造等部门。

3. 日本的产业结构演进学说

日本经济学家筱原三代平发展了李嘉图的比较优势理论，提出了“动态比较费用论”。按照李嘉图的比较优势理论，各国都应该生产和出口有相对优势的产品，因此，发达国家应该重点发展重工业等收入弹性较高的产业，发展中国家则应该发展农业等收入弹性较低的产业。这就会造成世界两极分化的结果，即发达国家更发达，发展中国家更落后，这将不利于世界经济的整体发展及后发国家的经济进步。筱原三代平在此基础上提出了“动态比较费用学说”，其核心思想是：产品的比较成本是可以转化的，并能形成动态比较优势。他认为，一国应重点扶持那些有发展潜力，对国民经济有重要意义的产业，此即“扶持幼小产业说”。这一学说阐明了落后国家通过对幼稚产业的扶持，能够使原来处于劣势的产品转化为优势产品，对落后国家的产业发展具有积极的意义。筱原三代平还对日本当时产业结构的规划提出了两个基准——“收入弹性基准”和“生产率上升基准”。收入弹性是某一产业产品需求与人均国民收入之比，随着收入的增长，收入弹性比值较大的产品，其社会需求会以较快的速度增长；生产率是产出对全部投入要素之比，影响生产力上升率的最重要因素是技术水平，技术水平高的部门生产率提高速度较快，产业的增长和发展速度较快，在国民收入中的比重也会随之增加，反之在国民收入中的比重会不断减少。筱原三代平认为，按照收入弹性基准，应该优先选择收入弹性比较大的产业作为主导产业，并进行重点发展；按照生产率上升基准，应该选择技术进步率较高的产业作为主导产业，并进行重点发展。

筱原三代平认为，一个国家平衡发展所有产业是不可能的，必须重点发展能够对其他产业产生重大影响的产业，而重工业的产业关联效应较大，在经济发展过程中应优先重点发展。筱原三代平提出的理论对 20 世纪日本政府制订经济计划和经济政策有着积极的指导作用。佐贯利雄在对日本制造业各部门发展的实际过程进行研究后认为：日本产业结构迅速实现高度化的秘诀就在于先后出现三组带头的主导产业：第一组为电力工业，特别是火力发电，为石油、钢铁等原材料工业的发展创造了条件；第二组为石油化学、钢铁、造船等原材料产业；第三组为汽车、家电等机械产业。这三组战略产业在不同的经济发展阶段优先发展，在生产、销售、出口等方面有效地发挥了产业关联效应和技术关联效应，带动了日本制造业的高速发展，使日本产业结构得到了不断的优化和升级。

（四）影响产业结构变动的因素

产业结构演进的动因包括经济因素和非经济因素，经济因素主要包括消费需求、投资需求、商品供应、生产资料价格、科学技术等，非经济因素主要包括制度因素、政策因素、环境因素等。将这些因素进行重新归类可分为需求因素、供给因素、环境因素和科技因素。

1. 需求因素

社会生产的最终目的是满足需求。随着需求的变化，社会生产不断调整，这种调整最终会导致产业结构的变化。需求因素包括消费需求因素和投资需求因素。随着经济的发展和收入水平的提高，人们的消费数量和结构随之发生变化。从总量看，消费数量的增加会使社会总需求不断提高，导致不同产业部门的扩大和缩小；从结构看，消费结构的变化会使供给结构发生相应变化，进而导致产业结构的变化，不同的消费结构和消费数量一般对应不同的产业结构。投资是产业扩张的一个重要条件。投资结构是资金向不同产业方向投入所形成的各产业的投入比例关系。不同的投资需求会产生不同的投资结构，而不同的投资结构会使各产业资金投入比例不同，导致各产业发展程度产生差异。资金投入比例大的产业一般都能得到较快的发展，成为主要的产业部门，资金投入比例小的产业则会减缓发展甚至发生衰退。

2. 供给因素

供给因素一般决定了产业结构的最初形成状态，并且供给因素的变化还会使产业结构发生调整。供给因素主要包括资源禀赋状况、劳动力状况、资本供应及商品供应。由于各国所处的地理位置不同，资源禀赋条件各有差异，这种差异直接影响产业结构的形成及发展。自然资源较充裕的国家，产业多偏重于其所拥有的自然资源，而自然资源较匮乏的国家，产业则多倾向于其他方面。劳动力供给对产业结构的影响主要体现在劳动力的数量、质量及流动方向的变化影响产业发展方向，是产业结构演进的重要条件。资本是重要的生产要素之一，资本供应状况直接影响产业的形成和发展，影响产业结构的形成和演进。资本供应状况包括资本总量规模和投资偏好。影响产业结构变动的商品供给因素主要包括原材料和中间产品的供给。从原材料角度来看，任何产品的生产都离不开原材料的供给，原材料的供给数量直接影响产品生产数量；而原材料的价格和质量直接影响产品的价格和质量，影响产品的销售和利润，进而影响产业的发展和产业结构的演进。

3. 科技因素

科学技术的进步是一个国家经济发展的第一推动力，也是产业结构向高级化发展的最根本因素。从经济发展史来看，任何一次产业的革新都是以技术进步为前提的。在科学技术的推动下，各产业不断发展，主导产业由以劳动密集型为主向以资本密集型为主转变，并进一步向以技术密集型为主迈进。而产业结构则由以第一次产业为主向以第二、三次产业为主演进，使经济社会由农业社会向工业、知识社会演进，促进产业结构由低级向高级发展，实现产业结构的优化升级，并最终实现经济的不断发展。科技对产业结构的推动作用主要表现在以下两个方面：第一，科技能够改变需求因素，通过消费需求和投资需求的变化影响产业结构；第二，科技能够改变供给因素，通过资源供给、劳动力供给和资本供应状况的变化影响产业结构。

4. 制度因素

一个国家的制度安排对产业结构变动轨迹的影响很大。制度不仅是影响经济发展的重要原因，也是影响和制约产业结构演进的重要因素之一。这里的制度主要指一个国家的经济政治制度、经济政治体制、各项政策措施等。这里所说的国家政策主要是指对产业结构产生影响的经济发展战略和包括产业政策在内与产业结构演进相关的各种经济政策。一个国家在不同阶段、不同的发展时期所制定和实行的重大经济政策（如政府制定的未来经济发展战略、产业结构政策、主导产业选择政策、新兴产业扶持政策等），在影响经济发展方向的同时，都会对产业结构产生巨大的影响。

5. 国际贸易因素

在开放的经济条件下，国际市场变动对一国的产业结构有着深刻的影响。前面提到的需求因素对产业结构的影响，在开放经济条件下，也包括了国际市场上的需求。一般情况下，开放程度越高的国家，国际贸易对产业结构演进的影响就越大。一方面，国外某些产品可以弥补本国市场的不足，本国客观条件不允许发展的产业也可以通过进口来弥补，即从产品供给这一角度影响产业结构演进；另一方面，进口国外先进的技术及产品可以刺激本国这一产品的开发、生产及出口，发挥后发优势，即从产品需求这一角度影响产业结构演进。国际投资也会影响产业结构的演进。对外投资会减少本国产业的发展资金供给，使本国产业向国外转移，而国外资金的流入会增加本国产业的发展资金供给，使国外的产业向本国转移，这两个方面都会使本国的产业结构发生调整。从历史经验来看，国外的直接投资对本国产业结构变动的影响作用更大。另外，国外的直接投资会带来别国的技术、管理和产品，也会影响本国产业的发展，使产业结构发生改变。

（五）产业结构演进的模式

一个国家产业结构演进过程中，各阶段的产业结构调整通常有四种模式，即雁行形态发展模式、产品循环发展模式、同时开发发展模式和跳跃式发展模式。

1. 雁行形态发展模式

“雁行形态说”是日本经济学家赤松要提出来的。他通过对日本棉纺织工业发展史的研究发现，后起国家产业发展的规律是：国外进口—国内加工—向外出口，这同时也是用来解释后起国家参与国际分工实现产业结构优化的理论。从图 1 的形状看，产业发展的三个阶段形似三只大雁在飞翔，所以其又被称为“雁行形态说”。左边第一只大雁是国外进口阶段，在这一阶段，国内市场对外开放，但国内没有生产这种进口产品的产业，或是产业处在初级发展阶段。此时，国外的商品大量涌入该国市场，形成国内市场需求。中间第二只大雁是国内生产阶段，在这一阶段，进口国通过技术引进和产品模仿，发展本国生产，以满足国内市场的需要，从而减少国外进口。右面最后一只大雁是向外出口阶段，随着本国此种产品生产规模的不断扩大和劳动生产率不断提高，国内依靠成本优势和规模优势在满足国内需要的同时，开始向国外出口，生产此种产品的产业发展并成熟起来。这三只大雁成为一国某产业发展的阶段图，后起国家各产业可依这一模式顺次发展各产业，最终实现产业结构的优化升级。

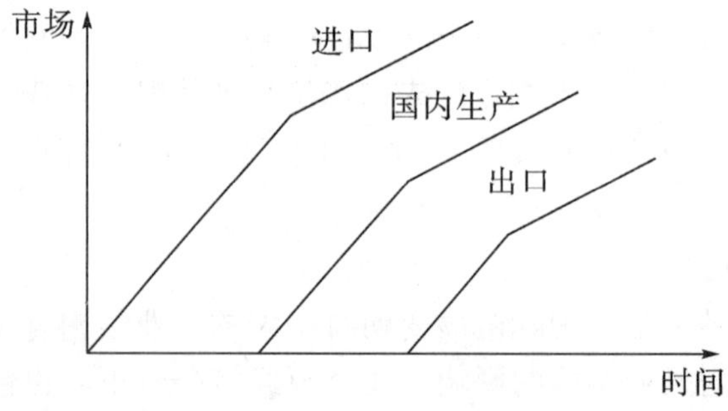

图 1　雁行形态发展模式

2. 产品循环说

产品循环说又叫产品生命周期理论，是美国著名经济学家雷蒙德·弗农提出的。其模式是：新产品开发→国内市场形成（满足国内需要）→出口→资本和技术出口→国内生产下降（进口）→开发更新的产品→……按照这种顺序不断循环。一个产品的循环周期共经历新产品导入时期、成熟时期和标准化时期三个阶段。对处于不同发展水平的国家来说，经历每阶段的时间各不相同。按照产品的这种循环周期，产品的规模生产是由发达国家→次发达国家→发展中国家依次演进的。这除了说明在开放经济条件下，国际分工的进一步发展，也表明一个国家产业兴起、发展和衰落是呈周期性变化的。不同的产业，其发展周期和所处的发展阶段各不相同，便形成了产业结构的调整和变化，即产业结构的演进。

3. 同时开发发展模式

同时开发发展模式是后起国家发展技术密集型产业中所采取的一种发展模式。随着科技在生产领域的应用和发展，产业基础不断发生变化，传统产业的主导地位逐渐被新兴产业所取代。在这种形势下，各个国家都投入了大量的人力和物力，竞相开发高技术产品和建立高技术产业，加速产业结构的优化和升级，以期保留更多的比较优势，提高本国产品在国际市场上的竞争力。因此，后起国家与发达国家在很多技术的开发和产业的发展阶段上几乎是同步的。这也是后起国家加快产业结构优化升级，在经济上赶超发达国家的表现。

4. 跳跃式发展模式。

跳跃式发展模式是指后起国家在发展过程中，通过移植先进国家成熟的技术及先进经验，省略或缩短了经济发展的某一阶段，加速产业结构调整步伐，使本国经济在相对较短的时间内完成先进国家几十年甚至上百年才能完成的产业结构优化升级，赶上甚至超过经济发达国家的产业发展水平。跳跃式的产业结构演进模式最明显的优势是，在发展过程中避免了自我开发技术所要走的弯路，降低了技术开发的风险，节省了大规模的资本投入，直接利用成熟技术、借鉴先进的组织形式和经验发展本国经济，在尽可能短的时间内实现产业结构的优化升级。对于技术后进国，这种方式无疑是最经济、最快捷的发展方式。

（六）产业转型升级方向

1. 集群化

集中优势资源，既把单个产业做大做强，又通过技术创新推动重点产业间的相互融合、配套发展，实现产业集聚。加速培育中小企业发展，鼓励龙头企业积极向产业链上下游扩展，围绕主导产品开展专业化协作，打造区域特色优势产业链。着力引进关联度大的龙头型项目、带动力强的基地型项目、产业链长的综合性项目，重点引进大企业集团研发中心等总部经济，加快培育新兴产业的增长点项目。按照产业集聚、企业集中、主业突出、特色鲜明的要求，以高新区、经济开发区等为载体，加强产业基础设施和公共服务设施建设，引导重点产业和生产要素加快向园区集中，提升产业基地承载力和竞争力。

2. 集约化

集约化经营是以效益（社会效益和经济效益）为根本对经营诸要素重组，实现以最小的成本获得最大的投资回报。对于山东省的产业发展，也要实现集约化经营。首先，把质量经营放在重要位置上，逐渐从过去以“外延扩大”和“争地盘、重规模”为主的经营思路转向以“强化内涵”和“练内功”为主的经营思路上来。其次，要求生产要素的相对集中，通过经营集团化、规模化，提高规模效益和乘数效应，提高产业竞争力。最后，以提高效益为最终目标，不断提高土地、能源、水等重要资源利用效率，优化资源配置，提升产业发展质量。

3. 绿色化

随着生态文明理念的提出和贯彻，绿色化日益成为我国产业发展和城市建设的重要指导。绿色化是产业转型升级的核心价值所在，也是检验产业发展效果的重要指标。这就要求各地积极推进生态经济、低碳经济等绿色化产业模式，整合创新资源，促进节能环保产业技术突破，不断推动工业绿色转型，加快节能环保产业发展。

4. 智能化

2015 年 5 月 18 日，国务院印发《中国制造 2025》，着力推动新一代信息技术与制造技术融合发展，把智能制造作为两化深度融合的主攻方向，着力发展智能装备和智能产品，推进生产过程智能化，形成制造业信息化、服务化的新格局。可见未来的产业发展将逐步实现机器换人，实现智能化发展。

5. 平台化

互联网经济时代，平台经济日益成为颠覆传统经济模式、引领未来商业模式的驱动力。平台经济是后工业社会基于互联网进行资源分配、生产、消费的网络化经济形式，正成为新经济时代最重要的产业组织形式之一，具有去中心化、先做用户后做产品、分布式研发三大特征，具有培育新业态和新的商业模式、促进关联企业价值再造、强化关联企业创新网络三大功能。

（七）新常态下产业转型思路

1. 传统产业脱胎换骨

根据产业禀赋和市场需求，选准主攻方向和转调重点，实施高端高质高效发展战略，推动传统产业脱胎换骨、迸发活力。有些传统产业集群规模大、技术积累广、产业链条长，比如高端化工、能源原材料，对这种产业要整合资源，统筹布局，向价值链高端进军。有些传统产业产品品位偏低、深耕潜力较大，比如纺织服装、建材，对这种产业要加快技术改造和研发创新，促进供给水平整体跃升。还有一些属于“两高一资”和产能过剩产业，对这些产业要更多地运用法治化、市场化手段，强化质量标准约束和资源环境倒逼，实现资源优化再配置。

2. 优势产业扩展延伸

山东省产业门类齐全，机械装备、汽车制造、电子信息等重点产业产品特色鲜明、市场地位较高。要加大对优势产业转型升级力度，掌握核心技术，向产业链高端延伸，积极应用新技术、推广新模式、培育新业态、派生新产业，实现产业智慧化、智慧产业化、跨界融合化、品牌高端化，继续保持市场竞争力。

3. 新兴产业培育壮大

加快推动新兴产业加速崛起、扩容倍增，是优化产业结构、培育新动能、获取未来竞争新优势的关键。有的新兴产业经过多年发展已具规模，比如高端装备制造、信息产业、海洋经济，对这类产业要掌握核心技术和领先标准，推动其向更高层次和更大集群方向发展。有的新兴产业正在蓬勃兴起，比如共享经济、3D打印，对这类产业要完善支持政策，审慎监管，在产业化和标准化上取得突破。有的新兴产业正处于萌芽状态，但是潜力无限，甚至具有革命性、颠覆性，比如虚拟现实、量子信息、人工智能、无人驾驶等等，对这类产业要聚焦引领性和标志性前沿技术，助推更多“俊鸟”“靓鸟”展翅腾飞。

4. 落后产业腾笼换鸟

综合运用法律、经济、技术和必要的行政手段加强腾笼换鸟和淘汰落后产能工作。严格维护市场秩序，通过有序竞争实现优胜劣汰。充分发挥经济手段的作用，提高淘汰类、限制类企业的认定标准，倒逼落后产能加快淘汰。充分发挥法律法规的约束作用和技术标准的门槛作用，加大执法处罚力度，依法依规淘汰落后产能。

5. 绿色产业扶持成长

贯彻生态文明理念，牢固树立“绿水青山就是金山银山”的理念，坚持把节约优先、保护优先、自然恢复作为基本方针，把绿色发展、循环发展、低碳发展作为基本途径，推进生态经济、低碳经济等绿色化产业模式，整合创新资源促进节能环保产业技术突破，不断推动工业绿色转型，形成经济社会发展新的增长点。

二、国内外产业结构优化升级的经验借鉴

在实际经济发展过程中，产业结构的优化升级同区域经济的发展紧密相连。产业结构的调整和优化能够有力地促进区域经济快速发展，而区域经济的稳定发展又为产业结构调整提供经济基础和市场条件。虽然产业结构的相关理论为地区

产业结构的调整提供了方向，但由于理论与实际的差距，我们必须从本地区产业发展的现实条件出发，在借鉴发达国家产业结构调整的经验教训的基础上，提出切实可行的政策建议。

（一）美国产业结构调整的经验与启示

1. 美国产业结构调整的历程

纵观美国产业结构调整的历程，我们可以看到产业结构调整的重心依次是农业、工业、服务业。美国产业结构调整政策的演变历程从本质上来说，是国内经济内部矛盾运动的结果，反映了在社会生产力发展的过程中，随着经济总量的不断扩大，产业结构呈逐步优化的客观过程。产业结构变动的重心之所以出现由农业向工业，再向服务业转移的趋势是与社会消费或者需求结构的演变紧密相关的。首先，农业充分发展和生产率大幅度提高，一方面满足国民经济初级阶段的基本社会消费需求，另一方面为工业发展提供大量农业原料和剩余劳动力。其次，随着工业化的不断深入，工业的发展带来了人们收入水平的迅速提高和物质财富的极大丰富，社会消费和需求结构的中心转向第三产业服务业，这种需求的转变拉动了第三产业的发展。同时，劳动生产率的迅速提高，提供了越来越多的剩余劳动力，又为第三产业的发展创造了可能的条件。因此，美国经济的发展阶段是遵循着产业结构调整的客观规律的：产业发展的顺序依次是农业、工业、服务业，随着经济的发展，第三产业在经济结构中的地位和比重越来越大，第一、二产业在国民经济中所占比重降低。

在美国的经济发展过程中，政府对产业结构进行了阶段性的调整。其大致可以总结为：以农业为主的产业结构调整政策（即工业化前的经济），转向以工业为主的产业结构调整政策（即工业化经济），再转向以广义服务业为中心的产业结构调整政策（即后工业化经济）（郭吴新，2000）。产业结构不断向现代化、高级化方向发展。1869 年至 1878 年，美国主要倾向于鼓励农业产业的发展；20 世纪 20 年代到 50 年代，主要倾向于工业产业发展；20 世纪 50 年代到 70 年代，主要倾向于促进服务产业的发展；20 世纪 80 年代后期，主要倾向于促进高科技产业的发展。

2. 美国产业结构调整的启示

纵观美国产业结构的调整，大致可以得出两个方面的启示：一个是宏观层面，一个是微观层面。在宏观层面上，一方面，美国通过一系列的宏观政策和法规来解决市场经济对产业结构的扭曲现象。市场自身具有的缺点依靠其自身的力量是难以修正的，这种潜在的缺陷可以使产业结构的调整扭曲，甚至会带来经济的崩溃。这些市场经济的缺陷只能通过政府力量来解决。另一方面，美国通过一系列的宏观政策和法规来激活产业结构调整的基本因素——新技术的创新和应用。由于新技术的开发和应用，新兴产业的生产效率的提高打破了原来的产业间利润关系，使资金和劳动力向产业利润高的行业涌入。大量的生产要素的投入使新兴产业迅速发展成为主导产业和支柱产业，这不仅促进了经济的增长，而且迫使原有的夕阳产业或者进行改造或者退出市场，从而就加快了产业结构的调整和升级。可以说，由政府力量引导的技术创新和应用促使产业结构的优化和升级，从而使国民经济增长。在微观层面上，促进产业结构调整的因素是市场机制的进一步完善和企业经营观念的改变。在经济周期的低谷期，市场机制缺陷就显现出来：过度投资造成产业衰退，大量企业破产。这些风险因素会促使企业经营者转变经营观念。如在经历了经济危机后，美国企业转变观念，侧重于对技术、人才的投入。在经历了对经济发展具有巨大破坏作用的经济危机后，各产业中经济运行的基本单位——企业了解到经济周期对企业和行业发展的巨大的影响作用。以往以增大固定资产作为投资的“粗放型”的经营方式会增大企业运行的经济风险。因此，企业经营者改变了经营思路，转向了以增大软资产（这里的“软资产”主要是指相对于物化的固定资产而言的企业的竞争力的一种活性体现，主要是技术的创新、经营理念和企业文化）的投入的方式来带动企业和行业的发展，走上了“集约型”发展的道路。因为软资产是一种不受经济周期波动影响的企业自由因素，它不但可以使企业免受经济周期的影响，而且有利了促进企业的核心竞争力的发展，这就使企业不断完善自身运作机制，提高生产效率，从而促进整个产业的健康和快速的发展。

我国市场经济体制尚不完善，微观经济常常不能自发正常运转。因此在处理区域产业结构调整和经济增长时，政府宏观调控能力起到了更重要的作用。在山东省的产业结构调整中，政府干预或者调控对产业发展固然重要，而且见效比较快，但是，从美国产业结构调整中，我们更要看到市场自发产业结构调整的积极作用。纠正市场的缺陷，加强对市场力量的培养，完善市场机制，利用市场主体自身的技术创新和观念改变来形成产业结构调整的动力，试着通过法律政策等间接手段来调整不合理的产业结构。

（二）日本产业结构调整的经验与启示

1. 日本产业结构调整的历程

二战后日本经济取得了飞速的发展。在经济发展的过程中，日本政府针对不同经济发展时期，制定了相应的产业结构调整政策。这些产业结构调整政策保证了二战后日本经济的发展。综合白雪洁（1999）和其他学者的研究，它大致经历了三个时期（白雪洁，1999）。

第一个时期从 1945 年到 1950 年，这一阶段主要由以农业-轻工业为主导的产业结构向以重化学工业为主导的产业结构进行调整。这一时期是日本经济的恢复重建时期（从 1946 年起，日本政府实行“倾斜式生产”，旨在恢复发展以农业为主的轻工业结构）。在经济恢复时期，日本政府重点抓了农业和轻工业，使农业、轻工业、农业机械工业的发展快于其他重工业和化学工业，从而缓和了粮食和生活必需品的紧张状态，为现代化创造了条件。1946 年日本政府采取了“充分保护农业利益”的方针，开始了“农地改革”，并提出了“重建纤维工业”的三年计划，对纤维工业进行了整顿和扩充，使农业和轻工业很快恢复、增强了资本积累的能力，初步恢复了以轻工业-农业为中心的产业结构。20 世纪 50 年代初，工业生产水平基本恢复到二战前或二战时最高水平。政府开始大力推行产业合理化，逐步使产业结构由轻工业-农业主导型向重化学工业主导型转化，发展出口贸易，大力推进资本积累，同时，积极培育中小企业，为 20 世纪 50 年代中期开始的重化工业化时期做准备。

第二个时期从 1951 年至 1970 年，这一阶段主要是对重化学工业内部结构进行调整。从 20 世纪 50 年代开始，日本产业结构转向重化学工业方向发展。1951 年后日本陆续制订了“钢铁第一次合理化计划”“汽车合理化三年计划”“造船合理化计划”“电源开发五年计划”等；制定了关于产业结构的长期规划，大力发展重化学工业（1951 年爆发的朝鲜战争，使日本企业界获得巨额的利润，促进了资本的积累和扩大再生产，为日本走上经济振兴之路提供了条件）。通过大规模地向重化学工业投资，有计划地实行企业合并，采取现代科学技术，扩建、改建和新建一系列重化学工业企业，到 20 世纪 70 年代初，日本基本上完成了产业结构的重化工业化过程。重化学工业在制造业中所占的比重，于 1960 年超过了 5 成。日本还对重化学工业的内部结构进行调整。在重工业和化学工业中，钢铁、石油化学等“材料型”制造业的发展更为迅速，“材料型”制造业的价低质优的供给能力与国民收入的增长，又促进了汽车、电机等“加工组装型”制造业的发展。

第三个时期从 20 世纪 90 年代后期开始，由以重化学工业为主的产业结构向“知识密集型”产业结构调整。进入 20 世纪 70 年代，日本经济进入稳定增长时期（1973 年的石油危机，使原油价格大幅度提高，使得 82.6%的石油依赖中东进口的日本陷入混乱，日本经济增长趋缓）。在这种产业结构的转型期，日本政府制定了以重化学工业为主的产业结构向“知识密集型”产业结构调整的产业政策。日本产业结构审议会在咨询报告中提出了发展“知识密集型”产业的方向：研究开发工业（如电子计算机、飞机、精密化学）、高级装配工业（如数控机床、高级成套设备）、时兴型工业（高级服装、电器音响）、知识产业（信息处理服务、系统工程）。与此同时，日本政府出台了一系列的经济政策来辅助产业结构的调整和转型，例如日本通产省的产业结构审议会上提出的《21 世纪产业社会的基本构想》报告，提出了对日本高新技术产业的企业进行资金扶植、产品补贴等优惠政策。在这些政策的引导下，日本的“知识密集型”产业迅速发展起来。

总体上，在产业结构演进过程中，日本主要通过制定经济发展战略和产业政策来实现对产业结构的调整。根据产业结构的演进规律，政府科学地选择优先发展的产业，并制定出相应的扶植政策，从而推动产业结构向高度化演进。日本产业结构调整过程经历了从以农业-轻工业为主导的产业结构向以重化学工业为主导的产业结构进行调整；重化学工业内部结构调整；从以重化学工业为主的产业结构向“知识密集型”产业结构调整三个阶段。依靠政府和市场的双重作用，日本经济实现高速发展。

2. 日本产业结构调整的启示

与美国政府在产业结构调整中的角色不同，日本政府在本国经济发展及产业结构的调整方面起到了重大的作用。这主要是由于日本产业结构成长的起点较低，其可以支配的资源短缺，因此，日本单靠市场机制的作用很难在短时期内迅速积累资本，完成产业结构高度化的目标。在这种情况下，就出现了有别于竞争性的产业结构调整模式的另一种产业结构调整模式，这就是由政府产业政策引导，以垄断性的大规模企业为骨干的干预性产业结构调整模式。日本产业结构调整模式的成功是在宏观领域和微观领域的一整套正式和非正式制度的安排下实现的。就促进产业结构优化升级的关键性来说，日本政府的产业政策和民间企业以大型企业集团为核心的金字塔系列运作方式及两者的互动关系发挥了积极的作用。其中，日本政府在产业结构调整中的作用主要可以从主动积极和被动谨慎两个方面进行分析。

当然，日本政府在产业结构调整的政策方面也存在着经验和教训。20 世纪 50 年代，在国内企业和产业普遍出现资金短缺的情况下，日本政府依然采取保守的政策，坚持关于外资进入的严格限制措施，致使产业结构的调整被推迟了多年。20 世纪 90 年代，日本经济飞速发展的过程中，日本政府没有注意到本国经济的泡沫成分的严重性，在货币政策上没有采取及时的、有效的政策抑制泡沫经济的进一步扩散，导致了 90 年代经济的滑坡和倒退（1985 年“广场协议”迫使日元升值，使日本在国际贸易中处于不利地位，日元的升值进一步促使财富大量增长，大量资金投向了房地产及相关产业，导致大量泡沫经济的产生，影响了产业结构的正常发展）。但就总体来说，日本政府的积极作用使日本能够通过适当的产业政策来进行产业结构的调整和升级，进而使自身在二战后迅速地发展起来。

对于我国区域产业结构调整和经济发展来说，在应用政府主导的产业结构调整和升级从而实现赶超式发展方面，日本政府的政策行为和原则是十分值得借鉴的。从整体上看，山东省市场机制不够完善，产业结构层次低。这正需要政府在区域经济的发展中起到积极的带动作用。但要注意日本产业结构调整中的问题，政府产业政策要宏观把握经济，警惕经济发展中的问题，避免产业政策对经济造成负面影响。

（三）长三角地区产业结构调整的经验与启示

1. 长三角地区产业结构调整的历程

改革开放以来，在建设中国特色的社会主义市场经济的方针的指导下，我国政府由计划经济时代的强制干预转向了通过产业结构调整来促进长江三角洲区域经济的发展。我国政府根据当时国际背景，并且结合长江三角洲的实际情况来制定区域经济的产业结构调整的方针和政策。可以说，改革开放以来，长江三角洲地区产业结构调整大致经历了以下几个阶段：

首先，第一个阶段产业结构调整的侧重点是借助外资，完善和加强长江三角洲地区内第二、第三产业的发展，摆脱第一产业农业对经济的制约，形成工业经济的体系。这一阶段主要从 1982 年到 1992 年。1982 年，国家领导人提出“以上海为中心建立长三角经济圈”，1986 年，由国家经贸委牵头成立了上海经济区。长三角区域的经济概念扩大到五省一市：上海、江苏、浙江、安徽、福建、江西。长江三角洲地区结合改革开放的大好形势，利用自身的沿海区位优势，吸引大量的海外投资。这不仅缓解了工业经济发展过程中对资本需求的压力，而且引进了一批较为先进的生产技术和经营理念。在与国际接轨的过程中，政府制定了优惠的产业政策来加快产业结构的调整，如降低税收、进行财政补贴等。在这样的政策引导下，长江三角洲的区域产业结构逐渐合理化，第一产业的比重明显下降，第二、三产业的比重明显上升，尤其是第二产业上升幅度较大；资源密集型和劳动密型的产业比重逐渐下降，资本密集型、技术密集型产业的比重逐渐上升，逐渐成为我国机电、石化、电子信息、金融、贸易、房地产、广告、旅游等朝阳产业的主要集中区。工业经济体系基本形成。

其次，第二个阶段产业结构调整的侧重点是促进产业结构的高度化，巩固工业经济的产业结构，注重产业结构的技术知识集约化。这一阶段主要是 1994 年以后。1992 年党中央、国务院做出了“以浦东开发开放为龙头，开发建设长江三角洲及沿江经济带”的重大战略决策以后，产业结构调整进入了一个新阶段。在原有基础上，长三角地区应该进一步巩固第二产业的发展，形成深加工（石化）、重化工业（机电、机械、汽车）、轻纺工业等主导产业。与此同时，进入 20 世纪 90 年代以后，随着科学技术的广泛应用和高附加值产品的出现，高科技和知识密集型产业受到重视。长江三角洲区域经济的发展也在进一步优化自身工业结构的基础上，着重发展高科技知识密集型产业和服务业。经过上一个时期的产业结构调整，长三角地区的经济取得了飞速的发展。国内外大量的资金和人才纷纷涌入长三角地区。这为高科技产业的发展奠定了基础。此外，大量资金的积聚促使了金融衍生产业（银行、保险和资本市场）的形成和发展。政府为引导产业结构的调整，也制定了相关的产业政策，如设立工业技术研发中心、加大技术研发资金的投入、对相关行业的企业给予财政补贴和税收减免。在这些政策的引导下，长三角的区域经济取得了进一步的发展。第一产业比重迅速下降，2014 年已经达到 4. 1%；第二产业比重稳步增长，并且结构趋于高级化；第三产业比重迅速增长，2014 年已经达到地区生产总值的 49. 6%。其中更是以金融服务业和高科技研发产业占主要地位。

2. 长三角地区产业结构调整的启示

长江三角洲两翼的高速发展，主要也是在内生力量的推动下形成的。其中有两个典型的模式：一是苏南模式，二是温州模式。苏南模式主要依靠农业积累而建立起初期的乡镇企业；依靠乡镇企业的积极发展，进一步扩大和改造自己；20 世纪 90 年代以来，又与外资结合并加以改组、改造，再上规模和档次。常州年产 30 万台 VCD 的新科公司就是这样发展起来的。温州不在长江三角洲范围之内，但也与三角洲有紧密的联系。温州模式也是依靠内生力量来发展的模式，但不像苏州那样，以发展集体性质的乡镇企业为主，而是发展个体私营性质的家庭工业和商业；依靠自己的积累不断扩大规模，逐步形成全国有影响的小商品生产基地和集散市场；20 世纪 90 年代以来，部分个体、私营经济根据生产发展和社会化的需要，按股份合作制和公司制原则重新进行了组合。苏南模式、温州模式对东南沿海和全国各地都产生了广泛的影响力。

总体上看，长江三角洲地区第一个阶段的产业结构调整重点发展了稚嫩的第二、三产业，形成和完善了工业经济的体系。在此基础上，第二个阶段的产业结构调整侧重产业结构的进一步优化，巩固第二产业，着重发展以高科技知识密集型产业和服务业为主的第三产业。

（四）珠三角地区产业结构调整的经验与启示

1. 珠三角地区产业结构调整的历程

改革开放前的珠江三角洲属于以农业经济为主的地区。经过改革开放近 20 多年来的发展，珠江三角洲一举成为全国商品经济最活跃的地区，经济结构和总量发生了巨大的变化。在其经济发展过程中，产业结构的调整起到了积极的作用。珠江三角洲地区产业结构的调整大致经历以下几个阶段：

第一个阶段是，借助国际产业梯度转移的契机，吸引外资，形成以加工制造业和轻工业为主的第二产业的飞速发展。这一阶段主要是从 1981 年到 1993 年。20 世纪 80 年代，亚洲地区出现了制造业产业的梯度转移。“亚洲四小龙”等新兴工业国在产业结构的升级和劳动力成本的提高的同时，将传统轻工业向中国大陆、越南、印度、马来西亚等亚洲发展中国家和地区转移。在这种国际背景的条件下，政府制定了珠江三角洲区域“三来一补、两头在外”（“三来一补、两头在外”主要指港资、台资和外资的进入，原材料的国外进口和成品的海外销售）政策发展外向型经济，也就是制定了以发展国外承接的加工制造业和轻工业为主的产业结构调整方针。珠江三角洲利用自身毗邻香港和澳门的区位优势，通过大力引进外资和外国先进技术装备，依靠自身拥有的丰富的技术熟练的低成本劳动力，逐渐形成了纺织、电子、玩具、钟表等传统产业集群。1980 年到 1991 年，珠江三角洲的第二产业比重从 45.3%上升到 49.9%。在这些条件综合作用的情况下，珠江三角洲基本上完成了由传统的农业经济向现代工业经济的转变。

第二个阶段是，在泛珠三角区域的大环境下，深化产业结构调整，促进产业结构升级，进一步完善以制造业和高科技电子产业为主的产业结构调整。这一阶段主要是 1995 年以后。20 世纪 90 年代以来，国际自由贸易重新成为世界经济发展的主体。珠江三角洲毗邻东南亚地区，与亚洲最大的经济实体东盟相对。如何在泛珠三角区域的大环境下利用自由贸易的条件完善自身产业结构调整成为区域经济发展的重要问题。2013 年在香港签署的《内地与香港关于建立更紧密贸易关系的安排》，反映了政府对这种新形势的制度安排的认可。在这种环境下，政府在产业结构调整演进的规律下大力发展具有比较优势的高科技产业和服务业，主要是珠三角区域内涉及第二、三产业的九大产业（即三大新兴支柱产业——电子信息、电器机械、石油化学，三大传统支柱产业——纺织服装、食品饮料、建筑材料，以及三大有潜力的产业——汽车、造纸、制药）。其中，高新技术产品产值占工业总产值比重为 43%。高新技术产业已经初具规模。电子信息、新材料、生物技术和光电一体化等高新技术产业群体已经形成，如以顺德为代表的家电制造业集群，由广州、深圳、东莞、惠州组成的“电子信息业走廊”。珠三角地区的产业升级已经进入良性的轨道。

2. 珠三角地区产业结构调整的启示

总体上看，珠江三角洲的产业结构调整的第一个阶段是，借助国际制造业的产业梯度转移，发展以加工制造业为主的轻工业，调整产业结构，促进产业结构的演进。第二个阶段则在国际大区域环境下，侧重发展以高科技产业和服务业为主的第三产业，优化产业结构，促进产业结构的高级化。经过两个经济发展阶段的产业结构调整，珠江三角洲地区的产业结构调整和区域经济发展都取得了突破性的发展。

珠江三角洲地区作为我国最早开放、经济发达的地区，随着香港、澳门回归祖国，港澳与珠江三角洲的经济联系更加密切，经济外向化程度将进一步提高。

产业发展应以高新技术产业为先导，以技术和资金密集型产业为重点，促进产业结构的不断优化和升级。从粤港澳三地的整体需要出发，遵行市场导向原则，加强产业的结构性合作，实现产业结构升级转型的共同目标，形成整体优势，提高参与国际竞争的实力。小珠江三角洲经济区将逐步发展为以香港、广州为两极的大珠江三角洲经济区，成为华南经济的"龙头"和中坚，成为全国以至东亚、亚太地区最活跃的经济增长中心之一。

三、山东产业结构演进评价

（一）产业发展现状综述

1. 产业门类较为齐全，重点行业优势十分突出

2016 年山东省三次产业结构为 7. 3 ∶ 45. 4 ∶ 47. 3，实现了由"二三一"向"三二一"的历史性转变。农业方面：2016 年，一产增加值为 4 929 亿元，居全国第一位；蔬菜、水果、肉类、水产品等产量居全国第一；粮食总产为 470 亿千克，稳居全国第三位；农产品出口 1 075 亿元，占全国的 1/4，连续 18 年领跑全国。工业方面：2016 年全省规模以上工业企业有 40 600 户，其中主营业务收入超过 100 亿元的有 145 家、超过 1 000 亿元的有 8 家，实现主营业务收入 15 万亿元，居全国第二位，形成了海尔、海信、浪潮、兖矿、晨鸣、重汽、重工等一批拥有较强竞争力的优势企业。服务业方面：2016 年实现增加值 3. 17 万亿元，是 2012 年的 1. 6 倍，居全国第三位，拉动生产总值增长 4. 2 个百分点，贡献率达到 55. 3%。

2016 年，全省轻工、纺织服装、机械、化工、冶金、建材、医药七大传统产业拥有规模以上企业 36 186 家，实现主营业务收入 12. 8 万亿元，利润为 7 639 亿元，分别占规模以上工业企业的 85. 3%和 88. 4%。其中，化工、建材、医药三个行业主营业务收入分别达到 2. 98 万亿元、6 588 亿元和 4 608 亿元，均居全国首位；轻工、机械、纺织三个行业分别达到 3. 37 万亿元、2. 78 万亿元和 1. 3 万亿元，均居全国第二位；冶金行业达到 1. 25 万亿元，居全国第三位。110 种重点产品产量居全国前三位，其中 46 种产品居第一位。技术密集型、高附加值行业显著增多，轮胎子午化率达到 91%，平板玻璃深加工率达到 45%，食品精深加工占比达到 40%，医疗器械产业占医药行业比重达到 7. 6%。

2. 产业结构不断调整，综合竞争实力明显提升

传统产业转型升级步伐加快。企业技术改造不断激发传统优势产业的发展活力。五年来，全省规模以上工业累计完成技术改造投资 6. 1 万亿元，年均增长 13. 5%，2016 年投资额达到 1. 52 万亿元，是 2011 年的 1. 9 倍；累计实施重点工

业技改项目 7.2 万项，更新改造设备 100 余万台（套），建设先进生产线 2 万多条。产业链、价值链不断向高附加值、绿色低碳和消费终端延伸。纺织服装、地方炼化、轮胎、有色金属、农机、造纸、家电、家具、建筑陶瓷九大传统产业的主营业务收入、利税、利润增幅，均超过面上工业增幅，盈利能力显著提升。

新兴产业不断发展壮大。2016 年，新一代信息技术和高端装备两个产业产值规模过万亿元，新材料、现代海洋、生物（医药）三个产业过五千亿元，均居全国前三位。全省高新技术产业产值占规模以上工业总产值的比重达到 33.8%，比 2011 年提高 6 个百分点。信息技术产业主营业务收入达到 1.46 万亿元，是 2011 年的 2.1 倍，年均增长 20%。高端装备、现代医药、新一代信息技术、新材料四大新兴产业的主营业务收入占到规模以上工业的 23%。

落后过剩产能加速淘汰化解。2011 年以来，全省累计淘汰水泥落后产能 5 044 万吨、炼铁 427.4 万吨、炼钢 883 万吨、焦炭 410 万吨，超额完成国家下达的淘汰任务。2016 年，钢铁行业提前完成压减生铁产能 270 万吨、粗钢 270 万吨的年度任务，煤炭行业化解产能 1 960 万吨，完成年度计划的 120.6%；19 家地炼企业获得进口原油配额 6 265 万吨，淘汰落后产能 5 052 万吨，产能平均利用率达到 84%；船舶、水泥、电解铝、平板玻璃和子午线轮胎产能利用率分别达到 67%、76%、86%、81.6%和 93%。

3. 技术创新持续改善，发展内生动力明显增强

重点领域技术不断突破。物联网、云计算、大数据、新一代移动通信、集成电路设计、高端计算机等新一代信息技术领域的关键技术和产品实现重要突破，生物制造、生物医药、农业生物等特色技术全国领先，在聚氨酯、碳化硅等新材料领域，智慧海洋等现代海洋领域整体技术实力较强。

关键共性技术研发和创新成果产业化步伐加快。2011 年以来，全省累计培育国家级企业技术中心 180 家、国家技术创新示范企业 39 家，均居全国首位；培育省级企业技术中心 1 524 家、行业技术中心 35 家，推动建立了胶东半岛汽车制造业集群创新平台等 8 个重大技术创新公共服务平台。培育中小企业“一企一技术”研发中心 894 家、创新企业 1 026 家，“专精特新”中小企业 2 205 家。企业研发投入占全社会的 65%以上。

技术研发和产业化步伐加快。2011 年以来，全省累计实施省级技术创新项目 14 607 项，形成新技术 7 954 项、新产品 11 440 项、新工艺 5 188 项，浪潮集团的“高端容错计算机系统关键技术”、康平纳集团的“筒子纱数字化自动染色成套技术”、盛瑞传动公司的“前置前驱 8 挡自动变速器（8AT）研发及产业化”荣获国家科技进步一等奖。

产学研协同创新进一步深化。山东省政府每年举办全省产学研展洽会，组织骨干企业与国内知名高等院校和科研院所开展产学研对接，建成“产学研合作网上对接平台”，建立了浙江大学枣庄工业技术研究院、北京科技大学烟台先进装备研究院等一批产学研载体，全省90%以上的大中型企业与高校、科研机构建立了战略合作关系。

4. 跨界融合持续有力，新业态新模式不断涌现

制造业与互联网融合发展。以“互联网+”三年行动计划为契机，互联网与制造业、农业、能源等领域跨界融合加快，催生了智能制造、个性化定制、众包设计、云制造等新业态，创新模式、创业模式、市场模式、服务模式等持续涌现。举办了“中国制造业与互联网融合发展高峰论坛”。“山东工业云”平台服务企业已超过 6 000 家。全省两化融合指数达到 93，高于全国平均水平近 20 个点。

农业“新六产”催生众多新业态。目前全省农产品电子商务交易额约为 600 亿元，网络零售额约为 100 亿元，建成淘宝村 108 个、淘宝镇 12 个，培育了“农商 1 号”“点豆”“杞农云商”等知名农产品电商平台。

传统制造业向智能化迈进。目前全省拥有规模以上智能制造装备企业超过 2 300 家，实现主营业务收入超过 8 000 亿元，仅次于江苏，居全国第二位，产业涵盖智能化生产装备、工业机器人、仪器仪表、工业应用电子和软件等诸多领域。

服务业新业态新模式不断涌现。近两年，山东省有 14 个项目获得国家智能制造专项支持，15 个项目列入国家智能制造试点示范，数量均居全国首位。

生产性服务业加快发展。在首届世界工业设计大会上，在全国 9 件金奖产品中，山东省有 4 件，数量居全国首位；目前，全省拥有企业工业设计中心 450 多家，其中国家级工业设计中心为 9 家，数量居全国首位。2016 年，全省软件业务收入达到 4 400 亿元、全社会物流总额为 19.5 万亿元，分别是 2011 年的 3.2 倍和 1.45 倍；累计培育总集成总承包模式示范项目 72 个，合同总额为 39.3 亿元。全省大力发展节能环保产业，培育节能环保产业基地 32 个、示范企业 200 家。

但是，与上海、广东、江苏、浙江等先进省份相比，山东还有很多差距和不足。具体表现在：一是缺少叫得响、有影响的名片产业。主导产业特色优势不突出，缺少如“湖北集成电路、安徽新型显示、湖南轨道交通装备、深圳机器人”等行业影响力大、竞争力强的标志性产业。二是“集而不群”现象较为明显。产业集群建设存在重视空间集中、而忽视产业和技术关联的问题，尚未完全形成共生共融、共享共赢的协同发展局面。产业集群主要集中在生产制造环节，在产品

研发、自主品牌打造等方面较为薄弱，处于价值链中低端。三是产业创新投入不足。省统计局数据显示，2015 年全省研究和开发（R&D）经费支出占地区生产总值的比重为 2.27%，比江苏、广东、浙江分别低 0.3 个、0.2 个和 0.09 个百分点，居全国第七位。四是智力支撑有待加强。在人才方面，据 2015 年统计数据，山东省拥有 R&D 人员数量、R&D 人员全时当量分别达到 44.77 万人、29.78 万人年，仅占江苏、广东的 3/5。在成果转化方面，现有专利代理机构 62 家，远低于北京 459 家、上海 121 家、广东 231 家、江苏 108 家；现有执业代理人 536 人，远低于北京 6 721 人、上海 1 141 人、广东 1 853 人、江苏 1 052 人。

（二）山东省产业结构演变

1. 山东省主要产业划分

为保持数据连续性，将山东省统计年鉴中的行业分类作为划分依据，参考以往学者经验对研究时段内各个不同年份的部门进行整合（见表 1），最终形成能源生产和采掘业、制造业、建筑业、交通仓储邮电业、服务业、商业、金融房地产业、科教文卫部门、机关和社会团体九大产业职能部门。

表 1 山东省主要产业职能分类

整合前			整合后
2000—2002 年	2003—2011 年	2012—2015 年	
采掘业	采矿业	采矿业	能源生产和采掘业
电力、煤气及水的生产和供应业	电力、燃气及水的生产和供应业	电力、燃气及水的生产和供应业	
制造业	制造业	制造业	制造业
建筑业	建筑业	建筑业	建筑业
交通运输、仓储及邮电通信业	交通运输、仓储和邮政业	交通运输、仓储和邮政业	交通仓储邮电业
社会服务业	信息传输、计算机服务和软件业	信息传输、软件和信息技术服务业	服务业
	租赁和商务服务业	租赁和商务服务业	
	居民服务和其他服务业	居民服务、修理和其他服务业	
批发和零售贸易、餐饮业	批发和零售业	批发和零售业	商业
	住宿和餐饮业	住宿和餐饮业	
金融、保险业	金融业	金融业	金融房地产业
房地产业	房地产业	房地产业	

表1(续)

<table>
<tr><th colspan="3">整合前</th><th rowspan="2">整合后</th></tr>
<tr><th>2000—2002 年</th><th>2003—2011 年</th><th>2012—2015 年</th></tr>
<tr><td>科学研究和综合技术服务业</td><td>科学研究、技术服务和地质勘查业</td><td>科学研究和技术服务业</td><td rowspan="5">科教文卫部门</td></tr>
<tr><td>地质勘查业、水利管理业</td><td>水利、环境和公共设施管理业</td><td>水利、环境和公共设施管理业</td></tr>
<tr><td>教育、文化艺术及广播电影电视业</td><td>教育</td><td>教育</td></tr>
<tr><td>卫生、体育和社会福利业</td><td>文化、体育和娱乐业</td><td>文化、体育和娱乐业</td></tr>
<tr><td></td><td>卫生、社会保障和社会福利业</td><td>卫生和社会工作</td></tr>
<tr><td>国家机关、政党机关和社会团体</td><td>公共管理和社会组织</td><td>公共管理、社会保障和社会组织</td><td>机关和社会团体</td></tr>
</table>

2. 山东省产业结构演变分析

基于 2000 年、2007 年和 2014 年 3 个特征年，分析山东省 9 大职能部门就业人员人数和比例演变态势，总结出绝大部分职能部门变化趋势并不明显，只有建筑业上升态势显著。总体而言，呈现出工业职能部门略微下降，服务业职能部门波动上升的演变特征。从 2000 年到 2014 年，山东省制造业从业人员所占比例先是经历了一段上升时期，由 2000 年的 36.3%上升到 2007 年的 39.3%，而后便步入了下滑阶段，最终降至 2014 年的 34%。虽然制造业仍然是山东省最大的就业部门，但受近年来宏观经济形势的影响以及高端产业发展战略的推动，制造业逐渐呈现缓慢下降的趋势，高端制造业将逐渐取代劳动密集型制造业成为今后制造业发展的新趋势。

作为 2000 年以后至今发展态势最明显的职能部门，建筑业已经成了山东省功能结构演化过程中的一个新亮点。山东省建筑业从业人员所占比例已经由 2000 年的 4.2%增长到 2014 年的 14.6%，十多年的时间比例增加了 10.4%，迅速由一个优势度极低的职能部门成长为优势产业部门。早在 1995 年山东省就将建筑业列入《山东省国民经济和社会发展第九个五年计划及 2010 年远景目标纲要》，提出“要把建筑业建设成为富有活力、质量较高的主导产业”。2004 年 9 月，山东省政府又出台了《关于加快建筑业改革和发展的意见》，提出做大做强山东建筑业的目标、思路和措施。经过十几年的大力扶持与发展，山东省建筑业整体实力不断增强。2014 年，山东省实现建筑业总产值 9 313.5 亿元，比上年增长 10.0%；实现利税 848.0 亿元，比上年增长 9.0%。

对于其他职能部门来讲，能源生产和采掘业、交通仓储邮电业、商业、科教文卫部门、机关和社会团体等均呈现轻微下降态势。随着山东省生态文明建设的大力实施以及一批重要能源基地如枣庄、淄博等城市的能源产业的衰落，山东省能源生产和采掘业的就业比例自 2000 年以来一直在下降，由 2000 年的 10.8%下降到了 2014 年的 7.6%。交通仓储邮电业、商业、科教文卫部门、机关和社会团体的就业比例，也分别由 2000 年的 4.3%、9.1%、19.1%、10.1%，下降到了 2014 年的 3.9%、6.7%、16.7%、8.7%，其职能优势度被削弱。

相对而言，服务业、金融房地产业呈现出增长的态势，就业人口比例在 2000 年同为 3%，在 2014 年则分别上升为 3.2%、4.5%。山东省是工业强省，而服务业却是“短板”。虽然服务业比重保持了微弱上升态势，但是山东省仍然面临服务业发展跟不上全省经济发展需求的境地，需要加大对于服务业的金融和财政等方面的支持。金融房地产业的上升则得益于山东省的快速城市化背景下引发的城市流入人口购房需求，山东省的城市化率已经由 2000 年的 38.1%增长到了 2014 年的 53.8%，城市化发展阶段尚属于中期加速发展阶段，所以金融房地产业仍存在较大后劲。山东省城市功能结构的动态变化见表 2。

表 2　　山东省城市功能结构的动态变化　　万人，%

年份	2000		2007		2014	
	就业人员	所占比例	就业人员	所占比例	就业人员	所占比例
能源生产和采掘业	83.9	10.8	79.1	9	98.5	7.6
制造业	281	36.3	343.3	39.3	437.2	34
建筑业	32.6	4.2	67.6	7.7	188.6	14.6
交通仓储邮电业	33.6	4.3	29.5	3.4	50.6	3.9
服务业	23	3	18.3	2.1	41.6	3.2
商业	70.2	9.1	45.5	5.2	86.6	6.7
金融房地产业	23.5	3	27.2	3.1	58.5	4.5
科教文卫部门	147.9	19.1	167.1	19.1	215.3	16.7
机关和社会团体	77.9	10.1	96.6	11.1	112.1	8.7

资料来源：《山东省统计年鉴》（2001、2008、2015），中国统计出版社

（三）各地市产业结构差异性研究

城市职能结构是产业结构对城市功能的反映，通过对山东省职能结构的深入研究，为山东省制定有针对性的操作措施提供支撑。

1. 数据来源与研究方法

（1）研究方法

计算城市职能得分。传统的区位商能反映产业专门化及城市职能强度，但无法反映行业的效率与规模，并不能完整反映城市职能实际作用。为弥补其不足，

采用增加规模指标的规模-区位商集成法计算各市分行业职能得分。首先，对规模指标进行“离差标准化+1”处理，如式（1），以达消除量纲影响且避免对区位商结果影响过大的目的；而后计算 j 市 i 行业职能得分，方法如式（2）。其中，β_{ij}为标准化结果，s_{ij}、$s_{i\min}$、$s_{i\max}$分别为 j 市 i 行业规模量、该规模最小和最大城市规模量；L'_{ij}代表规模-区位商集成法结果，e_{ij}、e_j、e_i、e 分别为 j 地 i 行业就业人数、j 地就业总人数、i 行业就业总人数、总就业人数。

$$\beta_{ij} = 1 + [(s_{ij} - s_{i\min})/(s_{i\max} - s_{i\min})] \tag{1}$$

$$L'_{ij} = [(e_{ij}/e_j)/(e_i/e)] \times \beta_{ij} \tag{2}$$

计算城际职能结构差异度。为分析职能结构差异，对各市 12 类职能得分再做标准化处理，以 x_{ij}表示标准化后 j 市 i 行业职能得分的比重。利用公式（3）计算 j、m 两市的职能结构差异度 D_{jm}：

$$D_{jm} = \sum_{i=1}^{12} (x_{ij} - x_{im})^2 \tag{3}$$

（2）职能划分与规模指标选取

剔除农林牧渔业及城际作用不显著的居民服务维修和其他服务业；合并采矿业、制造业、电力燃气及水的生产和供应业为工业职能；合并金融业、房地产业为金融房地产职能；合并租赁与商务服务业、信息传输、软件和信息技术服务业、科研与技术服务业为信息科技与商务服务业职能；合并卫生和社会公共、水利环境和公共设施管理、公共管理、社会保障和社会组织为公共服务职能；直接保留建筑业、交通运输仓储和邮政业、批发零售业、住宿餐饮业、文体娱乐业、教育等行业职能并增加旅游业、对外经贸两项职能。选取的规模指标有工业及建筑业产值、客货运量、批发零售与住宿餐饮业营业额、各市高校数与师生数、外商投资与各市境外投资额、城市建设投资额等能够反映规模也具有区域意义的指标。

（3）城市划分

基于山东省城市空间分布、现有分区发展规划、区位特征及空间不重叠等方面综合考虑，本章将全省 17 城市划分为东部沿海城市（青岛、东营、烟台、潍坊、威海、日照）、济南都市圈城市（济南、淄博、泰安、莱芜、德州、聊城、滨州）及鲁南城市（枣庄、济宁、临沂、菏泽）三组城市。

2. 计算结果

依据规模-区位商法结果，以 1、1.5、2 倍平均值作为一般、显著、优势（颜色由浅到深）三类职能强度的下界，划分城市各职能类别，并将各城市职能超过一般职能下界的余数累加，用以表征整体职能强度。得到结果如表 3 及图 2 所示。

表 3　　　　规模-区位商集成法计算结果

城市	城市职能类型												整体职能强度
	工业	建筑业	交运邮储业	批发零售业	住宿餐饮业	科技信息与商务服务业	金融房产业	教育	文体娱乐业	公共管理与社会服务业	对外经贸业	旅游业	
济南	0.69	3.35	1.31	2.74	2.44	2.47	2.84	1.62	1.99	1.45	0.94	1.65	10.12
青岛	2.41	1.08	2.83	1.96	2.36	0.95	1.94	1.21	1.37	1.07	2.08	2.54	8.09
淄博	1.66	3	0.78	1.02	0.76	0.67	0.85	0.85	1.16	0.87	0.71	1.34	2.24
枣庄	1.12	1.6	0.84	0.83	0.47	0.55	0.77	0.97	0.53	1.27	0.4	0.65	0.28
东营	2.14	1.11	0.34	0.72	1.46	2.47	0.54	0.54	0.35	0.96	0.26	0.27	2.48
烟台	2.25	0.62	2.24	0.95	1.42	0.94	1.75	1.36	1.01	1.23	1.2	1.59	3.46
潍坊	1.62	1.18	1.53	2.16	1.36	0.8	1.32	1.49	0.74	1.31	1.03	1.58	2.29
济宁	1.34	1.29	0.96	1.2	0.93	0.47	1.4	1.1	1.2	1.38	0.9	1.7	1.04
泰安	1.39	2.04	0.74	1.21	1.13	0.77	0.84	1.07	0.46	0.91	0.87	2.46	1.97
威海	1.84	0.52	0.93	1	1.21	0.74	1.23	0.74	0.61	1.02	1.53	1.99	1.81
日照	1.05	1.2	2.54	1.14	0.83	0.36	1.3	0.92	0.69	1.02	1.36	1.83	2.31
莱芜	1.35	0.75	1.18	0.17	0.35	0.81	1.06	0.71	0.44	0.91	0.3	0.56	0
临沂	1.22	1.49	1.67	2.19	2.61	0.73	1.12	1.29	0.64	1.43	0.8	1.83	3.65
德州	1.22	0.79	1.27	1.52	1.34	0.85	1.34	1.29	0.63	1.9	0.23	0.41	1.18
聊城	1.26	0.61	1.69	0.94	0.97	0.48	1.61	1.31	1.06	1.9	0.36	0.44	1.63
滨州	1.8	0.68	0.66	0.77	0.56	0.68	0.81	0.83	0.62	1.33	0.49	0.4	0.35
菏泽	0.61	1.1	1.45	0.94	0.61	0.6	1.13	2	1.06	2.31	0.34	0.4	2.17
一般	1.47	1.32	1.35	1.26	1.22	0.9	1.29	1.13	0.86	1.31	0.81	1.27	-
显著	2.2	1.98	2.03	1.89	1.84	1.35	1.93	1.7	1.29	1.97	1.22	1.91	-
优势	2.94	2.63	2.7	2.52	2.45	1.8	2.57	2.27	1.71	2.62	1.62	2.55	-

数据来源：2015 年中国城市统计年鉴，2015 年山东统计年鉴。

据表 3 可知：济南和青岛作为地区双核，整体职能强度分别为 10.12 及 8.09，远高于第三位城市（3.65）及全省均值（2.65），优势明显；最小的莱芜市受规模指标影响，各职能强度均不高；多种职能反映出明显的地域特征，如工业、对外经贸职能突出的城市集中于半岛沿海地区，建筑业职能较强的城市集中于济南都市圈，交运职能强的城市多在鲁中南，教育与公共职能以西部城市更突出；菏泽和聊城作为山东省欠发达城市，教育与公共两项职能得分高，但在计算中发现，两地教育与公共职能的就业区位商结果在全省更突出，反映人力资源都集中在了原有的政府和事业单位，投入产出比低，因而提高效率、合理配置人力资源能够有效带动两地产业结构优化及社会经济发展。

3. 产业职能结构差异度分析

城际职能结构差异度计算结果如表 4、图 3 所示。济南市与威海、烟台等东部沿海城市职能结构差异度均大于 3，高于 1.86 的差异均值，职能结构具有明显差异，与周边泰安、莱芜、淄博等市差异度在 2 附近，相似性也并不强；青岛市与周边烟台、潍坊等市差异度均小于 1.2，具有较强趋同性，与远端德州等市差异度较高，反映以青岛市为主导的东部沿海城市较济南都市圈城市的职能结构地域性更显著。结合本章对山东省划分可见，东部沿海城市组的职能结构差异度均值（1.48）最小，鲁南城市组的差异度均值（1.67）次之，济南都市圈城市组的城际职能结构差异度均值（2.02）最高，结构趋异性最突出。此外，除淄博与枣庄均偏重于工业与建筑业职能而对外经贸业职能不足、烟台与莱芜均以工业职能为最高值且其他行业职能占比相似导致其虽距离较远但差异度较低外，不同组别城市的城际职能结构差异度均较高，能够体现山东省城市职能结构明显的空间分异特征。

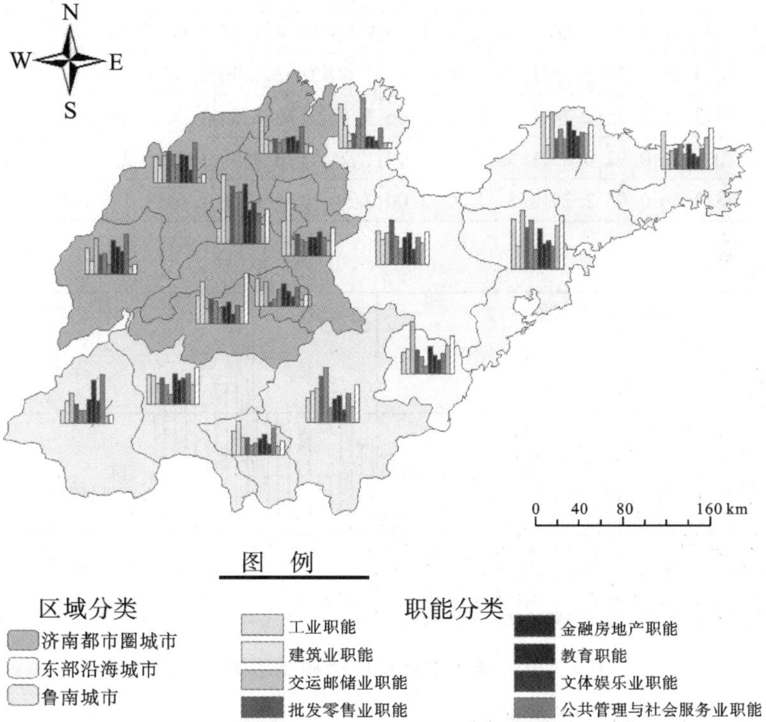

图 2 2014 年山东省城市职能结构现状

表 4 2014 年城际职能结构差异度计算结果

	济南	青岛	淄博	枣庄	东营	烟台	潍坊	济宁	泰安	威海	日照	莱芜	临沂	德州	聊城	滨州	菏泽
济南	0.00																
青岛	3.31	0.00															
淄博	2.17	3.40	0.00														
枣庄	1.84	3.19	0.83	0.00													
东营	2.34	3.12	1.28	1.62	0.00												
烟台	3.38	0.63	3.29	2.32	2.49	0.00											
潍坊	1.97	1.14	2.23	1.39	2.15	1.26	0.00										
济宁	1.92	1.74	2.47	1.47	3.32	1.52	1.11	0.00									
泰安	1.84	1.97	0.89	1.16	1.73	2.23	1.13	1.22	0.00								
威海	3.40	0.82	2.72	2.64	2.21	0.98	1.26	1.36	1.21	0.00							
日照	2.38	0.76	1.93	1.56	2.42	0.90	0.93	1.36	1.22	1.27	0.00						
莱芜	2.72	2.17	2.49	1.22	1.92	0.73	1.90	1.67	2.23	2.01	1.42	0.00					
临沂	1.63	1.32	2.23	1.82	2.06	1.88	0.56	1.66	1.14	1.74	1.25	2.66	0.00				
德州	1.79	2.50	3.25	1.35	2.25	1.59	0.99	1.56	2.60	2.62	1.96	1.37	1.27	0.00			
聊城	2.71	2.45	3.36	1.55	2.74	1.17	1.58	1.66	3.17	2.76	1.63	1.00	2.09	0.48	0.00		
滨州	3.07	2.70	1.56	0.92	0.83	1.55	1.49	2.09	1.94	1.76	1.99	1.08	2.21	1.35	1.31	0.00	
菏泽	2.34	3.58	2.40	0.95	2.29	2.31	1.77	2.00	2.54	3.34	1.76	1.64	2.14	0.90	0.65	1.38	0.00

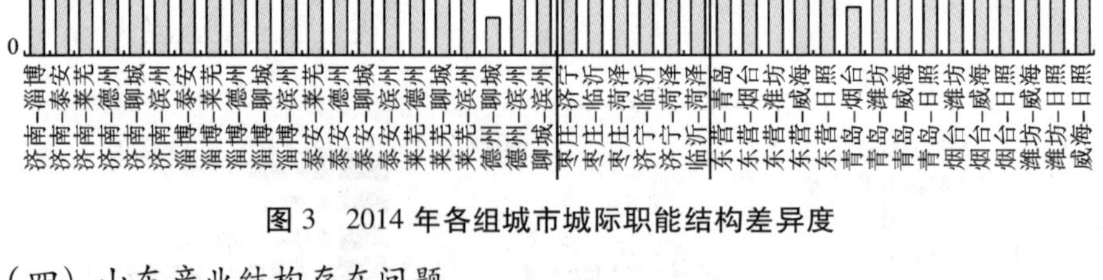

图 3 2014 年各组城市城际职能结构差异度

(四) 山东产业结构存在问题

通过对山东产业结构演化的研究与分析，不难发现当前经济新常态下推动经济平稳健康发展亟待解决的主要问题。

1. 产业结构依然不够合理

三大产业占地区生产总值的比重情况，可以反映一个地区经济发达程度。随着生产力发展和社会进步，山东第一、二产业比重趋于下降，第三产业比重日趋提高，成为国民经济增长的主要动力，但整体结构与江苏、广东、浙江等省份相比依然不够合理。从构成变化看，山东推进经济增长的产业动力逐步变化，产业结构在量的扩张基础上不断演变。2016 年，山东省三次产业比重优化为 7.6：45.1：47.3，实现了由“二三一”向“三二一”的历史性转变，是我国第五个实现“三二一”产业结构的省市。从贡献大小看，第一产业对经济增长的贡献率低速下降，第二、三产业贡献度不断加大，第三产业与第二产业拉动百分点的距离在逐渐缩小。从就业分布看，伴随着三次产业增加值总量及结构的调整变化，劳动力逐渐由第一产业向第二、三产业转移。但是山东产业整体结构依然不够合理，农业比重较高；第二产业比重也一直高于其他省市，2016 年分别高出江苏、广东、浙江 0.6、1.9 和 0.9 个百分点；服务业比重是四个省份中最低的，分别低于江苏、广东、浙江 2.8、4.8 和 4.3 个百分点，同时也低于全国平均水平 4.3 个百分点。

2. 产业层次总体水平偏低

随着产业转型升级的逐步推进，山东一二三产业内部结构逐步优化，现代化农业、新型工业化、新兴服务业加快发展，但产业层次依然偏低，发展的质量效益依然不高。农业内部结构优化，质效提高，但现代化程度亟须提高。农业在保证粮食总产量稳步增长的同时，内部结构也在逐步优化，经济作物占比提高，粮食质量提高。2016 年无公害农产品、绿色食品、有机农产品和农产品地理标志获证企业有 3 439 家，比上年增加 633 家；产品有 7 402 个，增加 1 149 个；产地总面积为 287 万公顷，增长 14.7%。但农业存在的问题也十分突出，现代农业机械普及程度不够，生产成本不断上升，特色农业集中度不高，农产品精深加工比例偏低，缺乏知名品牌，农业、农产品加工业、农业服务业融合发展程度较低，亟须加快农业现代化建设步伐。新型工业化进程提速，但经济运行的质量和效益水平偏低。工业生产结构持续呈现积极变化，高技术产业比重连年上升。2016 年高新技术产业产值比上年增长 7.5%，占规模以上工业总产值的比重为 33.8%，比上年提高 1.2 个百分点。新能源汽车、微波终端机、智能电视、工业机器人、运动型多用途乘用车（SUV）等新产品产量分别增长 100%、71.1%、58.8%、49.1%和 32.3%。但工业盈利能力较弱，2016 年实现利润 8 643.1 亿元，增长 1.2%，低于全国工业利润增速（8.5%）7.3 个百分点。规模以上工业企业利润总额 2014 年比江苏低 213 亿元，2016 年差距扩大到 1 882.7 亿元。服务业后发优势彰显，但附加值率依然偏低。服务业规模持续扩大，2016 年实现增加值 31 669 亿元，同比增长 9.3%，快于规模以上工业增加值增速 2.5 个百分点；文化、金融、旅游等重点服务业发展加快，在国民经济发展中的地位越来越重要，成为第三产业发展的重要组成部分。但服务业整体附加值率依然偏低，2015 年山东第三产业实现税收 2 441 亿元，分别比广东、江苏两省少 2 646 亿元和 1 573 亿元，也就是说，不及广东省的一半，仅相当于江苏省的 60.8%，与先进省份的差距显著。

3. 产业结构趋同现象明显

对于一个区域而言，合理的城市功能结构是其形成系统合力、提高整体竞争力的基础。虽然山东省的城市功能结构日趋合理化，但是各城市在确定未来功能和产业定位时往往各自为政，缺乏完善的协作与分工机制，存在着一定的盲目性。其主要表现在：

第一，山东省城市产业结构雷同现象明显，同质化竞争问题突出。例如，除了济南、青岛等地级市之外，山东众多县级市甚至小城镇都提出要大力发展高新技术产业，实际上并不都具备大力发展高新技术产业的能力和条件，有些省级开发区连传统产业都开发不足。有研究提出烟台、威海、日照、潍坊等城市工业结构的相似性指数在工业行业层次上存在着低水平的工业功能同构现象。城市功能雷同在一定程度上削弱了城市产业间的横向联系，制约了城市产业经济协作体系的发育，不利于构筑基于整体优势的核心产业。山东 17 地市三次产业结构相似系数表见表 5。

表 5　　山东 17 地市三次产业结构相似系数表

地区	全省	济南市	青岛市	淄博市	枣庄市	东营市	烟台市	潍坊市	济宁市	泰安市	威海市	日照市	莱芜市	临沂市	德州市	聊城市	滨州市	菏泽市
全省	1.000 0																	
济南市	0.952 9	1.000 0																
青岛市	0.983 9	0.990 6	1.000 0															
淄博市	0.992 9	0.926 4	0.969 1	1.000 0														
枣庄市	0.993 6	0.913 6	0.959 6	0.996 7	1.000 0													
东营市	0.958 0	0.835 3	0.902 5	0.980 8	0.983 7	1.000 0												
烟台市	0.996 7	0.928 1	0.969 6	0.998 1	0.999 2	0.978 1	1.000 0											
潍坊市	0.998 5	0.935 4	0.972 7	0.993 4	0.997 4	0.968 1	0.998 4	1.000 0										
济宁市	0.998 0	0.940 5	0.974 1	0.988 1	0.993 8	0.958 1	0.995 2	0.999 1	1.000 0									
泰安市	0.999 9	0.955 2	0.985 0	0.991 6	0.992 4	0.955 0	0.995 8	0.998 1	0.998 1	1.000 0								
威海市	0.999 6	0.947 8	0.981 7	0.995 9	0.995 6	0.964 7	0.998 3	0.998 5	0.996 9	0.999 2	1.000 0							
日照市	0.999 8	0.946 3	0.979 8	0.993 5	0.995 4	0.962 3	0.997 7	0.999 4	0.998 8	0.999 6	0.999 5	1.000 0						
莱芜市	0.994 4	0.919 4	0.964 1	0.998 5	0.999 6	0.983 0	0.999 7	0.996 9	0.992 9	0.993 2	0.996 6	0.995 7	1.000 0					
临沂市	0.997 6	0.967 3	0.989 7	0.982 7	0.983 8	0.936 0	0.988 7	0.993 8	0.995 9	0.998 2	0.995 3	0.996 4	0.984 6	1.000 0				
德州市	0.997 2	0.933 5	0.969 8	0.988 9	0.995 3	0.963 0	0.996 0	0.999 4	0.999 8	0.997 1	0.996 5	0.998 5	0.994 1	0.993 9	1.000 0			
聊城市	0.990 8	0.906 1	0.951 1	0.986 9	0.996 5	0.974 5	0.994 5	0.996 7	0.995 9	0.990 1	0.991 1	0.993 5	0.994 1	0.983 6	0.997 5	1.000 0		
滨州市	0.999 7	0.946 2	0.979 6	0.993 0	0.995 3	0.961 8	0.997 5	0.999 5	0.999 0	0.999 6	0.999 4	1.000 0	0.995 5	0.996 6	0.998 6	0.993 7	1.000 0	
菏泽市	0.985 0	0.905 5	0.945 3	0.972 0	0.986 6	0.954 3	0.984 5	0.991 4	0.993 9	0.985 2	0.983 2	0.987 9	0.982 6	0.982 3	0.995 0	0.996 5	0.988 5	1.000 0

第二，山东省城市部门分布较为集中，工业功能在城市功能结构中占有突出的地位，其中大部分城市以制造业为主，而工业功能中传统制造业尤为突出，造成城市特色发挥不足，区域优势不明显。

第三，山东省部分城市功能专业化程度不高，具有显著优势经济功能的城市为数不多。大部分中西部城市的功能多样化，功能强度较低，优势功能不突出，使得城市优势功能发挥不足。城市功能专业化程度不高势必影响城市基建投资效果，降低企业经济效益，因而城市功能互补性亟待加强。

4. 中心城市辐射带动作用不强

山东省有17个地级城市，其中济南和青岛分别作为山东的省会城市和龙头城市，在现代化功能的发挥方面，与上海、南京、杭州、广州等国内中心城市还存在着差距，辐射带动作用不明显。其他15个地级城市作为发展中的中心城市，自身实力不足，也极大地限制了对所在区域的带动能力。其主要表现在：第一，在经济实力上，市辖区经济规模较小，实力不足。第二，在中心服务能力上，市场体系还不完善，生产要素的市场化进程较慢，特别是金融市场的发展面临诸多矛盾。另外，在市场经济秩序方面还有一些不规范的地方，主要表现在市场进出口秩序及市场竞争秩序不规范，市场主体在追求利益最大化的动机驱使下，部分单位置法律与公共利益不顾，热衷于使用不正当竞争手段来获得利益；市场交易秩序不规范，由于体制转轨，法律健全尚需时日，特别是一些市场主体的不正当心态，导致市场交易中信用严重不足，各种欺诈行为频频发生，干扰正常的交易秩序。第三，在交通运输方面，城市内外部交通体系不够发达，城市通行率不高，影响了城市综合功能的组织。

四、山东产业结构优化升级路径

以互联网+、物联网、大数据等先进技术为支撑，加快落实《国家互联网+行动计划》及《中国制造2025》，推动信息化与新型工业化的深度融合，促进零售、金融、农业、环保、能源等传统行业业务模式和商业模式的改变，探索智能制造、互联网经济、总部经济等产业融合发展的新模式。

（一）农业优化升级路径

1. 加强农业科技创新

以产业需求为导向，突出自主创新能力提升和科技成果转化两个重点，加快提升农业科技研发水平。在集成推广高效种养业技术的同时，重点解决大田土壤修复、大棚土壤改良、新型配套农机具、农产品精深加工等关键技术和问题。进一步完善农业产业技术创新团队，及时解决生产一线重大技术瓶颈问题。尽快建设一批区域主导技术和研发实验室，加大现代农业示范区、农业标准园等建设力度，更好地发挥辐射带动作用。

2. 加快农业产业化升级

推进龙头企业转型升级，引导建立现代企业制度，支持农业开展科技创新、质量提升和品牌建设，增强企业综合竞争能力。大力发展一村一品、一乡一业，支持高效特色产品基地建设。积极发展订单农业，推广以“龙头企业+合作社+基地+农户”为代表的产业化经营模式，构建产业链更加完善、利益分配更加合理、发展活力更加强劲的农业产业化经营机制。引导优势产品向优势企业集中，优势企业向优势区域集中，逐步建立产业集群优势。

3. 推进农业经营体制机制改革

围绕引导农民土地承包权有序流转和加快培育新型经营主体两个重点，推进农业经营体制机制创新。引导农民有序流转土地承包经营权，推进农业规模化、专业化、集约化经营。建立完善县乡村三级土地流转服务机构和纠纷调解仲裁机构。积极培育农业大户、家庭农场、农民合作社和农业企业等各类经营主体，制定完善引导政策。

（二）工业优化升级路径

1. 推动工业高端化发展

按照“市场主导、创新驱动、重点突破、引领发展”的原则，着力突破关键核心技术，实施重大产业项目，加快培育新信息、新能源及节能环保、新医药及生物和高端装备制造战略性新兴产业，迅速壮大产业规模，打造战略性新兴产业高地。重点在电力装备产业、半导体照明产业、集成电路产业、海洋装备制造、交通装备制造五大领域实现突破。

2. 推动工业企业技术进步

运用先进适用技术和高新技术改造提升传统产业，鼓励省内工业企业采用和推广新技术、新工艺、新流程、新装备、新材料，提高先进产能比重。支持鼓励企业与高校院所联合建设实验室、研发中心、校企联盟等创新组织，形成多层次、多形式产学研紧密合作的共赢平台，加快高新成果转化。积极实施质量品牌战略，构建工业产品质量和品牌发展的长效机制，提升全县工业产品质量水平。鼓励企业培养和引进创新型人才，注重一线人才和技能型人才的培养，支持校企联合建立人才综合培训和实践基地，为工业经济发展提供智力支持和人才保障。

3. 促进工业集群化发展

加强开发区和工业园区的建设标准和管理水平，发挥龙头企业的带动作用，围绕省内主导产业发展、战略新兴产业培育，在高端装备制造、轨道交通转变制造、新材料等领域打造若干产业链。发挥规模优势，推进工业企业向园区集聚，引导有条件的园区、开发区形成产业集群，放大规模效应、集群效应，实现工业规模化、高端化、规范化发展。

（三）服务业优化升级路径

1. 推进生活性服务业向便利化转型

顺应生活方式转变，适应人民对便利化的需求，加快推进餐饮、住宿、零售等生活性服务业转型。扶持家家悦、利群等连锁企业加快发展，支持连锁经营业态在零售、餐饮、住宿、家政的应用。在全省范围内打造一刻钟便民生活圈，引导便利店进社区、超市下乡，将居民服务需求与服务业企业紧密结合，努力打造居家、养老、咨询、房屋租赁等多业务综合发展的新局面。

2. 推进生产性服务业向专业化转型

立足山东省情和制造业基础，加快发展金融总部、现代物流、研发设计、信息服务、节能环保、检验检测、电子商务等现代服务业，推动各业态向专业化、高端化转型。推进济南、青岛等区域中心城市积极打造新信息经济、总部经济，推动烟台、潍坊、淄博等工业城市实行制造业服务业转型，推动生产性服务业的快速发展。

3. 推进基础性服务业向网络化转型

基于城镇化建设需要和基础设施配套需求，加快推进飞机场、轨道交通、公路运输网、信息传输网、电网等基础性服务业向网络化、信息化、平台化转型。拓宽多元化融资渠道，加强政府和社会资本的合作，策划包装 PPP 项目，引导社会资本向基础性服务业倾斜，争取在“十三五”时期，建设一批重大基础性服务工程，完善全市基础设施网络体系。

（四）推进两化融合发展

1. 生产过程智能化

推进省内企业共建需求市场，以信息技术优势为支撑，构建集智能化需求主体、技术服务、智能设备供应于一体的智能制造生态链。加快企业生产过程中数字化、智能化技术的应用，支持电子信息、汽车制造、轻工纺织等领域重点企业，积极引入工业自动化设备、工业机器人、过程控制系统、生产信息实时管理系统（MES）等，推进生产装备智能化升级、工艺流程改造和基础数据共享。大力推动现有工业产品向数字化、智能化方向发展，在装备制造、小家电等传统优势行业中发展智能终端、服务机器人、智能家电、智能汽车等消费类智能产品，带动制造业产品向高端化发展。

2. 推广众包研发模式

重点发挥行业协会、行业骨干企业的主导作用和高等院校、科研院所的基础作用，加强行业基础和共性关键技术研发，破解区域科创资源不平衡问题。面向亟须突破的新能源及新能源汽车、新材料、纺织等领域关键技术，以现有科技资源为基础，发挥现有科技资源优势，大力发展面向全省乃至全国、全球的“众包”研发，吸引各地用户参与设计，加快突破各领域关键核心技术，推动工业产品创新 2.0 模式。

3. 推动“个性定制”

鼓励海尔、潍柴、二机床、重汽等企业，利用互联网平台采集并对接用户个性化需求，推进设计研发、生产制造和供应链管理等关键环节的柔性化改造，挖掘各领域、各产业、各产品在细分市场的需求与发展趋势，开展基于个性化的产品服务和商业模式创新。在传统制造业、战略性新兴产业、现代服务业等重点领域开展创新设计示范，培育一批专业化的工业设计企业，提升制造业的创新设计能力。

（五）大力发展共享经济

1. 加快发展互联网+普惠金融

发挥济南、青岛区域性金融中心对全省产业发展的支撑作用，支持传统金融机构，依托网络征信、网络评估、网络核实等新兴技术手段，开展网络银行、网络证券、网络保险、网络基金销售和网络消费金融等业务，加快传统金融业务与服务业的转型升级，提高金融服务产业、服务生活的效能。

2. 积极推动互联网+餐饮住宿

互联网作为整合产业资源的工具，使各地市可以对接更广阔的外部资源。鼓励部分高端酒店以建设“全球领先”的酒店为目标，采用先进的设计理念，引入图像识别、声控、触控等现代信息技术，按照高标准的智能家居模式，全面提升设施智能化和网络化水平，创造全新的用户体验，形成顶级的酒店声誉。鼓励社会力量全面进入住宿餐饮的O2O领域，逐步从简单的线上预定、线下消费的低层次模式，发展到线上视频实时考察、线上验证、线上支付、线上评价、线上投诉等全流程便捷服务，鼓励探索新兴住宿餐饮发展模式。鼓励用户积极参与评价，形成餐饮住宿提供者自我要求、自守规则、讲究诚信的习惯，降低政府监管成本；同时畅通基于移动终端的投诉渠道，建立实时响应和及时反馈的制度，全面保障消费者合法权益。

3. 加快发展互联网+商贸物流

以省内区域特色农产品、信息产品等为切入点，积极推动互联网零售和产品线上交易，在全省打造多个高水平电子商务专业服务机构，建成多个电子商务产业集聚区；支持传统商贸、批零企业发展电子商务，开展线上线下良性互动的网络零售业务，鼓励大中型批发市场的商户开展网上零售；加强发展跨境电子商务，支持企业运用电子商务开拓国际市场，鼓励企业通过电子商务完善进出口代理业务，培育一批综合性跨境电子商务服务企业。

4. 推动互联网+旅游融合发展

鼓励全省景点运营机构开发统一的移动APP，利用网上支付、二维码扫描、地理位置定位等技术，实现游客网上购票、入园条码扫描、酒店免前台办理等全过程智能化，实现景区游览的便捷性、高效性；基于旅游景点、购物娱乐、交通出行等大数据信息平台，为游客提供游览全过程的建议方案，提升游客满意度。

建立从旅游景区、酒店餐饮到导游、服务人员等全方位的大众评价体系，通过多种网络互动方式鼓励游客参与评价，并将评价结果及时反馈，从而提升景区配套服务意识，打造山东旅游品牌。

（六）加速产业动能转换

1. 推动产业布局集约化

以国家新旧动能转换综合试验区为主战场，发挥山东省海岸线长、海陆交通便利的优势，遵循循环型、低碳型、集聚式发展模式，加快推动钢铁、石化等“大进大出”型重化工业向沿海地区布局。高起点、高标准规划和建设一批产业功能区，实现差异化发展，避免低水平重复建设。制定扶持激励政策，积极开展省内产能和装备“走出去”，推动产能的省际、国际合作。

2. 推动创新体系协同化

面向优势产业和产业集群，依托龙头骨干企业，加快培育形成一批行业性技术创新平台。积极争创国家制造业创新中心，建立若干省级制造业创新中心。加快攻克一批有全局性影响、带动性强的关键核心技术。推动创新成果产业化应用，鼓励骨干企业牵头成立行业技术创新联盟，形成共同投入、共担风险、共享成果的产学研协同创新体系。

3. 推动品牌建设高端化

组织实施“山东百年品牌企业培育工程”，选择一批品牌价值高、创新能力强、具有一定规模的企业进行重点培育，打造更多百年品牌。近期将与工信部共同举办中国工业品牌之旅山东站活动，召开“树高端品牌，创百年企业”主题论坛，分享品牌建设经验，倡导品牌文化，共谋品牌发展。在消费品领域集中开展增品种、提品质、创品牌“三品”专项行动，扩大传统优势供给，增加中高端供给，扩展新兴供给。开展质量提升行动，突出“省长质量奖”示范带动作用。鼓励企业采用国际标准或国外先进标准，支持专利技术向标准转化，推动团体标准建设。借助央视等国家级媒体，大力宣传山东优秀工业产品，集中树立“好品山东”山东工业区域品牌、集群品牌形象，扩大“山东制造”品牌的影响力。

4. 推动跨界方式多元化

大力推进制造业与互联网融合发展，鼓励发展工业设计、个性化定制服务、全生命周期管理、网络精准营销和在线支持服务，加快发展服务业。坚持“工业统领、三次产业融合”，采用工业化组织模式，以工业为主导带动农业、服务业创新发展。坚持“军民融合”，发展一批“民参军”专业化企业。

5. 推动发展方式绿色化

加快构建高效、清洁、低碳、循环的绿色制造体系，推进钢铁、有色、化工、建材、轻工、印染等传统产业绿色改造。推进资源再生利用产业规范化、规模化发展，大力发展再制造产业和节能环保产业。

参考文献

[1] ERNST R BERNDT, CATHERINE J MORRISON. High-tech Capital Formation and Economic Performance in U.S. Manufacturing Industries: An Exploratory Analysis [J]. Journal of Econometrics, 1995, 5 (6): 9-43.

[2] SUDIP CHAUDHURI. Economic Reforms and Industrial Structure in India [J]. Economic and Political Weekly, 2002 (2): 155-156.

[3] TREVOR A REEVE. Factor Endowments and Industrial Structure [J]. Review of International Economics, 2006 (1): 30-53.

[4] CHANG N. Changing Industrial Structure to Reduce Carbon Dioxide Emissions: A Chinese Application [J]. Journal of Cleaner Production, 2015 (103): 40-48.

[5] DOWNS A, COSTA F. Smart Growth/Comment: An Ambitious Movement and Its Prospects for Success [J]. Journal of the American Planning Association, 2005, 71 (4): 367-378.

[6] 陆大道. 区域发展与空间结构 [M]. 北京: 科学出版社, 1995.

[7] 曾菊新. 空间经济系统与结构 [M]. 武汉: 武汉出版社, 1996.

[8] 周振华. 现代经济增长中的结构效应 [M]. 上海: 上海人民出版社, 1995.

[9] 刘伟. 工业化进程中的产业结构研究 [M]. 北京: 中国人民大学出版社, 1995.

[10] 郭克莎. 结构优化与经济发展 [M]. 广州: 广东经济出版社, 2001.

[11] 陈才. 区域经济地理学 [M]. 北京: 科学出版社, 2001.

[12] 朱静. 新疆产业结构和经济增长的关系 [J]. 经济地理, 2009, 12 (4): 45-49.

[13] 李世彬, 赵立东. 黑龙江产业结构变动和经济增长的实证分析 [J]. 地域研究与开发, 2008, 10 (27): 87-92

[14] 岳敏. 改革开放以来甘肃经济发展动态分析——基于产业结构演进的角度 [J]. 人文地理, 2010, 2 (12): 25-29.

[15] 刘璐, 李哲. 广西经济增长与产业结构关系的实证研究 [J]. 现代商贸工业, 2012 (12): 51-52.

[16] 刘洋. 安徽省产业结构与经济增长关系的实证分析 [J]. 内蒙古农业大学学报 (社会科学版), 2011, 13 (1): 77-78.

[17] 王兵，陈雪梅. 产业结构与广东经济增长 [J]. 暨南大学学报（哲学社会科学版），2006（4）：46-50.

[18] 冯丽，白桦. 陕西省产业结构、消费结构与经济增长的VAR模型分析 [J]. 西安财经学院学报，2011，24（4）：31-36.

[19] 肖艳，胡洋. 吉林省高新技术产业发展与经济增长关系的实证研究 [J]. 地理科学，2011，31（5）：589-593.

[20] 李薇，王超，徐伟双. 北京产业结构演变与经济增长动态分析 [J]. 北方工业大学学报，2011，23（4）：6-10.

[21] 田红，刘兆德，陈素青. 山东省产业结构变动对区域经济增长贡献的演变 [J]. 经济地理，2009，29（1）：49-53.

[22] 左其兴. 武汉市产业结构调整与经济增长的实证研究 [J]. 经济研究导刊，2012（8）：69-72.

[23] 陈以威. 我国产业结构变动与经济增长关系的实证分析 [J]. 对外贸易，2012（4）：51-53.

[24] 刘新同. 我国区域产业结构演变与经济增长关系研究——基于非稳定面板数据模型的实证分析 [J]. 黄河科技大学学报，2012，14（2）：38-40.

[25] 凌志雄，潘妹. 三次产业结构与我国经济增长关系的实证研究 [J]. 经济问题，2011（11）：15-17.

[26] 冯兴华，钟业喜，徐羽，等. 长江经济带区域空间结构演化研究 [J]. 长江流域资源与环境，2015，24（10）：1711-1720.

[27] 乔旭宁，杨德刚，毛汉英，等. 基于经济联系强度的乌鲁木齐都市圈空间结构研究 [J]. 地理科学进展，2007，23（6）：86-95.

[28] 唐伟，钟祥浩. 成都都市圈县域经济时空差异及空间结构演变 [J]. 长江流域资源与环境，2010，19（7）：732-738.

[29] 栾雅琼，严艳. "一带一路"视域下的兰白都市圈产业空间结构一体化研究 [J]. 兰州文理学院学报（社会科学版），2016，32（4）：59-63.

[30] 郭荣朝，苗长虹，夏保林，等. 城市群生态空间结构优化组合模式及对策——以中原城市群为例 [J]. 地理科学进展，2010，29（3）：363-369.

[31] 吴士锋，王文红，吴小曼，等. 新常态下京津冀会展产业空间结构优化及经济增长研究 [J]. 河北企业，2016（4）：47-48.

山东省产业集群
对区域经济增长的效应研究

引言

2015年3月，李克强总理在政府工作报告中指出我国实现产业结构中高端化的关键路径是依靠创新催生新型产业集群，推动传统产业集群的转型升级。2015年7月，《工业和信息化部关于进一步促进产业集群发展的指导意见》，提出促进产业集群转型升级的20条意见，同时还将推动各地建立和完善促进产业集群发展的工作协调机制，开展产业集群评价工作，完善评价考核和分类指导，推进中小企业产业集群发展。

2016年10月，山东省促进中小企业发展领导小组办公室、中小企业局发布了《山东省产业集群发展规划（2016—2020年）》，指出“十三五”时期，山东省将实施“1362”产业集群发展能力提升工程，着重在规划引导、龙头企业、协同创新、公共服务、区域品牌、园区建设等6个关键环节加强政策扶持，重点培育高端装备制造、信息技术、生物医药等7大类新兴产业集群，优化提升食品、纺织服装、化工、汽车及配件、家具等13大类传统优势产业集群，培育壮大年营业收入超过2 000亿元的产业集群10个、1 000亿~2 000亿元的30个、500亿~1 000亿元的60个、100亿~500亿元的200个，打造一批高等级、高质量、高效益、智慧型产业集群，成为新常态下山东经济转型发展的新优势、新动能。

山东省作为正在崛起的经济增长极，获得的关注越来越多。本课题以山东省产业集群发展对区域经济增长产生的极大的能动作用，充分证明了产业集群对区域经济增长有着重要的现实意义。同时，本课题通过将山东与浙江、广东等产业集群发展良好的省份进行对比分析，剖析山东省产业集群发展中存在的问题，从而获取解决问题及促进发展的应对策略，进而研究产业集群对区域经济增长的影响，具有典型借鉴意义。

一、产业集群的研究现状

（一）国外研究

一般认为，关于产业集群的研究始于阿尔弗雷德·马歇尔（Alfred Marshall,

1890）关于外部经济和产业区的研究，在20世纪70年代初，伴随着对经济全球化背景下新产业区的认识和研究而重新兴起。20世纪90年代后，波特（Porter，1990）的产业集群理论又使其进入研究的高潮。麦考米克（Dorothy Mccormick，1999）在对非洲大陆许多欠发达地区中出现的产业集群现象进行考察研究的过程中指出：以集群的形式发展，有利于企业要素投入的节约，劳动力、资本等生产要素的使用效率也会得到提升，并且能够提高工业化程度。Oliver Falck、Stephan Heblich、Stefan Kipara（2010）在研究德国巴伐利亚地区高新技术产业集群时，利用双重差异分析法分析发现：每一项以促进产业集群发展为导向的政策的实施，能为集群内的企业相对于集群外的同行降低19.4%的研发费用。Babkin Alexander、Kudryavtseva Tatiana、Utkina Svetlana（2013）三位学者将"虚拟企业法"从物理学原理应用到经济学范畴，在探讨利用虚拟企业产生创新型产业集群的可能性时，通过研究产业集群的相关政策以及产业集群的形成发现：产业集群能够降低交易成本，并有可能会吸引政府的大额投资，从而具有吸引长期、稳定的资本要素的支持的优势。他们认为创新型产业集群能够提供大批技术类型的工作岗位，为缓解区域就业压力提供帮助。同时，创新型产业集群能优化区域创新环境，其带来的高附加值生产，能为区域产出的增长、出口的扩大做出很大贡献。

近几年国外的研究不再局限于产业集群对经济发展的正效应。Frenkena和Elena等人（2015）认为，产业集群会激励一些企业进入集群，但产业集群促进企业成长与生存的证据相当薄弱。Shaver（1997）和Liao（2015）等人进一步指出，产业集群是一把"双刃剑"，对企业发展的负面效应主要表现为集群的内部竞争、群体性的思维、对外部意见缺乏敏感性等方面。这些负面效应将会导致产业集群竞争优势的丧失，使区域经济面临衰败困境。国外对产业集群对区域经济增长的作用的研究在不断向多元化方向发展。

（二）国内研究

王缉慈（2001），是我国最早一批对产业集群进行研究的学者之一。她对增长极、梯队推移、地域生产综合体等理论进行了大量的研究和分析，汲取了各类型理论的精华之处，并提出区域经济的发展在依靠合理的区域分工的同时，更应该发挥集群区域内各种资源的整合优势，特别是应该充分发挥产业集群区域内的技术进步和技术创新对区域经济的推动作用。战炤磊（2010）指出，产业集群除了会对区域经济发展产生正向效应外，也会对区域经济的发展产生负向效应。一方面，产业集群自身的一些特点会对区域经济发展产生负面影响，如产业集群存在系统性风险、产业集群会导致市场失灵、产业集群会扩大区域差距、产业集群会引起周期性波动、产业集群会面临自我超越困境等。另一方面，对产业集群发展模式的不恰当运用，不仅会危及产业集群自身的健康发展，而且不利于区域经济的长远发展。因此，要在培育和发展产业集群过程中进行理性选择。张敏

（2011）在分析产业集群建设与区域经济发展相关性的基础上，总结苏北区域发展战略中的经验教训，结合苏北工业化的基础及产业集群发展的现状，论证基于产业集群推动苏北区域经济发展的必要性、可能性，探讨具有苏北特色的产业集群发展模式及相应对策，并指出发展产业集群与苏北发展战略相辅相成，有利于推动苏北优势产业的形成，有利于推进苏北城市化进程，有利于增强苏北地区的区域创新能力，提升苏北区域经济竞争力。余丽霞（2012）实证分析了金融产业集群对区域经济增长的效应，通过构建地区金融产业集群竞争力的评价体系，计算出了我国各地区金融产业集群竞争力指数，并以计算出的金融产业集群竞争力指数为生产要素，构建了其与地区经济增长、第三产业发展和产业结构升级的模型，实证检验了金融产业集群的形成和发展对一个地区区域经济增长的促进作用。此外，她还引入引力模型测度不同城市之间的经济联系强度，以长江三角洲经济区为研究样本，进一步探究了上海市金融产业集群的发展对区域经济增长的辐射和带动作用。实证结果表明，这种带动作用非常显著，而且当一个城市与上海的经济联系越紧密时，辐射作用越明显。吴迪（2012）从区域创新能力角度出发，认为产业集群的良好发展可以为区域创新能力的提升提供新思想、新方法，通过协同机制，区域创新能力的不断提升又反作用于产业集群的发展，促进产业结构的优化与升级。孙和民（2014）运用定性分析和定量分析相结合的方法，对东营黄蓝经济区建设情况和主导产业集群发展状况进行了分析，并运用钻石理论的四个基本因素和两个辅助要素分析了东营市产业集群对区域经济发展的作用。刘琳婧（2014）探讨了港口物流产业集群与沿海区域经济互动发展的动因，指出沿海区域不同的经济发展水平和政策环境决定着港口物流产业集群的生命周期进程，具体可以分为产生阶段、成长阶段、成熟阶段、衰退阶段四个阶段。同时，作为沿海区域经济的增长极，港口物流产业集群对于提高企业效率、整合区域资源、提高创新速度、建立区域品牌、促进沿海地区对外贸易的发展具有重要的作用。杨媛（2015）研究了武汉市汽车产业集群对区域经济增长的作用，以武汉的汽车产业集群为例，通过对武汉汽车产业集群的情况进行分析研究，归纳出武汉市汽车产业集群的优劣势，并通过对优势的发挥和对劣势的解决找出最佳方案，既保证武汉汽车产业集群自身的利益，又能够将汽车产业集群对区域经济发展的作用发挥到极致。

本课题在国内外研究的基础上，结合现有的对不同省市、不同产业集群的分析及借鉴，进一步研究产业集群对山东省区域经济发展的正效应，并在此基础上，总结出适合山东省的产业集群发展路径和区域发展对策。

二、山东省产业集群的发展现状

（一）产业集群的形成

产业集群已成为当今世界各国和地区发展优势产业，提高产业竞争力，参与国际竞争的重要手段。产业集群不是简单的产业集聚，产业之间及产业与其他机构之间是有联系和互补性的。产业集聚进一步发展即可产生产业集群效应，而产业集聚的前期发展是发生产业集群效应的基础。当前，形成产业集群的培育模式主要有自主发展的市场模式、政府主导模式、政府引导模式等，产业集群网络结构如图 1 所示。

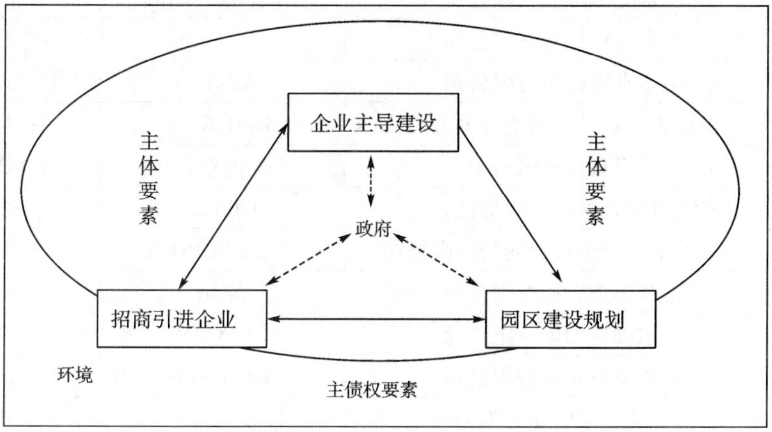

图 1　产业集群网络结构

1. 自主品牌企业带动的产业集群发展

自主品牌企业带动的产业集群发展，是以具有竞争优势的名牌大企业形成产业制造基地，带动一大批专业化生产和配套服务的中小企业“扎堆”，特点是：二者有机构成大中小企业共生互助、协调发展的产业群落，上下游相关支持性、功能性、根植性极强，因产业内居主导地位的名牌企业而聚集。山东省重点培育的自主品牌涉及机电、化工、五金建材等多个产业，各产业在不同地区（如青岛、潍坊）形成了自主品牌带动性产业集群，如表 1 所示。

表 1　　2016 年度山东省重点培育的国际自主品牌名单

行业	单位名称	品牌名称	属地
机电	山东临工工程机械有限公司	LINGONG	临沂
	青岛海容商用冷链股份有限公司	海容	青岛
	山东豪迈机械科技股份有限公司	HIMILE	潍坊
	威海海王旋流器有限公司	海王 HW	威海
	山东宏泰电器有限公司	FIRSCOOL	烟台
	山东通佳机械有限公司	TONGJIA	济宁
	东营威玛石油钻具有限公司	威玛、WEIMA	东营

表1(续)

行业	单位名称	品牌名称	属地
化工	八亿橡胶有限责任公司	八亿	枣庄
	山东潍坊润丰化工股份有限公司	Midoblida	潍坊
	潍坊市跃龙橡胶有限公司	CONSTSNCY	潍坊
	山东龙跃橡胶有限公司	GRENLANDER	菏泽
	山东柠檬生化有限公司	TTCA	潍坊
	山东泰山轮胎有限公司	TAISHAN	泰安
	山东省三利轮胎制造有限公司	BEARWAY	菏泽
	道恩集团有限公司	道恩	烟台
	东营市方兴橡胶有限责任公司	OPALS	东营
	山东瑞丰高分子材料股份有限公司	RUIFENGPOLY	淄博
	山东万鑫轮胎有限公司	坤元	淄博
	山东国风橡塑有限公司	GOFORM	东营
五金建材	济南澳海炭素有限公司	VAST SEA	济南
	山东艾菲尔管业有限公司	艾菲尔	枣庄
	鲁普耐特集团有限公司	鲁普耐特	泰安
医药保健	山东新华医疗器械股份有限公司	新华医疗	淄博
	瑞阳制药有限公司	REYOUNG	淄博
	齐鲁制药有限公司	齐鲁 QILU	济南
	山东新时代药业有限公司	鲁南	临沂
轻工艺	山东金晶科技股份有限公司	G-CRYSTAL	淄博
	临沭晴朗工艺品有限公司	晴朗	临沂
	山东英科环保再生资源股份有限公司	英科环保	淄博
纺织服装	青岛前丰国际帽艺股份有限公司	前丰	青岛
	山东海思堡服装服饰集团股份有限公司	海思堡	淄博
食品土畜	青岛柏兰集团有限公司	柏兰	青岛
	山东诺尔生物科技有限公司	荣诺、NESW	东营
	烟台安德利果胶股份有限公司	PECTNER	烟台
	中科凤祥生物工程股份有限公司	MIMIDO	聊城
	山东省万兴食品有限公司	姜老大	莱芜

数据来源：中华人民共和国商务部网站

2. 招商引资形成的产业集群发展

招商引资形成的产业集群与资本流动有关，特别是外商直接投资。产业集群形成的主要方法是吸引外资，在特定领域中吸引几家大型跨国企业进入，会引来更多外商，从而“连接”起一批企业，形成跨国公司的客户链，进而带动当地各类产业的发展。在山东省内，这一产业集群模式不像广东发展的那样成熟，仅是初具集群形态。其中以烟台汽车集群和威海电子产业集群最为典型。

3. 市场创造的产业集群发展

市场创造的产业集群，即区域经济范围内首先出现专业化市场，为产业集聚创造重要的市场交易条件和信息条件，最后使产业的生产过程也聚集在市场附近。山东省这一集群模式以临沂木业集群和寿光蔬菜产业集群较为典型，但产业集群的发展还在不断完善中。

4. 政府推动的产业集群发展

山东省的经济发展模式、生产的社会组织方式、促进地方经济发展的战略产业选择，往往需要依靠政府的推动。在对全省各地产业集群的形成和发展的调研中，我们总是能够感受到各级政府在其中的影响。

（二）山东省产业集群的发展

山东省作为全国的经济大省、制造业强省，一直是全国产业集群升级发展的典型地区。“十二五”时期，山东全省产业集群快速发展，截至 2015 年年底，年营业收入超过 100 亿元的产业集群发展到 204 个，比“十一五”末增加了 108 个，其中年营业收入超过 500 亿元的达到 30 个。产业层次水平不断提升，新兴产业在省级产业集群中的比重达到 1/4 以上。全省拥有冠国字号“名城”“基地”“之都”“之乡”“示范区”的产业集群或特色产业区域品牌近百个，成为区域经济对外开放和吸引资源的重要名片。2015 年公布的全国百佳产业集群中，山东省占了 5 个，如表 2 所示。

表 2　　2015 年公布的全国百佳产业集群中山东省的产业集群

城市名称	产业集群
青岛市	中国电子及家电产品产业集群
烟台市	中国葡萄酒产业集群
寿光市	中国农副产品加工产业集群
淄博市	中国工艺玻璃产业集群
德州市	中国玻璃钢产品产业集群

2015 年全国百佳产业集群中，浙江有 36 个、广东有 21 个、江苏有 17 个。山东与这些省份相比仍存在较大差距。因此，山东省产业集群仍有较大发展空间，研究产业集群对山东省区域经济增长的影响效应，有助于山东省精准发力，推动财政改革发展，促进优势产业集群升级，提升区域经济整体实力。

2016 年，山东省轻工集体企业联社（简称“省轻企联”）发布山东省 136 个特产经济区域和特色产业集群名单，涵盖工艺美术、家具、塑料、五金和皮革、家电、体育健身器材等 6 个行业。据了解，这 6 大行业中产业集群分布最多的行业为工艺美术行业，集群数量达 47 个，其中既有风筝、年画、陶瓷、鲁锦、柳编等极富地方特色的工艺美术产品，也有发制品、人造花、艺术玻璃等产品。而家具、塑料、五金和皮革、家电、体育健身器材等 5 个行业的特色产业集群数量，则分别为 28 个、26 个、17 个、9 个、9 个。

从山东省主要城市的特色产业集群情况来看，淄博市产业集群数量最多，达 19 个，而济南、青岛各有 6 个。另外，产业集群数量超过 10 个的，还有潍坊（11 个）、临沂（14 个）、德州（13 个）、滨州（11 个），如表 3 所示。

表 3　2016 年山东省特色产业集群主要分布地区及数量

序号	地区	特色产业集群数量（个）
1	济南	6
2	青岛	6
3	淄博	19
4	潍坊	11
5	临沂	14
6	德州	13
7	滨州	11

山东省的产业集群数量不少，但是规模相对较小，而且第一产业集群较多，附加值较低，缺少附加值较高的电子和高档服装等产业集群。然而，这些产业集群对于促进当地经济的发展，强化其所在区域经济发展的实力和特色发挥着极其重要的作用，而每一个集群都有一些可以加以归纳和总结的经验和特色。

三、浙江、广东两省产业集群发展分析

民营经济是区域经济发展的重要力量，也是多数产业集群发展的主要微观主体。大力集聚本地的中小规模企业成为促进区域经济发展的内源动力。山东省与广东、浙江两省的产业集群发展对比仍处于相对落后的阶段，主要从以下几个方面进行对比：

（一）与浙江、广东两省产业集群的形成机制对比

1. 浙江——“小商品、大市场”

浙江产业集群的形成影响较大，甚至形成闻名世界的经济发展模式——“温州模式”。其主要是通过内源性民间投资驱动，产业集群的发展较好地结合了本

地的要素禀赋优势和历史文化因素。其发生发展经历了一个自然选择与演化的历史过程，具有很强的生命力和发展潜力。浙江人多地少，农村集体经济薄弱，浙江人在长期的资源短缺的情况下形成了走南闯北寻找生机的习俗。此外，浙江自古以来就多出能工巧匠，在长期发展过程中其生产技术和经营经验不断融入市场化、形成规模化，从而形成了产业集群发展所需要的技术、知识外溢。同时，浙江通过自我积累、民间借贷等内源性投资方式，使得相同、相近、相关企业在某一区域聚集成群，呈现出“一村一品、一镇一业”的产业组织形态以及别具特色的“小商品、大市场”的发展格局。

2. 广东——“两头在外”

广东产业集群的形成来源于“珠江三角洲模式”，是一种以外商直接投资（FDI）为主的“嵌入型”产业集群。20世纪80年代中期，国务院批准成立了“珠江三角洲经济开发区”，以东莞、宝安等地为代表的珠三角东部地区开始走上外向型的工业化道路。广东在这样的背景下形成的产业主要是以侨资经济、私有经济、集体经济和国有经济等共同投资，其中主要以外商直接投资为动力，凭借毗邻港澳、华侨众多及国家优惠政策倾斜的优势，以本地生产要素低成本和高投入为基础，通过高度依赖对外加工贸易的经济增长方式，形成了较为明显的“进口—加工—出口”的“两头在外”的外向型产业集群发展模式。

山东省产业集群的形成机制——“地域优势”“多元产业集群”。最典型的就是以寿光蔬菜为代表的农业产业集群的形成，其充分利用平原地区优势的同时，发展农业规模经济，促进农业现代化系统地发展，从而带动潍坊市及山东省，甚至全国农业现代化的发展。另外，淄博、潍坊等地的化工产业集群、五金建材产业集群的形成呈现多元化产业集群形态。与浙江、广东两省相比，山东省产业集群的形成在平原、沿海等地域优势的基础上，产业丰富，集群相对较多，形成集群趋向于多元化、综合性。

（二）与浙江、广东两省产业集群的主体或资本源对比

浙江产业集群是由个体私营经济发展起来的，私人独资企业是其主要的制度形式。在浙江，不仅个体企业、私营企业是独资企业，很多股份合作制企业和有限责任公司实质上也是私人或家庭独资的，另外一部分企业则为私人共同出资的合伙企业、股份合作制企业以及有限责任公司。因此，浙江企业制度的最大特点就是产权清晰、机制灵活。浙江产业集群一般是由数量众多的中小民营企业构成，通常以小规模生产技术为基础，产品易于模仿，资金壁垒较低，主要基于精细的专业化分工，充分利用马歇尔外部规模经济，具有成本的比较优势，但一般不具有企业规模经济。

广东产业集群主要是以侨资经济、私有经济、集体经济和国有经济等共同投

资，其中主要以外商直接投资为动力，在引进外资构成中，港澳台资本占绝大部分，小部分是华侨和国际资本。在引进外部资本的同时，广东也引进了国外先进的管理制度和经营方式，企业管理制度建设规范，经营方式和理念较为先进。

山东省产业集群的主体处于浙江、广东两省的中间阶段，既包括集体经济和国有经济投资支持的部门产业集群，同时也存在大量的中小个体私营企业形成的产业集群，并且规模在不断扩大。此外，山东省政府正在进一步加大扶持及促进中小企业产业集群的形成，规范产业园区，对原有的多数中小企业进行不断整合，促进产业集群的发展，增强其区域经济增长的拉动效应。

（三）与浙江、广东两省产业集群的结构特征对比

1. 浙江产业集群的结构多样

浙江产业集群的结构特征为：一是基于资源的产业集群，以资源或原材料为依托，企业之间互相协作形成的产业集群；二是基于销售网络的产业集群；三是基于历史传统产业基础的产业集群。

2. 广东产业集群的结构较为单一

广东主要是生产型产业集群即订单生产，仅是生产加工企业在空间上的集聚，以获得专业化的、弹性的劳动力，而原材料供应与销售环节则与生产环节在地理上分离，也就是所谓的“进口—加工—出口”的“两头在外”及“前店后厂”型的产业集群。

图 2、图 3 分别为 2014 年、2015 年山东省与浙江、广东两省按三次产业对比的数据柱状图。浙江省在第一、二产业均处于领先地位，而广东省第三产业的优势非常明显。山东省处于相对劣势的地位，这在一定程度上抑制了其产业集群的发展和区域经济的竞争力。由图 2、图 3 可以看出，2015 年山东省产业发展有所追赶，特别是第三产业，追速明显，但还是处于弱势阶段，仍需要加快追赶的步伐。

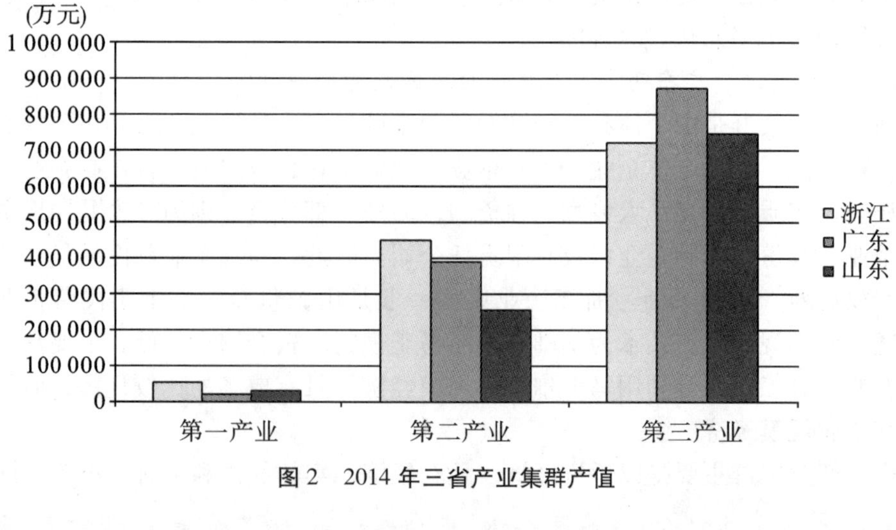

图 2　2014 年三省产业集群产值

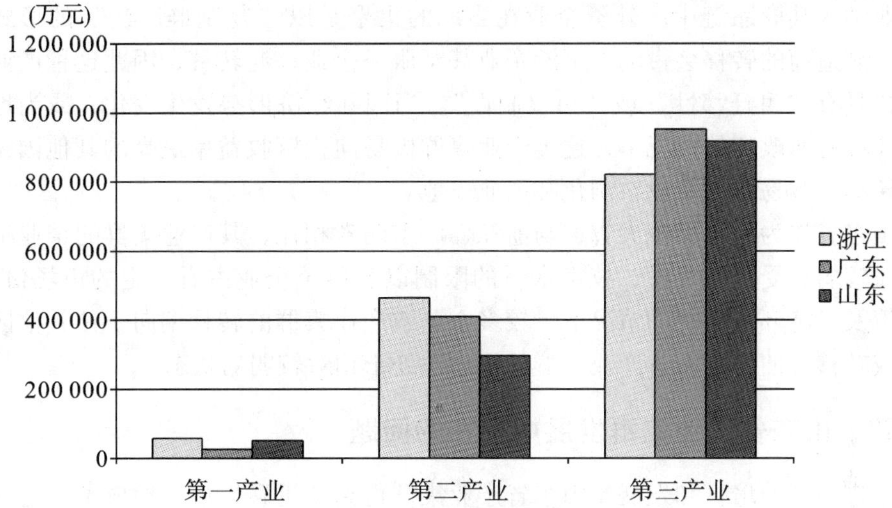

图 3　2015 年三省产业集群产值

数据来源：《中国统计年鉴》

（四）与浙江、广东两省产业集群的竞争力对比

集群竞争力水平的高低主要取决于科技创新水平的高低。2017 年 8 月 30 日，中国科学技术发展战略研究院和科技部创新发展司在北京联合召开《中国区域科技创新评价报告 2016—2017》和《中国区域创新能力监测报告 2016—2017》发布会，两份报告的数据显示，全国综合科技创新水平指数得分为 67.57 分，比 2016 年提高了 1.08 分。从综合科技创新水平指数看，北京、上海、天津、广东、江苏和浙江的综合指数得分高于全国平均水平（67.57 分），处于第一梯队。湖北、重庆、陕西、山东、四川、福建、辽宁、黑龙江、安徽、湖南、山西、甘肃、吉林和江西的综合科技创新水平指数在全国平均水平（67.57 分）和 50 分之间，处于第二梯队。其他地区的综合科技创新水平指数在 50 分以下。这已经充分体现出山东省与广东、浙江等省份的科技竞争力差距。

（五）与浙江、广东两省产业集群的企业根植性对比

血缘、亲缘和地缘是浙江产业集群的黏合剂。虽然在产品创新不足、市场饱和的情况下，一些具备一定规模的企业将有可能迁往成本便低的地区，但是由于家族与地域观念的制约以及产业集群表现为中小规模企业的扎堆成群，投入资本小，极易转移到其他产业而继续发展，因此集群内的配套企业以及下游企业通常不会一起向他地迁移，显示出较高的企业根植性。

广东产业集群是以外资为主体的嵌入型产业集群，是国际资本在全球转移的直接结果，其布局自然也服从于国际资本流动及资源配置的规律。一般而言，起领导作用的外资企业与当地相关产业的前向、后向关联效应较差，没有完全把当

地企业纳入其商品链中。外资企业在当地的集聚是以“复制群居链”的形式进行，即制造商的转移会带动上下游企业甚至服务企业一起转移，因此这种产业集群模式具有“可迁移性”或“可复制性”。当国际经济形势发生变化，或当地的投资环境有所改变的情况下，这类产业集群极易向投资收益率更高的其他国家和地区转移，容易形成产业空洞化和产业飞地。

山东省作为全国经济大省，与浙江、广东两省相比，其产业集群的企业根植性相对较弱。受企业规模、技术水平的限制以及传统企业占有一定的市场份额，在政策及经济环境变动的情况下，较多企业或产业集群的转移偏向于往其他区域调整或转移，使得山东省产业集群的根植性处于相对较弱的状态。

四、山东省产业集群发展中存在的问题

经过多年的培育和发展，山东省产业集群得到了迅猛发展，形成了一定的基础，但就山东省产业集群现有的格局来看，与浙江、广东等省份相比，仍存在许多问题，主要有以下几个方面的表现：

（一）山东省产业集群缺乏龙头产业带动

山东省产业集群的发展情况：内源型品牌企业带动的产业集群发展良好，外商直接投资形成的产业集群发展仍在雏形期，市场创造的产业集群发展较弱。各类型产业集群的发展中缺乏带动能力强、辐射范围广的产业作为龙头产业，作为产业集群之首推动区域经济增长。另外，虽然山东省的招商引资有了新的进展，但是招商引资中可以形成聚集力的企业、项目的比重较小，以跨国公司为龙头的产业集群、产品配套格局和功能区并未有效地建立起来。

（二）山东省产业集群“聚”而不“群”

山东省产业集群“聚”而不“群”的问题主要是指产业集群“名不副实”，企业仅是空间的集聚，缺乏关联、配套与协同效应。主要表现在：群内企业虽然集于一地，或政府支持规划产业园区，吸引企业入驻，但企业间、产业间没有形成相互关联、相互依存的专业化分工协作的产业体系；群内企业之间业务关联性和技术关联不大，缺乏明确的产业分工和产业特色，配套能力差，产业结构趋同严重，甚至形成内部恶性竞争，山东省大多数产业的产品配套率较低。

（三）山东省产业集群根植性相对较弱

山东省产业集群根植性相对较弱主要是指外商直接投资形成的产业集群。这类产业集群存在“复制群居链”现象，根植性较弱。这主要是指一些有着产业联系的上下游生产的外资企业同时融入政策优惠区或者市场前景广阔的区域投资办厂，并且整体维持原来的生产链，形成“群居链”的完整复制。这类产业集群自身生存能力强且不依赖当地的供应商网络，并且可以整体性流动。因此，当一个

大型企业选择外迁时，往往会带走许多相关小企业，从而导致外资企业和山东省本地经济社会发展出现难以融合的现象。当然，产业集群的根植性主要还与当地配套措施、企业间关系、企业间利益、人力资源本土化程度等多方面因素有关。

（四）山东省产业集群科技核心竞争力弱

从产业自身来看，山东省产业集群主要集中于附加值较低的环节。如农业产业集群、纺织产业集群、制造业产业集群等仍处在生产、加工、组装、装配等初级阶段，仍未进入高技术产品研发、自主核心技术研发等阶段，并且距离掌握自有技术研发能力仍有一定差距。同时，集群内企业、大学以及科研院所的互动机制不健全，企业科研能力弱，缺乏发展后劲，而大学和科研院所已有的研究成果也难以转化为现实的生产力，导致山东省产业集群科技核心竞争力相对较弱。

（五）山东省产业集群数量多而规模小

山东省产业集群数量不少，但是规模相对较小。这是山东产业集群发展的一个很突出的现象。在一个产业集聚地或产业园区内，可能聚集着数千个企业，但每个企业的生产经营规模都相当有限。这就使企业很难获得良好的规模效益，企业的生产经营成本很难降低，产品在市场上缺乏价格竞争力。

五、产业集群对山东省区域经济发展的推动作用

产业集群正是凭借其对区域经济增长的突出贡献而受到人们的青睐。它对山东省区域经济增长的拉动作用可以通过提高企业的生产率、优化资源配置、促进区域创新等多种方式实现。

（一）产业集群是拉动区域经济增长的发动机

山东省产业集群能够提高区域内企业的生产率，促进山东省企业结构调整和产业结构升级，从而带来区域经济增长方式的转变。同时，产业集群对区域内的地区总产值、就业吸纳与税收贡献等也有很大的影响。

山东省产业集群能够优化区域资源配置。它表现出来的企业高效率会吸引更多资源的投入，从而扩大区域的资源供给规模。构成产业集群的大量企业组织和机构在特定区域共同发展、相互配合，形成了大量的有形或无形的财富，不仅提升了当地甚至山东省的经济总量，而且拉动了本地区及全省的就业及税收收入。

（二）产业集群是促进区域创新的助推剂

企业、产业创新离不开特定的产业载体，而山东省产业集群的发展属性使其对创新活动产生了更大的推动作用。山东省产业集群的共生性、协同性、竞争性、开放性、互补性等特性不仅会激发出强劲的创新需求，而且可以为创新活动提供良好的支撑条件。另外，产业集群或工业园区构建等发展形式呈现的空间上的接近性，加速了山东省内先进生产技术的扩散，从而有利于推动山东省中小企

业创新，增强产业集群所在区域的竞争力，促进区域经济的增长。

（三）产业集群是提升区域竞争力的新形式

产业集群作为一种新的产业组织形式，在市场竞争中表现出强大的竞争优势，并不断地培育出各地区的优势产业和优势企业。当今，市场竞争环境复杂多变，因此山东省产业集群需要不断地转换升级，不断地进行资源重组。例如，山东省制造业集群，在集群内部非常细密的专业化分工与协作的基础上，通过技术的掌握，成为高新技术设备的拥有者，并不断提高区域竞争力，使得企业有绝对的成本优势、技术优势等，从而获得产业的整体升级和产业结构的整体优化。同时，产业集群还促使山东省企业不断创新，提供“多样化、多元化、差别化、个性化”的产品来满足集群内市场的需求。因此，集群内部企业相对于集群外独自发展的企业更容易进行产品结构的调整和优化升级，在产业结构、产品结构不断优化的过程中，不断提高整个区域的竞争力。

（四）产业集群是创造企业资本利益的积聚力量

山东省产业集群在降低山东省区域内企业成本，提高企业生产效率的基础上，能够带来很大的积聚力量，吸引大量的资本、优秀的劳动力资源，为区域经济增长提供生产要素方面的保障。

总之，产业集群通过拉动经济、促进创新、提升竞争力、集聚资本等多方面发力，来实现产业集群对山东省区域增长的能动作用，增强产业集群所在区域的竞争力，促进产业集群所在地区区域经济的增长，从而拉动全省经济增长。

六、政策建议

基于山东省产业集群的现状及问题分析，我们总结出适合山东省产业集群发展的路径和区域发展对策。

（一）扶持龙头企业

山东省产业集群的发展能否成功，主要在于集群内龙头企业的带动以及相关中小企业的协作。因此，一方面要加强对集群内龙头企业的培养，壮大龙头企业，按照政府导向、市场化运作的原则，扶优扶强，并通过增量投入和大项目建设，合力打造具有核心竞争力的大企业、大品牌。为此，应当充分利用山东省内大企业多、有众多重大项目开工建设的优势，还可利用日韩产业转移的机遇，引进、利用外资大项目，发挥大企业的带动作用。另一方面，应当鼓励山东省中小企业特别是充满活力的民营企业加入大企业产业体系，形成合理的产业布局，促进专业化分工，形成“配套促龙头、龙头带配套”的良性循环，拓展发展空间。

同时，山东省各区域要选择一批具备条件的产业集群作为工作重点，加强指导，加大扶持力度，发挥其在产业升级、服务平台建设等方面的示范引导作用。

要按照规划科学、布局合理、技术先进、环境友好等要求，促进山东省产业集群做强做大。另外，要加强情况调度，搞好跟踪服务。支持山东省产业集群环境建设，加强对重点产业集群的宣传，在全社会形成重视和支持产业集群发展的良好氛围。

（二）加大财政扶持力度

山东省产业集群发展需加大政府资金的扶持力度，形成共同扶持产业集群发展的合力。对于符合国家产业政策和发展方向的产业集群、公共技术服务平台和龙头企业，现有各项财政专项资金应予以重点支持。要认真落实《中华人民共和国中小企业促进法》和《山东省中小企业促进条例》的有关规定，逐步扩大各级中小企业发展专项资金规模。从 2008 年起，山东省已把扶持产业集群发展纳入山东省省级中小企业发展专项资金扶持范围，采取贷款贴息、专项补助等多种扶持方式，重点支持产业集群龙头产业、龙头企业、公共服务平台、共性关键技术和产业链的延伸。

（三）加大金融支持力度

山东省需加大对产业集群的金融支持力度，特别是对农副产品加工、劳动密集型和高新技术产业等重点产业集群发展项目的支持力度。银行业金融机构应根据国家产业政策和信贷政策的规定，积极给予贷款支持。商业银行要按照商业化原则，对资信好、有效益、还贷能力强的企业的信贷需求，给予优先安排、重点支持。各银行业金融机构要建立健全、有效的机制，对与产业集群配套的成长型中小企业，优先给予贷款支持，从而进一步推进山东省融资担保体系建设。此外，山东省还应鼓励支持独资、股份制、会员制等各类形式的担保机构的发展，为山东省中小企业和产业集群发展拓宽融资渠道。

（四）加强组织领导

山东省各区域要高度重视产业集群的发展，把产业集群的发展作为贯彻落实科学发展观、促进经济又好又快发展的一项重要措施，列入重要议事日程，并认真贯彻落实《山东省中小企业促进条例》和省委、省政府一系列鼓励扶持民营经济、中小企业发展的政策措施，创造良好环境，引导产业集群科学发展。同时，要建立和完善促进山东省产业集群发展的工作协调机制，切实加强对产业集群发展的宏观管理和协调服务，共同研究解决产业集群发展的重大问题；要加强调查研究，及时了解和把握产业集群发展动态，协调解决发展中的问题；要加大对产业集群的宣传报道，总结经验，推广典型，以点带面。市、县（市、区）、乡（镇）政府要强化责任意识，结合山东省各区域本地实际，突出优势和特色，研究制定山东省产业集群发展规划，采取有效措施，促进山东省产业集群又好又快发展。

（五）充分发挥政府的推动和引导作用

首先，政府要做好产业规划引导，必须以现有的或者是新兴的集群为前提制定相应规划。山东省未来可重点发展的产业集群主要有电子信息、家用电器、汽车、造船、石油化工、海洋化工、钢铁冶炼、新材料制造、造纸、纺织服装等产业集群。各地市则要注重在发挥自己特色的基础上进行产业规划。

其次，政府要重视打造良好的环境，重点应放在为企业提供尽可能完善的服务和创造良好的发展环境上。一是提供良好的基础设施，营造特色工业园，为本地企业家的创业和外来企业家的投资创造良好的环境；二是提供有效的公共服务，促进产业集群的成长与升级，如协调企业间的竞争，收集行业的市场与技术信息，制定行业标准，强化本地企业的质量意识，创建区位品牌，树立本地的良好形象，等等；三是制定针对性较强的有力措施，解决集群内企业共同面对的难题，可以借鉴美国中小企业管理局的做法，为集群内企业提供融资、培训、国内外交流、市场调查、人才引进等服务。

最后，山东省在发展产业集群的过程中，还要认识到企业才是集群的主导者，而政府只是集群的催化剂和润滑剂，间接参与产业集群的创建过程。政府若过度直接性地以自身掌握的资源介入经济活动，会难以适应市场机制的要求和变化。另外，培育和发展产业集群是一个长期的过程，成功的产业集群区大都经历了10余年甚至更长的发展历程。因为集群中社会资本的集聚、企业网络的建立等需要一个长期的博弈过程，“耐心”应成为政府、企业发展产业集群的必备条件。

总之，产业集群的形成与发展不仅依赖于市场机制，还有赖于政府这只“看得见的手”的调节。受不同经济、制度、文化、社会等因素的影响以及处于不同发展阶段的产业集群具有不同的特点，产业集群与区域经济相互作用的表现也是有差别的。这就要求在面对复杂多变的市场环境时，政府应制定和出台有关政策，坚持一切从实际出发，因地、因时地处理好山东省产业集群与区域经济之间的关系，以促进两者的良性循环和联动发展。

参考文献

[1] 战炤磊. 产业集群对区域经济发展的双向效应——基本方式与作用机理[J]. 技术经济与管理研究，2011（1）：99-103.

[2] 李瑾. 产业集群对区域经济增长的影响研究——以上海市汽车产业集群为例[D]. 上海：上海社会科学院，2015.

[3] 巩红艳. 产业集群效应对区域经济增长的影响——以西安高新区为例

[D]. 西安：西安工业大学，2016.

[4] 张治河，黄海霞，谢忠泉，等. 战略性新兴产业集群的形成机制研究——以武汉·中国光谷为例 [J]. 科学学研究，2014 (1)：24-28.

[5] 吕国庆，曾刚，马双，等. 产业集群创新网络的演化分析——以东营市石油装备制造业为例 [J]. 科学学研究，2014 (9)：1423-1430.

[6] 丰宝生. 产业集群对区域经济发展的竞争力研究 [D]. 合肥：安徽大学，2005.

[7] 沈忱，李桂华，顾杰，等. 产业集群品牌竞争力评价指标体系构建分析 [J]. 科学学与科学技术管理，2015 (1)：88-98.

[8] 阮建青，石琦，张晓波. 产业集群动态演化规律与地方政府政策 [J]. 管理世界，2014 (12)：79-91.

[9] 崔传涛. 区域经济发展中产业集群作用的思考 [C] // 廊坊市应用经济学会. 对接京津——解题京津冀一体化与推动区域经济协同发展（对接京津与环首都沿渤海第 13 次论坛）论文集. 2016.

[10] 林绍贵. 试论产业集群对区域竞争力的提升及发展途径 [J]. 特区经济，2010 (4)：297-298.

基于灰色系统理论的山东民营企业竞争力评价指标体系研究

引言

民营企业是我国经济的重要组成成分。不同于国有企业，它具有完全自主的法人地位，也是完全化的市场主体。民营经济的发展水平能够反映一个地区的经济发展水平，民营企业的竞争力也就成了衡量一个地区经济发展能力的核心指标。因此，研究民营企业竞争力的评价问题具有重要的理论与实践意义。

关于民营企业的竞争力评价，目前已经涌现出了不少的研究成果，如利用模糊综合评价、神经网络等模型。但是，值得注意的是，这些评价要么过于简单，信息丢失较多，使很多评价及结果难以令人信服，要么过于复杂，操作性不强，缺乏实用价值。其实，民营企业竞争力评价系统是一个灰色系统。竞争力的影响因素众多而且相互紧密关联，而目前在评判民营企业核心竞争力水平的过程中只能选取有限的主要指标进行分析，不能做到面面俱到。另外，所选取的指标有些是定量的，有些是定性的，而有些定性指标数据可以从现有的统计数据中获得，有些则无法从统计资料中取得。因此，民营企业竞争力评价中所利用的信息是不完备的，实际上也不可能是完备的。这意味着作为评价对象的民营企业核心竞争力具有典型的“灰色性”。灰色系统理论对信息不精确、不能完全确知的小样本系统有明显的理论分析优势，突破了传统精确数学所受的约束。因此，本课题试图在灰色系统理论的基础上，利用山东省统计局与山东省工商联的民营企业数据统计指标与统计数据，构建民营企业的核心竞争力评价指标体系，并进行山东省民营企业的实证分析，为山东省民营经济管理相关部门提供决策参考。

一、民营企业竞争力理论

以企业为主体的市场经济形成以后，企业如何在市场中立于不败之地并实现利润最大化成为管理学界研究的重点，企业竞争力理论随之产生。随着我国改革开放的不断深入，民营企业逐渐成长为市场主体的主要部分，其面临的市场竞争也日趋激烈，如何增强民营企业竞争力已经受到越来越多的企业和政府部门的关注。

（一）企业竞争力的内涵

企业竞争力是一个复杂的概念，国内外专家学者从不同的研究角度对其进行了定义，然而至今仍没有取得一致的看法。尽管诸多学者对企业竞争力的理解各不相同，但是对企业竞争力的本质认识是一致的，都认为企业竞争力是一个抽象的、具有多层次含义的综合概念。

对于企业竞争力内涵的理解，国内外学者有不同的认识和界定，从大量现有文献来看，较为通俗的表述为：在竞争性市场条件下，企业通过培育自身资源和能力，获取外部可寻资源，并综合加以利用，在为顾客创造价值的基础上，实现自身价值的综合性能力；在竞争性的市场中，一个企业所具有的，能够比其他企业更有效地向市场提供产品和服务，并获得盈利和自身发展的综合素质。

从企业竞争力的纵向研究历史考察，较早的企业竞争力研究始于 1985 年，迈克尔·波特（M. Poter）提出企业竞争力归根结底来源于企业为客户创造的超过其成本的价值。普拉哈拉德（C. Prahalad ）和哈默尔（G. Hamel）于 1990 年在《哈佛商业评论》中首次提出企业竞争力的概念，即它是一种独有的技术或技能，并且能使企业为消费者带来特殊利益。世界经济论坛于 1994 年认为企业竞争力也是一种能力，而这种能力可以使企业在世界市场上创造出比竞争对手更多的财富。费希（G. M. Fish）于 1995 年提出企业竞争力的概念，即企业与竞争对手相比，具有更强的创造、应用知识的能力，并提出企业竞争力就是企业在规模经济和范围经济上的差异，是一种组织能力或管理模式上的差异。范晓屏也在 1999 年界定了企业竞争力的概念，即它是企业在市场竞争中运用独有的竞争方式所表现出的一种能力和状态，基于竞争的方面有抢占市场、扩展领域、挑战对手、寻找商机、实现效益。张志强和吴健中在 1999 年界定了企业竞争力的概念，即企业竞争力是一种能力，能增加企业利润并促进企业的可持续发展，而这些都是基于经营活动领域和产品满足消费者需求方面。金锫在 2001 年进一步对企业竞争力进行了研究，指出它是企业在市场竞争中所表现出的综合素质，并且与其他企业相比，能持续、有效地在竞争市场中提供产品和服务，并获得利润。至此，企业竞争力概念内涵的界定基本成形，后续学者的研究与讨论基本与上述研究的本质相同。

从横向角度综合企业竞争力理论的研究情况，国外学者对企业竞争力的研究，并没有一个严格、统一的定义，但从研究角度来看，大体上形成了四类研究群体。

一是资源角度。这类学者认为资源问题非常重要，企业间的竞争力差异主要源于企业间存在无形资源、有形资源和积累知识的差异。相对于竞争企业，企业如果在资源方面具有高于平均水平的优势，那么企业就可以获得高于平均水平的回报。这类学者把企业的特殊资源作为企业竞争优势的来源。其主要代表人物是沃纳菲尔特（Wemerfelt），他在1989年的论文中指出，企业的资源包括物质性资源和人力资源的短缺限制了企业对可进入市场的选择及其希望获得的利润水平。

二是市场环境角度。市场环境理论又被称为“市场结构论”，以哈佛商学院管理学家迈克尔·波特（Michael E. Porter）为代表，兴起于20世纪80年代。市场环境理论着重研究外部市场环境的企业竞争力，强调产业市场结构的价值和意义，企业的竞争力很少考虑内部因素的影响。其主要观点体现在三种人才战略、波特五力模型、价值链和企业竞争优势等理论中。

三是知识角度。该学派思想可追溯到企业成长论、行为论、知识论以及企业进化论。其主要观点认为知识是企业的核心，是异质性企业的差异的来源。企业能获得长期竞争优势的源泉是知识，而知识才是最重要的战略资源。该理论学者认为知识的积累是企业资源的重要组成部分，从而侧重于研究企业的人力资本，并认为人力资本才是对企业竞争力具有深远影响的因素。其代表人物有布林·罗斯比（Brian Loasby）和克里斯蒂安·克努森（Christian Knudsen）。

四是能力角度。该理论从内部因素的角度研究企业竞争力。“能力”是企业的能力，体现的是企业的整体能力，也体现了企业的技能，能使企业获得持续的竞争优势，具有持久性。该理论把企业看成一个系统，并利用系统的理论研究内部动态资源与企业核心能力之间的关联与整合。

（二）民营企业竞争力的内涵

在我国现阶段的经济制度下，民营企业不同于国有企业。它具有完全自主的法人地位，以盈利为第一目的，没有被强加上国家民族的支柱和维持国计民生的历史责任，是完全市场主体，比较适合从纯市场化角度对民营企业竞争力进行研究。但是，在研究的普适性的基础上，也应该看到我国民营企业自身的特点。由于我国国有企业占据着绝对的资源优势，民营企业的竞争面临着同类竞争与异类竞争并存的局面。再聚焦到省内，山东是国有经济极其发达的地区，虽然改革开放30多年来民营经济取得了长足的进步，但是规模与效益与发达地区如江苏、浙江、广东等相比仍有差距，同时还面临着与江苏、浙江、广东三省相对不同的竞争局面。

1. 民营企业竞争力的基本概念

根据企业竞争力的定义，再结合上述民营企业的特点，课题组认为民营企业竞争力是指民营企业在特定的生产经营中，通过内部系统之间以及内外系统交互作用的有效整合与优化，为客户创造更高价值，从而在共生反馈中获得自身可持续成长的综合能力。

2. 民营企业竞争力的基本组成

现代企业之间的竞争，已深刻地体现为系统性、整体性、长远性、生态性的竞争。对我国民营企业来说，外部市场经济机制尚在完善之中，环境友好度正在逐渐改善，同时内部综合能力有待补缺提高，其竞争力的构建与评价必须注重内外各系统之间的协调沟通，注重企业与经营环境之间的适应与反馈机制。

二、民营企业竞争力影响因素分析

构建民营企业竞争力的评价体系需要将企业竞争力看成一个整体系统，进而对系统的要素、结构和功能进行分析。在这个系统中，决定和影响企业竞争力强弱的各种因素构成了系统的结构要素。民营企业竞争力评价体系不是这些因素简单的叠加，而是有机地组合成一个整体并发挥作用。但是，在系统性、整体性思维角度下，也应该充分看到民营企业竞争力系统具有明显的层次复杂性，结构关系相对模糊，动态变化存在随机性，很多因素的数量化指标不完全甚至不确定。这些充分体现了整个竞争力系统的“灰色性”，也说明了灰色理论综合评价是相对可行的方案。

（一）外部影响因素

民营企业竞争力的外部影响因素主要指企业外在的经济环境因素。民营企业总是在一定的经济环境中存在和发展的，其配置、整合资源的行为必然受经济环境的影响。这个经济环境的元素应该包括企业的竞争对手，也包括企业和竞争对手共同存在的市场，还包括对企业、竞争企业和市场都会产生影响的政府。

1. 本企业与竞争对手的竞争关系

这主要是指参与竞争的双方在市场中的位置。就竞争双方的竞争领域来说，一个企业和竞争对手企业的竞争行为可以上溯至生产要素市场，但主要是在产品市场中。因此，从企业竞争时所处的产品市场位置来看，企业在市场中是属于在位企业还是进入（挑战）企业，或者是该市场中的领导者企业还是追随者企业，都会对企业竞争力产生影响。

2. 市场因素

从市场类型看，市场竞争的激烈程度取决于市场属于完全竞争、垄断竞争、寡头垄断和完全垄断中的哪一种类型。在不同类型的市场中，市场势力赋予企业在竞争中的优势（或劣势）地位，从而对企业竞争力产生直接影响。市场的发育程度也会对企业竞争力产生影响，相对于初期市场而言，成熟市场的企业间竞争会更规范。同时，在市场广度方面，国内市场竞争刺激企业进行大规模投资，改进生产技术，提高生产率，提升企业竞争力；随着国内和国际市场的融合，市场需求规模不断扩大，国内市场竞争还可促使企业拓展国外市场，同时应对本土外资企业的竞争挑战。

3. 政府因素

政府可以通过调整货币政策和财政政策间接影响企业竞争，也可以通过具体的产业政策对企业竞争产生直接影响。政府还可以增加对教育、科研的投入，提高企业的科技水平，也可以通过保护和激励政策，提高企业竞争力。此外，政府可以通过法律手段或经济手段，改变国有企业、民营企业和外资企业在整个国民经济中的比例关系。

（二）内部影响因素

民营企业竞争力的内部影响因素主要指企业内在的经济因素。企业竞争力理论的一个基本假定就是企业的异质性，也就是不同企业的内在经济因素具有差异性，体现在企业所拥有的资源和所掌握的能力并不完全相同。

1. 资源因素

资源是指企业拥有的或能够获得的，并被用来创造利润、实现企业生存和发展目标的各种要素及其关系的总称。一般来说，最简单的企业资源分类就是将其分为有形资源和无形资源两种。

有形资源包含了资本资源、人力资源和技术资源三种资源。资本资源是影响企业竞争力的基础要素。由于市场竞争是不断变化的，企业应该主动进行资源的转化和升级。企业如果不积极地进行资源的转化和升级，会使资本资源的优势逐渐弱化，从而成为阻碍企业竞争力提高的限制条件。人力资源是企业竞争力得以形成的重要基础和载体，是企业成长与发展中具有能动性、最基本的资源。它不但能转移价值，而且能创造价值，是企业利润的主要来源。同时，人力资源是可以无限开发的资源，是形成企业竞争力的主要因素。技术资源是企业在生产过程中所具有的必备资源，是企业创新能力的基础，也是企业竞争力形成的重要因素。

2. 能力因素

能力是企业在进行资源优化配置的过程中，完成某一任务或活动所具有的能量。能力不是资源的集合，而是企业内部所形成的资源之间的相互协调的复杂关系，是企业在环境变化中自发性和能动性的体现，反映在企业通过整合资源的方式实现预期目标的活动之中。能力因素包括企业经营能力、创新能力、融资能力、国际市场拓展能力和企业社会能力等多个方面。

三、民营企业竞争力评价指标体系的构建原则

民营企业竞争力评价指标体系的构建需要按照科学性、系统性、可行性、可比性、代表性等原则选取指标。因此，民营企业竞争力评价指标体系的构建可以

按照系统工程理论思想，依据企业生态发展原理、可持续发展理论将构成因素进行分解和合成，形成较完备的评价指标体系。

（一）科学性原则

科学性原则是指，民营企业竞争力评价指标的设计必须从企业的外部环境与内部条件出发，科学地反映企业竞争能力的数量特征和数量关系，符合企业经营的活动过程和企业市场行为的运行规律。因此，所设计的指标必须符合经济理论、企业管理理论和统计理论，适应环境和发展水平，与企业生产经营活动的实际情况吻合。同时，要做到指标概念准确、计算范围明确、计算方法科学、操作过程方便，既能系统、科学地反映企业竞争力的全貌，又能在某一方面揭示对企业竞争力有重大影响的因素。

（二）系统性原则

所谓系统性原则，就是指民营企业竞争力评价指标体系的构建必须遵照系统分析的基本原理，按层次、分系统、依逻辑关系将属于民营企业内外生态体系的各种要素分类为各级评价指标系统，从而全面、系统地反映民营企业的竞争力，以确保评价的全面性和可信性。

（三）目的性原则

目的性原则是指评价指标要有明确的研究目的。研究民营企业竞争力的根本目的在于衡量民营企业的竞争力状况，因此必须要找出民营企业竞争力弱的原因所在，并指出改善民营企业竞争力的手段和方法，最终增强民营企业的竞争力。

（四）可比性原则

竞争力是一个相对而言的概念，明确自身在竞争中的地位是民营企业竞争力评价的基本目的之一。因此，民营企业竞争力评价中选定的各项评价指标必须具有可比性。

（五）代表性原则

指标间并不是相互独立的，而是相互联系和制约的，故指标间存在着一定的替代性。利用指标间的这种关系，选择具有较强代表性的、能综合反映企业竞争力的指标，能减少工作量，降低误差和提高效率。

（六）可行性原则

所谓可行性原则，就是指各评价指标含义明确，信息集中，数据资料容易获得，计算方法简明易懂。要力求精炼实用，摒弃一些概念宽泛、难以界定的指标。

（七）比较完整性原则

所谓比较完整性原则，就是指企业竞争力指标的选取要充分考虑外部环境和内部条件，能够比较全面、系统地反映企业的竞争能力，反映各个方面的竞争力，进而达到对企业整体竞争力的认识。同时，要考虑指标之间在时间、空间上的衔接，其所涉及的经济内容、空间范围、时间范围、计算口径、计算方法应具有可比性。同时，为研究分析竞争力的变化情况，指标前后时间不宜变化太大，应有相对的稳定性。就现有统计指标而言，在实际中建立一套满足绝对完备性的指标体系是相当困难的。所以只能使指标体系尽可能地接近完备，即在现有环境和条件下，使指标体系最大限度地满足完备性原则。

（八）通用性和发展性结合的原则

所谓通用性和发展性结合的原则，是指所建立的指标体系必须具有广泛的适应性，即设立的指标能反映不同类别、不同行业的企业竞争力的共性。同时，设立的竞争力指标必须具有发展性，一方面可根据具体的行业和企业做出适当的调整，从而灵活应用；另一方面，评价指标体系应能够在一定程度上反映企业竞争力的动态变化，即不仅要注重静态的数值指标，而且应该注意选取动态的增量指标来进行评价。

（九）定性与定量结合原则

企业竞争力水平是一个抽象的概念，在综合评价民营企业竞争力时必须考虑影响企业竞争力的定性指标和定量指标。对于定性指标，要明确其含义，并按照某种标准对其赋值，使其能够恰如其分地反映指标的性质。定性指标和定量指标都必须有明确的概念和确切的计算方法。

四、民营企业竞争力评价指标体系的构建

根据上面的分析可以看到，影响民营企业竞争力的因素非常广泛，它们是构建企业竞争力评价指标体系的主要依据，同时，企业生产经营过程中的每一个环节也都体现了企业一定程度的竞争力。我国民营企业与国有企业相比，在很多方面具有不同的特点，如国家政策和制度环境正在改善之中、治理结构现代化程度低、融资渠道少而不畅、创新能力较弱、人力资源成本较高、缺乏良好的企业文化等。因此，民营企业竞争力评价指标体系的构建需要综合采用多角度理论进行分析，对比选择多角度设计方案，并不断更新和完善，从而做到理论依据可靠、选择程序合理、逻辑清晰、操作可行。要按照上述指标体系构建的九大原则，选取一些既能够反映民营企业竞争力内涵，又适合于进行灰色理论分析评价的指标体系。课题组按照上述分析，根据民营企业实际调研和数据获取情况设计的指标体系如表 1 所示。该指标体系共分为三层，其中一级指标 7 类，二级指标共 36 项，较好地反映了企业竞争力的基本内涵。

表 1　　山东省民营企业竞争力评价指标体系

	一级指标	二级指标
民营企业竞争力 A	外部环境 B_1	政府政策 C_{11}
		产业因素 C_{12}
		市场优势 C_{13}
	企业规模 B_2	年营业收入总额 C_{21}
		年利润总额 C_{22}
		税后净利润总额 C_{23}
		资产总额 C_{24}
		固定资产净值 C_{25}
		缴税总额 C_{26}
		出口总额 C_{27}
		海外收入 C_{28}
	经营能力 B_3	总资产收益率 C_{31}
		总资产周转率 C_{32}
		资产负债率 C_{33}
		资产净利率 C_{34}
		净资产利润率 C_{35}
		销售净利率 C_{36}
		劳动生产率 C_{37}
		人均净利润 C_{38}
	生长能力 B_4	年营业收入增长率 C_{41}
		年利润增长率 C_{42}
		净利润增长率 C_{43}
		资产总额增长率 C_{44}
		固定资产增长率 C_{45}
		缴税总额增长率 C_{46}
	开拓能力 B_5	出口额增长率 C_{51}
		海外收入增长率 C_{52}
		员工数量增长率 C_{53}
		海外雇员增长率 C_{54}
	技术能力 B_6	国内有效专利数量 C_{61}
		国外有效专利数量 C_{62}
		研发费用增长率 C_{63}
		研发人员占员工比重 C_{64}
	员工素质 B_7	具备大专以上学历员工比例 C_{71}
		中级以上职称人员比例 C_{72}
		员工培训与教育人均支出 C_{73}

主要指标解释：

（1）外部环境指的是民营企业在市场中面临的外部情况，包括国内的基本经济政策和行业政策、行业发展的情况和企业的市场优势等。由于难以取得量化指标，因此外部环境主要采用专家打分的形式进行，取值在0到1之间。

（2）员工素质指标主要包括具备大专以上学历员工比例、中级以上职称人员比例以及员工培训与教育人均支出。这些指标均可以通过对企业的实地考察确定真实数据。

（3）其他指标均来自山东省工商联规模民营企业统计数据。其中几个主要指标列举如下：

①总资产收益率=年度净利润/年度总资产额度

②总资产周转率=年度营业收入/年度总额度

③资产负债率=年末负债总额/年末资产总额

④资产净利率=年度净利润/年度资产总额

⑤净资产利润率=年度净利润/年度净资产总额

⑥销售净利率=年度净利润/年度营业收入总额

⑦劳动生产率=年度营业收入/年度员工数量

⑧人均净利润=年度净利润/年度员工数量

⑨年营业收入增长率=年度营业收入/上年度营业收入

⑩年利润增长率=年度利润总额/上年度利润总额

⑪净利润增长率=年度净利润总额/上年度净利润总额

⑫资产总额增长率=年度资产总额/上年度资产总额

⑬固定资产增长率=年度固定资产总额/上年度固定资产总额

⑭缴税总额增长率=年度缴税总额/上年度缴税总额

⑮出口额增长率=年度出口总额/上年度出口总额

⑯海外收入增长率=年度海外收入总额/上年度海外收入总额

⑰员工数量增长率=年度员工数量/上年度员工数量

⑱海外雇员增长率=年度海外雇员数量/上年度海外雇员数量

五、民营企业竞争力多层次灰色系统评价模型

灰色系统理论中的关联度分析提供了一种定量分析两个因素之间灰色关联程度的量化方法，主要思想是在多个需要进行评价排序的同质事物中选出各个因素的最优标准，构建各个因素最优标准下的理想事物，然后分析待比较的每个事物中各因素与最优标准之间的灰色关联程度，得出各个因素关联度，最后综合每个因素的关联度得出事物与最优事物之间的综合关联度，根据综合灰色关联度的大

小确定事物排序，即与最优事物综合灰色关联度大，排序就靠前，反之靠后。

（一）基本思路

采用多层次灰色关联度分析进行民营企业竞争力分析的基本思路是：在某一行业内，选取待评价企业的最优指标构建理想企业，以向量 X_0 表示，其各个分量 x_{0j} 表示企业各个指标的规范化数值，然后分析待排序企业 X_i 各个指标的规范化数值与理想企业之间的灰色关联程度 r_i；灰色关联度越大，说明待排序企业与理想企业越相似，竞争力越强，反之竞争力就比较弱。因此，按照灰色关联度的大小即可生成企业竞争力的排序。

（二）主要步骤

多层次灰色关联度评价方法的步骤主要有六步。

1. 构建理想企业

设选取 m 个评价企业进行评价，评价指标体系中最底层指标共有 n 个。取 i 为第 i 个评价企业的序号，$i=1, 2, \cdots, m$；j 表示第 j 个企业评价指标序号，$j=1, 2, \cdots, n$；v_{ij} 表示第 i 个评价企业的第 j 个指标的原始评价值，组成评价企业向量 V_i，即 $V_i=(v_{i1}, v_{i2}, \cdots, v_{in})$。

则对于由 m 个企业和 n 个评价指标构成的系统，可以得到下列评价矩阵：

$$V=(v_{ij})_{m\times n}=\begin{bmatrix} v_{11} & v_{12} & \cdots & v_{1n} \\ v_{21} & v_{22} & \cdots & v_{2n} \\ \vdots & \vdots & & \vdots \\ v_{m1} & v_{m2} & \cdots & v_{mn} \end{bmatrix}$$

取每个指标的最优值 v_{ij}^* 作为 v_{0j}，构成理想企业向量 $V_0=(v_{01}, v_{02}, \cdots, v_{0n})$，其中 $v_{0j}=v_{ij}^*=\text{Optimum}(v_{ik})$，$i=1, 2, \cdots, m$；$j=1, 2, \cdots, n$。最优值的选择要根据实际情况制定选择原则：要看指标的正方向，如果是正向指标，需要选择最大值为最优值，如果是反向指标就要选择最小值为最优值。

2. 指标值规范化处理

根据指标设计的原则，指标内部实现了可比性，但是由于指标属性的不同，量纲也不尽相同，这就导致无法进行综合指标评价，所以指标之间的可比性是需要进一步的考虑问题。为了使指标之间可以进行比较，普遍采取的做法是进行指标规范化处理。规范化处理的方法很多，这里选用最常用的最大最小规范化方法：

$$x_{ij}=\frac{v_{ij}-\min\limits_i v_{ij}}{\max\limits_i v_{ij}-\min\limits_i v_{ij}}$$

把评价矩阵进行规范化处理之后，得到规范化评价矩阵：

$$X = (x_{ij})_{m \times n} = \begin{bmatrix} x_{11} & x_{12} & \cdots & x_{1n} \\ x_{21} & x_{22} & \cdots & x_{2n} \\ \vdots & \vdots & & \vdots \\ x_{m1} & x_{m2} & \cdots & x_{mn} \end{bmatrix}$$

把理想企业进行规范化处理之后，得到规范化理想企业：$X_0 = (x_{01}, x_{02}, \cdots, x_{0n})$。

3. 计算灰色关联系数

利用规范化理想企业 X_0 作为标准，分别计算规范化矩阵中各个企业（各行）$x_i = (x_{i1}, x_{i2}, \cdots, x_{in})$ 与理想企业间的灰色关联系数。灰色关联系数的计算公式为：

$$\xi_{ij} = \frac{\min_i \min_j |x_{0j} - x_{ij}| + \rho \max_i \max_j |x_{0j} - x_{ij}|}{|x_{0j} - x_{ij}| + \rho \max_i \max_j |x_{0j} - x_{ij}|}$$

其中，$i = 1, 2, \cdots, m$；$j = 1, 2, \cdots, n$；ρ 为分辨系数且 $\rho \in [0, 1]$。

若设 $\Delta\min = \min_i \min_j |x_{0j} - x_{ij}|$，$\Delta\max = \max_i \max_j |x_{0j} - x_{ij}|$，分别称之为两级最小差和两级最大差，则灰色关联系数的计算公式为：

$$\xi_{ij} = \frac{\Delta\min + \rho\Delta\max}{|x_{0j} - x_{ij}| + \rho\Delta\max}$$

其中，$i = 1, 2, \cdots, m$；$j = 1, 2, \cdots, n$；ρ 为分辨系数且 $\rho \in [0, 1]$。

所有的灰色关联系数，组成灰色关联系数矩阵：

$$E = (\xi_{ij})_{m \times n} = \begin{bmatrix} \xi_{11} & \xi_{12} & \cdots & \xi_{1n} \\ \xi_{21} & \xi_{22} & \cdots & \xi_{2n} \\ \vdots & \vdots & & \vdots \\ \xi_{m1} & \xi_{m2} & \cdots & \xi_{mn} \end{bmatrix}$$

其中 $i = 1, 2, \cdots, m$；$j = 1, 2, \cdots, n$。

4. 计算单层次灰色关联度

根据指标设计的一般原理，各个指标表示不同的因素，一般情况下因素的重要程度是不一样的。这就决定了各个指标的重要程度也不一样，所以关联度计算要采用重要性权重乘以灰色关联系数。根据专家评判、层次分析或者模糊评判等方法可以得到某一层（设为第 l 层）相对上一层（设为第 $l-1$ 层）一个目标的重要性权重为：$W^l_{1 \times t} = (w^l_1, w^l_2, \cdots, w^l_t)$，其中 t 为本层中的指标个数。

取该层在灰色关联系数矩阵中对应的子矩阵 $E^l_{m \times t}$，则该层关联度计算公式为：

$$\sum_{k=1 w^l_k=1}^{t} R^l = (r_i)_{1 \times m} = (r_1, r_2, \cdots, r_m) = W^l_{1 \times t} \cdot (E^l_{m \times t})^{\mathrm{T}}$$

5. 计算多层系统的最终灰色关联度

对于一个由 l 层指标构成的多层评价指标系统，最终关联度计算需要从最后一层开始，根据第 l 层关联系数矩阵 E 计算出第 l 层指标对应第 $l-1$ 层某目标的灰色关联度 R^l，然后用所有的 R^l 组成第 $l-1$ 层灰色关联度矩阵 E_1，再继续利用上述方法计算第 $l-2$ 层灰色关联度矩阵 E_2。以此类推，直到求出最高层指标下的企业灰色关联度 R 为止。

6. 民营企业竞争力排序

根据最高层指标下的企业灰色关联度 $R=(r_1, r_2, \cdots, r_m)$ 的大小进行排序，灰色关联度大小顺序即企业竞争力的优劣次序。

六、山东省百强民营企业典型企业实证分析

根据山东省工商联提供的上规模民营企业数据，2016 年，山东民营企业百强企业还是主要集中在传统行业，其中石油化工业、橡胶塑料业、金属冶炼与压延加工业占了 45 家。根据产业分布情况，本文选取国家产业分类中的黑色金属冶炼和压延加工业为研究行业。2016 年，山东民营企业百强企业中共有日照钢铁等 7 家企业上榜。本文利用这 7 家企业数据进行综合评价，为了行文方便，对这 7 家企业分别编号为 1~7。

（一）构建指标体系

指标体系如表 1 所示，共分为三层，第一层为目标层，即山东民营企业百强企业中 7 家黑色金属冶炼和压延加工企业的竞争力评价；第二层为一级指标，共 7 类，包括外部环境、企业规模、经营能力、生长能力、开拓能力、技术能力、员工素质等；第三层为二级指标，共 36 项。

（二）采取企业基本数据及构建理想企业

根据多层次灰色系统评价模型的要求，拟进行比较的 7 家企业为 $V_i(i=1, \cdots, 7)$，由 $V_i=(v_{i1}, v_{i2}, \cdots, v_{i,36})$ 可得到评价矩阵和理想企业向量 $V_0=(v_{01}, v_{02}, \cdots, v_{0,36})$，但由于指标数量较多，此处采用列向量表示法，如表 2 所示，每一列即为一家企业对应的数据向量，最后一列是理想企业向量。

表 2　企业及理想企业各指标原始值

企业 / 最终指标	V_1	V_2	V_3	V_4	V_5	V_6	V_7	V_0
政府政策 C_{11}	0.6	0.6	0.6	0.6	0.6	0.6	0.6	0.6
产业因素 C_{12}	0.7	0.7	0.7	0.8	0.8	0.7	0.8	0.8
市场优势 C_{13}	0.8	0.8	0.8	0.7	0.7	0.8	0.7	0.8
年营业收入总额 C_{21}	3 147 573	2 702 077	2 652 281	1 166 962	1 017 495	988 323	706 717	3 147 573

表2(续)

企业 最终指标	V_1	V_2	V_3	V_4	V_5	V_6	V_7	V_0
年利润总额 C_{22}	25 548	397	20 270	0	19 828	41 085	87 641	87 641
税后净利润总额C_{23}	16 161	297	20 242	0	14 871	30 959	65 730	65 730
资产总额 C_{24}	7 863 540	1 404 975	1 357 544	2 217 263	717 791	336 140	604 519	7 863 540
固定资产净值 C_{25}	1 550 342	422 622	500 346	914 949	337 578	53 723	174 657	1 550 342
缴税总额 C_{26}	107 475	8 876	17 679	46 869	19 973	27 280	5 805	107 475
出口总额 C_{27}	128 778	0	1 741	1 789	0	538	256	128 778
海外收入 C_{28}	0	0	0	0	0	0	0	0
总资产收益率 C_{31}	0. 002 055	0. 000 211	0. 014 911	0	0. 020 718	0. 092 102	0. 108 731	0. 108 731
总资产周转率 C_{32}	0. 400 3	1. 923 2	1. 953 7	0. 526 3	1. 417 5	2. 940 2	1. 169 1	2. 940 2
资产负债率 C_{33}	0. 778 0	0. 462 8	0. 820 7	0. 554 4	0. 404 7	0. 381 1	0. 384 0	0. 381 1
资产净利率 C_{34}	0. 002 1	0. 000 2	0. 014 9	0	0. 020 7	0. 092 1	0. 108 7	0. 108 7
净资产利润率 C_{35}	0. 009 3	0. 000 4	0. 083 2	0	0. 034 8	0. 148 8	0. 176 5	0. 176 5
销售净利率 C_{36}	0. 005 1	0. 000 1	0. 007 6	0	0. 014 6	0. 031 3	0. 093 0	0. 093 0
劳动生产率 C_{37}	220. 99	266. 85	314. 10	144. 03	176. 16	398. 52	227. 97	398. 52
人均净利润 C_{38}	1. 13	0. 03	2. 4	0	2. 57	12. 48	21. 2	12. 48
年营业收入增长率 C_{41}	−0. 198 8	0. 024 2	−0. 182 1	−0. 740 8	0. 241 8	0. 003 2	0. 033 3	0. 241 8
年利润增长率 C_{42}	−0. 858 39	−0. 993 13	0. 485 199	−1	0. 136 08	0. 031 898	0. 120 256	0. 485 199
净利润增长率 C_{43}	−0. 830 4	−0. 993 1	0. 487 0	−1. 000 0	0. 139 1	0. 036 8	0. 120 3	0. 487 0
资产总额增长率C_{44}	0. 019 097	0. 099 096	0. 017 812	−0. 159 4	−0. 031 34	0. 058 422	0. 134 606	0. 134 606
固定资产增长率C_{45}	0. 170 3	−0. 127 7	−0. 082 0	−0. 039 1	−0. 058 5	−0. 085 1	0. 920 4	0. 920 4
缴税总额增长率C_{46}	0. 078 958	−0. 477 54	−0. 007 3	−0. 786 88	0. 195 129	0. 045 852	0. 522 423	−0. 786 88
出口额增长率 C_{51}	−0. 295 62	0	−0. 535 98	−0. 150 12	0	−0. 292 11	0. 075 63	0. 075 63
海外收入增长率C_{52}	0	0	0	0	0	0	0	0
员工数量增长率C_{53}	−0. 114 46	0. 033 265	−0. 035 3	−0. 441 24	−0. 014 67	0. 012 245	0. 963 268	−0. 441 24
海外雇员增长率C_{54}	2	0	0	0. 218 107	0	0	0	2
国内有效专利数量 C_{61}	19	6	258	26	22	6	23	258
国外有效专利数量 C_{62}	0	0	0	0	0	0	0	0
研发费用增长率C_{63}	−0. 263 38	−0. 044 17	−0. 058 87	−0. 231 33	0	0	−0. 129 08	0
研发人员占员工比重 C_{64}	0. 160 0	0. 030 0	0. 046 0	0. 060 0	0. 010 0	0. 100 0	0. 060 0	0. 160 0
具备大专以上学历员工比例 C_{71}	0. 34	0. 35	0. 38	0. 33	0. 36	0. 32	0. 34	0. 38

表2(续)

最终指标 \ 企业	V_1	V_2	V_3	V_4	V_5	V_6	V_7	V_0
中级以上职称人员比例 C_{72}	0. 15	0. 14	0. 16	0. 17	0. 15	0. 14	0. 16	0. 17
员工培训与教育人均支出 C_{73}	234	251	265	240	272	245	254	272

（三）规范化处理

运用 Matlab 软件对表 2 数据进行处理。这里采取最大最小规范化方法进行规范化处理，得到如表 3 所示的规范化数据表。

表 3　　企业及理想企业各指标规范值

x_{ij} 规范值 \ 企业	V_1	V_2	V_3	V_4	V_5	V_6	V_7	V_0
政府政策 C_{11}	1	1	1	1	1	1	1	1
产业因素 C_{12}	0	0	0	1	1	0	1	1
市场优势 C_{13}	1	1	1	0	0	1	0	1
年营业收入总额 C_{21}	1	0. 817 48	0. 797 08	0. 188 56	0. 127 32	0. 115 37	0	1
年利润总额 C_{22}	0. 291 51	0. 004 53	0. 231 28	0	0. 226 24	0. 468 79	1	1
税后净利润总额 C_{23}	0. 245 87	0. 004 519	0. 307 96	0	0. 226 24	0. 471	1	1
资产总额 C_{24}	1	0. 141 99	0. 135 69	0. 249 9	0. 050 702	0	0. 035 654	1
固定资产净值 C_{25}	1	0. 246 49	0. 298 42	0. 575 45	0. 189 66	0	0. 080 805	1
缴税总额 C_{26}	1	0. 030 206	0. 116 79	0. 403 89	0. 139 35	0. 211 22	0	1
出口总额 C_{27}	1	0	0. 013 519	0. 013 892	0	0. 004 178	0. 001 988	1
海外收入 C_{28}	1	1	1	1	1	1	1	1
总资产收益率 C_{31}	0. 018 902	0. 001 944	0. 137 13	0	0. 190 54	0. 847 06	1	1
总资产周转率 C_{32}	0	0. 599 59	0. 611 6	0. 049 608	0. 400 49	1	0. 302 69	1
资产负债率 C_{33}	0. 902 87	0. 185 85	1	0. 394 22	0. 053 685	0	0. 006 597	0
资产净利率 C_{34}	0. 019 319	0. 001 84	0. 137 07	0	0. 190 43	0. 847 29	1	1
净资产利润率 C_{35}	0. 052 691	0. 002 266	0. 471 39	0	0. 197 17	0. 843 06	1	1
销售净利率 C_{36}	0. 054 839	0. 001 075	0. 081 72	0	0. 156 99	0. 336 56	1	1
劳动生产率 C_{37}	0. 302 41	0. 482 61	0. 668 28	0	0. 126 25	1	0. 329 84	1
人均净利润 C_{38}	0. 053 302	0. 001 415	0. 113 21	0	0. 121 23	0. 588 68	1	1
年营业收入增长率 C_{41}	0. 551 6	0. 778 55	0. 568 59	0	1	0. 757 17	0. 787 81	1
年利润增长率 C_{42}	0. 095 347	0. 004 625	1	0	0. 764 93	0. 694 79	0. 754 28	1
净利润增长率 C_{43}	0. 114 06	0. 004 64	1	0	0. 766 04	0. 697 24	0. 753 4	1
资产总额增长率 C_{44}	0. 607 12	0. 879 22	0. 602 74	0	0. 435 55	0. 740 87	1	1

表3(续)

企业 x_{ij} 规范值	V_1	V_2	V_3	V_4	V_5	V_6	V_7	V_0
固定资产增长率 C_{45}	0.284 32	0	0.043 603	0.084 534	0.066 024	0.040 645	1	1
缴税总额增长率 C_{46}	0.661 3	0.236 26	0.595 42	0	0.750 02	0.636 01	1	0
出口额增长率 C_{51}	0.392 99	0.876 34	0	0.630 89	0.876 34	0.398 74	1	1
海外收入增长率 C_{52}	1	1	1	1	1	1	1	1
员工数量增长率 C_{53}	0.232 66	0.337 85	0.289 03	0	0.303 72	0.322 88	1	0
海外雇员增长率 C_{54}	1	0	0	0.109 05	0	0	0	1
国内有效专利数量 C_{61}	0.051 587	0	1	0.079 365	0.063 492	0	0.067 46	1
国外有效专利数量 C_{62}	1	1	1	1	1	1	1	1
研发费用增长率 C_{63}	0	0.832 28	0.776 47	0.121 67	1	1	0.509 89	1
研发人员占员工比重 C_{64}	1	0.133 33	0.24	0.333 33	0	0.6	0.333 33	1
具备大专以上学历员工比例 C_{71}	0.333 33	0.5	1	0.166 67	0.666 67	0	0.333 33	1
中级以上职称人员比例 C_{72}	0.333 33	0	0.666 67	1	0.333 33	0	0.666 67	1
员工培训与教育人均支出 C_{73}	0	0.447 37	0.815 79	0.157 89	1	0.289 47	0.526 32	1

（四）计算第三层（C层）灰色关联系数数值

把规范化后的理想企业的指标值 $V_0=(v_{01}, v_{02}, \cdots, v_{036})$ 作为参考向量，7家企业 $V_i(i=1, \cdots, 7)$ 作为比较向量，计算两级最小差和两级最大差为：

$\Delta\min=\min\limits_i \min\limits_j |x_{0j}-x_{ij}|=0$, $\Delta\max=\max\limits_i \max\limits_j |x_{0j}-x_{ij}|=1$。

取分辨系数 $\rho=0.5$，再根据灰色关联系数计算公式，运用Matlab软件计算可得到灰色关联系数数值表，如表4所示。为了行文方便，我们将灰色关联系数数值表中的数据部分定义为矩阵 E，将第二层指标外部环境 B_1 的第三层指标 $C_{11}\sim C_{13}$ 对应的数据块定义为矩阵 E_{B_1C}，其他依次定义为 $E_{B_2C}\cdots E_{B_7C}$。

表4　　灰色关联系数数值表

企业 ξ_{ij} 关联系数	V_1	V_2	V_3	V_4	V_5	V_6	V_7
政府政策 C_{11}	1	1	1	1	1	1	1
产业因素 C_{12}	0.333 333	0.333 333	0.333 333	1	1	0.333 333	1
市场优势 C_{13}	1	1	1	0.333 333	0.333 333	1	0.333 333
年营业收入总额 C_{21}	1	0.732 579	0.711 318	0.381 26	0.364 251	0.361 107	0.333 333
年利润总额 C_{22}	0.413 739	0.334 343	0.394 098	0.333 333	0.392 539	0.484 867	1

表4(续)

企业 / ξ_{ij} 关联系数	V_1	V_2	V_3	V_4	V_5	V_6	V_7
税后净利润总额 C_{23}	0. 398 683	0. 334 34	0. 419 449	0. 333 333	0. 392 539	0. 485 909	1
资产总额 C_{24}	1	0. 368 186	0. 366 486	0. 399 968	0. 344 995	0. 333 333	0. 341 449
固定资产净值 C_{25}	1	0. 398 88	0. 416 119	0. 540 804	0. 381 58	0. 333 333	0. 352 312
缴税总额 C_{26}	1	0. 340 184	0. 361 478	0. 456 159	0. 367 471	0. 387 964	0. 333 333
出口总额 C_{27}	1	0. 333 333	0. 336 365	0. 336 449	0. 333 333	0. 334 264	0. 333 776
海外收入 C_{28}	1	1	1	1	1	1	1
总资产收益率 C_{31}	0. 337 587	0. 333 766	0. 366 873	0. 333 333	0. 381 837	0. 765 767	1
总资产周转率 C_{32}	0. 333 333	0. 555 303	0. 562 81	0. 344 734	0. 454 748	1	0. 417 603
资产负债率 C_{33}	0. 356 412	0. 729 022	0. 333 333	0. 559 147	0. 903 041	1	0. 986 978
资产净利率 C_{34}	0. 337 682	0. 333 743	0. 366 857	0. 333 333	0. 381 805	0. 766 037	1
净资产利润率 C_{35}	0. 345 469	0. 333 838	0. 486 093	0. 333 333	0. 383 78	0. 761 105	1
销售净利率 C_{36}	0. 345 982	0. 333 572	0. 352 54	0. 333 333	0. 372 298	0. 429 76	1
劳动生产率 C_{37}	0. 417 505	0. 491 454	0. 601 164	0. 333 333	0. 363 967	1	0. 427 292
人均净利润 C_{38}	0. 345 615	0. 333 648	0. 360 545	0. 333 333	0. 362 642	0. 548 655	1
年营业收入增长率 C_{41}	0. 527 204	0. 693 049	0. 536 821	0. 333 333	1	0. 673 102	0. 702 06
年利润增长率 C_{42}	0. 355 96	0. 334 364	1	0. 333 333	0. 680 207	0. 620 956	0. 670 493
净利润增长率 C_{43}	0. 360 766	0. 334 368	1	0. 333 333	0. 681 236	0. 622 851	0. 669 703
资产总额增长率 C_{44}	0. 559 986	0. 805 438	0. 557 252	0. 333 333	0. 469 726	0. 658 649	1
固定资产增长率 C_{45}	0. 411 292	0. 333 333	0. 343 313	0. 353 241	0. 348 681	0. 342 617	1
缴税总额增长率 C_{46}	0. 430 552	0. 679 108	0. 456 446	1	0. 399 994	0. 440 137	0. 333 333
出口额增长率 C_{51}	0. 451 667	0. 801 719	0. 333 333	0. 575 301	0. 801 719	0. 454 025	1
海外收入增长率 C_{52}	1	1	1	1	1	1	1
员工数量增长率 C_{53}	0. 682 445	0. 596 766	0. 633 689	1	0. 622 107	0. 607 622	0. 333 333
海外雇员增长率 C_{54}	1	0. 333 333	0. 333 333	0. 359 467	0. 333 333	0. 333 333	0. 333 333
国内有效专利数量 C_{61}	0. 345 205	0. 333 333	1	0. 351 955	0. 348 066	0. 333 333	0. 349 03
国外有效专利数量 C_{62}	1	1	1	1	1	1	1
研发费用增长率 C_{63}	0. 333 333	0. 748 817	0. 691 056	0. 362 758	1	1	0. 504 994
研发人员占员工比重 C_{64}	1	0. 365 853	0. 396 825	0. 428 57	0. 333 333	0. 555 556	0. 428 57
具备大专以上学历员工比例 C_{71}	0. 428 57	0. 5	1	0. 375 001	0. 600 002	0. 333 333	0. 428 57
中级以上职称人员比例 C_{72}	0. 428 57	0. 333 333	0. 600 002	1	0. 428 57	0. 333 333	0. 600 002
员工培训与教育人均支出 C_{73}	0. 333 333	0. 475 001	0. 730 77	0. 372 548	1	0. 413 042	0. 513 516

(五) 计算各层指标的权重

利用专家调查法和层次分析法（AHP 法）确定各评价因素的权重，再按照指标体系顺序排列，得到三层之间的权重。W_{AB} 表示对总目标 A 来说 B 指标的权重，其他以此类推，结果如下：

$W_{AB}=(0.10,\ 0.22,\ 0.20,\ 0.21,\ 0.08,\ 0.11,\ 0.08)$

$W_{B_1C}=(0.40,\ 0.30,\ 0.30)$

$W_{B_2C}=(0.18,\ 0.14,\ 0.16,\ 0.11,\ 0.16,\ 0.08,\ 0.12,\ 0.05)$

$W_{B_3C}=(0.15,\ 0.16,\ 0.14,\ 0.10,\ 0.09,\ 0.11,\ 0.13,\ 0.12)$

$W_{B_4C}=(0.20,\ 0.21,\ 0.18,\ 0.15,\ 0.17,\ 0.09)$

$W_{B_5C}=(0.35,\ 0.30,\ 0.20,\ 0.15)$

$W_{B_6C}=(0.30,\ 0.15,\ 0.35,\ 0.20)$

$W_{B_7C}=(0.40,\ 0.30,\ 0.30)$

(六) 计算第二层（B 层）灰色关联度

根据 C 层灰色关联系数与指标权重，运用 Matlab 软件计算 B 层的各指标的综合灰色关联度。设 B_1 指标对应的综合灰色关联度为 R_{B_1}，则由关联度加权综合得到：

$$R_{B_1}=W_{B_1C}\cdot E_{B_1C}$$

$$=(0.40,0.30,0.30)\begin{pmatrix}1 & 1 & 1 & 1 & 1 & 1 & 1\\ 0.333\,333 & 0.333\,333 & 0.333\,333 & 1 & 1 & 0.333\,333 & 1\\ 1 & 1 & 1 & 0.333\,333 & 0.333\,333 & 1 & 0.333\,333\end{pmatrix}$$

$$=(0.800\,0\quad 0.800\,0\quad 0.800\,0\quad 0.800\,0\quad 0.800\,0\quad 0.800\,0\quad 0.800\,0)$$

同理,可以得出 B 层中其他指标对应的综合灰色关联度：

$$R_{B_2}=W_{B_2C}\cdot E_{B_2C}=(0.821\,7\quad 0.453\,7\quad 0.476\,5\quad 0.426\,0\quad 0.401\,7\quad 0.421\,8\quad 0.570\,6)$$

$$R_{B_3}=W_{B_3C}\cdot E_{B_3C}=(0.352\,5\quad 0.445\,0\quad 0.432\,4\quad 0.366\,8\quad 0.461\,0\quad 0.803\,1\quad 0.830\,5)$$

$$R_{B_4}=W_{B_4C}\cdot E_{B_4C}=(0.437\,8\quad 0.507\,6\quad 0.680\,4\quad 0.396\,7\quad 0.631\,2\quad 0.573\,8\quad 0.751\,8)$$

$$R_{B_5}=W_{B_5C}\cdot E_{B_5C}=(0.744\,6\quad 0.750\,0\quad 0.593\,4\quad 0.755\,3\quad 0.755\,0\quad 0.630\,4\quad 0.766\,7)$$

$$R_{B_6}=W_{B_6C}\cdot E_{B_6C}=(0.570\,2\quad 0.585\,3\quad 0.771\,2\quad 0.468\,3\quad 0.671\,1\quad 0.711\,1\quad 0.517\,2)$$

$$R_{B_7}=W_{B_7C}\cdot E_{B_7C}=(0.400\,0\quad 0.442\,5\quad 0.799\,2\quad 0.561\,8\quad 0.668\,6\quad 0.357\,2\quad 0.505\,5)$$

(七) 计算民营企业竞争力灰色关联度

根据 B 层综合灰色关联系数与指标权重，运用 Matlab 软件计算 A 层综合灰色关联度，即为 7 家民营企业竞争力灰色关联度向量。

根据 B 层计算的各个指标灰色关联度组成 B 层灰色关联度矩阵：

$$E_{AB}=[R_{B_1},\ R_{B_2},\ R_{B_3},\ R_{B_4},\ R_{B_5},\ R_{B_6},\ R_{B_7}]^{\mathrm{T}}$$

设 A 指标对应的综合灰色关联度为 R，由关联度加权综合得到：

$$R = W_{AB} \cdot E_{AB}$$

$$= (0.10, 0.22, 0.20, 0.21, 0.08, 0.11, 0.08) \begin{pmatrix} 0.8000 & 0.8000 & 0.8000 & 0.8000 & 0.8000 & 0.8000 & 0.8000 \\ 0.8217 & 0.4537 & 0.4765 & 0.4260 & 0.4017 & 0.4218 & 0.5706 \\ 0.3525 & 0.4450 & 0.4324 & 0.3668 & 0.4610 & 0.8031 & 0.8305 \\ 0.4378 & 0.5076 & 0.6804 & 0.3967 & 0.6312 & 0.5738 & 0.7518 \\ 0.7446 & 0.7500 & 0.5934 & 0.7553 & 0.7550 & 0.6304 & 0.7667 \\ 0.5702 & 0.5853 & 0.7712 & 0.4683 & 0.6711 & 0.7111 & 0.5172 \\ 0.4000 & 0.4425 & 0.7992 & 0.5618 & 0.6686 & 0.3572 & 0.5055 \end{pmatrix}$$

$$= (0.5775 \quad 0.5352 \quad 0.6104 \quad 0.4873 \quad 0.5808 \quad 0.6111 \quad 0.6882)$$

（八）民营企业竞争力排名

按照 A 指标对应的综合灰色关联度 R 中各个分量的大小排序得到，2016 年度山东民营企业百强企业中 7 家黑色金属冶炼和压延加工业企业的竞争力综合排名为：

$V_7 > V_6 > V_3 > V_5 > V_1 > V_2 > V_4$。

评价结果基本符合实际情况，说明课题组所建立的民营企业竞争力评价指标体系及所选用的评价方法是科学可行的。

（九）实证研究结果分析

在 2016 年度山东民营企业百强企业的 7 家黑色金属冶炼和压延加工业企业中，编号为 7 的企业多项指标都处于领先地位，明显好于其他 6 家，在经营能力和生长能力方面居于首位，总资产周转率、年利润增长率和资产总额增长率也都保持在前列。另外，其主要生产的无缝钢管是技术含量相对比较高的产品，与其他 6 家相比，实现了差异化生产，也增强了其竞争力。编号为 6、3、5、1 的 4 家企业属于一个档次，各项指标差距不大。编号为 2、4 的两家企业处于第三个档次。特别是编号为 4 的企业，由于年利润总额为 0，年度营业收入比 2015 年下降 74.1%，直接影响了其余大部分指标，导致排名落后。其原因主要是该企业以冶金和热点等低端产能为主，没有其他企业所具有的钢材、板材、圆钢、带钢、线材、棒材、合金钢材、无缝钢管等技术含量相对比较高的产品。

七、提高山东省民营企业核心竞争力的建议

根据民营企业竞争力的因素分析、指标体系设计以及实证分析可知，山东省民营企业竞争力的提升可以从以下四个方面进行。

一是制定正确的竞争战略。在科技日新月异、市场需求瞬息万变和国际环境复杂多变的全球化竞争中，一个明晰的战略计划是企业生存与发展的必要条件，因此制定合理的企业竞争战略，整合优化产品和服务价值链，是提升民营企业竞

争力的重要保证。民营企业要根据自己的资源和优势做好产品或服务领域定位，集中力量达到并保持优势地位，通过差异化经营、市场细分、上下延长价值链等形式，逐渐提升自己的核心竞争力。

二是调整和优化产业结构，实现转型升级目标。山东省大中型民营企业多数集中在传统行业，石油化工、橡胶塑料、金属冶炼与加工等行业的大型民企几乎占据了山东省百强民企的半壁江山，而山东省中小民营企业规模偏小，因此产业结构优化升级的压力比较大。一方面，政府相关部门应该尽快引导大中型民营企业从依靠规模扩张、过度消耗能源资源的粗放型发展向注重效率、注重发展质量和效益的可持续发展方向转变，促进企业的良性循环，加快现代化步伐。同时，积极推动困难企业的重组、联合、兼并，做到优势互补，提高资源的配置效率。另一方面，相关部门应该积极推动中小民营企业提高产业集中度，通过政策手段引导企业实行专业分工，提高协作化程度，把产品做精，把规模扩大，不断地促进中小企业向专、精、特、新、深等方向发展，并在税收、土地等方面支持有望做大做强的中小民营企业。

三是加大科研开发投入，提高企业的技术创新能力。核心技术是企业获取持久的竞争优势，形成核心竞争力最有利的条件。山东民营企业普遍以“粗老笨重”的行业为主，技术研发水平相对落后，企业与政府均需进一步提升自己。在政府层面，相关部门应加强对技术发展的政策扶持，针对技术创新成果的转化，在公共平台、信贷、税收等政策上给予企业适当的支持，积极推动产、学、研的交流合作，提高技术成果转化率。企业自身也需要有科技开发的战略思想，积极改造传统产业，实现工艺升级，并力争在所在行业掌握核心技术，拥有自主知识产权。

四是弘扬企业家精神，培育优秀的企业文化。企业家精神是优秀企业家身上所共有的一种品质，是推动一个地区发展的宝贵资源和巨大动力。山东是儒家文化腹地，受传统思维的影响，从政之风要强于创业之风。因此，各级政府要从管理者转变为服务者，大力营造良好的发展环境，简政放权、放管结合、优化服务，不断优化企业发展的政策环境、市场环境、政务环境和法治环境，为孕育企业家精神培植沃土，为“鲁商、齐商”走出山东造势铺路。对于企业而言，广大民营企业应该认识到成功的企业来自成功的理念，而成功的企业必有成功的企业文化。优秀的企业文化，不仅可以充分调动企业员工的主动性、积极性，还可以为企业的发展提供源源不断的文化动力，对提高企业的整体效率和形成独特的核心竞争力具有较大的帮助。因此，大中型民营企业应该重塑企业文化，培育“工匠精神”。在供给侧改革背景下，重塑与现代工业文明相适应的企业文化，培育“工匠精神”正逢其时。企业应大力倡导“工匠精神”，着力提高产品质量，有效改善企业的产品和服务供给。广大中小企业应该借助全社会大力提倡“工匠精神”的东风，高起点培育和改善自身的企业文化，把产品与服务做好、做精、做深、做透，为社会和客户提供优良、优质的产品与服务，从粗放走向精准，从规模走向定制，从低端走向高端，从重利润走向重品牌，追求品质第一、品牌至上，不断形成符合现代制造文明的商业理念和价值追求。

参考文献

[1] 王文良. 煤炭企业生态竞争力评价及实证研究 [D]. 武汉：中国地质大学，2013.

[2] 金碚. 中国企业竞争力报告（2004）[M]. 北京：社会科学文献出版社，2004.

[3] 彭况. 我国民营企业竞争力评价研究 [D]. 武汉：武汉理工大学，2008.

[4] 王乃静，夏季亭 .2016 山东省民营经济发展报告 [M]. 杭州：浙江科学技术出版社，2016.

[5] 杜栋，庞庆华，吴炎. 现代综合评价方法与案例精选 [M]. 北京：清华大学出版社，2008.

[6] 周莉. 民营企业竞争力探析 [D]. 重庆：重庆大学，2002.

[7] 徐燕，赵艳萍. 基于层次分析和灰色关联度方法的民营企业竞争力评价研究 [J]. 改革与战略，2010（7）：83-85，136.

[8] 程思萌. 陕西民营企业竞争力评价研究 [J]. 企业改革与管理，2017（3）：20，35.

[9] 李诚. 中国民营快递企业竞争力研究 [D]. 昆明：云南财经大学，2013.

[10] 熊梦莹. 基于灰色关联分析法的我国上市保险公司财务竞争力评价研究 [D]. 成都：西南财经大学，2014.

[11] 张娟. 基于灰色系统理论的企业财务竞争力的评价 [D]. 南昌：江西财经大学，2010.

[12] 范莉莉，高喜超，叶常发. 企业核心竞争力的灰色关联度评价方法 [J]. 管理学报，2011（12）：1859-1865.

[13] 董勇. 基于灰色关联度评价法的高新技术企业核心竞争力研究——以宁波高新技术企业为例 [J]. 经营管理者，2014（27）：7-9.

[14] 李敏. 基于行业关键能力的企业竞争力灰色关联评价研究 [J]. 价值工程，2016（9）：55-57.

[15] 周启明. 基于客户协同产品创新的企业核心竞争力评价研究 [D]. 郑州：华北水利水电大学，2016.

[16] 阮娴静，石荣丽. 基于灰色关联模型的新能源汽车产业竞争力评价研究 [J]. 数学的实践与认识，2016（21）：72-79.

关于加快农业供给侧改革的几点建议

当前，我国经济步入“增速变化、结构升级、动力转变”的新常态，农业发展的国内外环境正发生着深刻变化。尽管“十二五”以来，我国在粮食生产、农民收入和农业现代化等方面均取得了辉煌的成就，但是粮食的产量、库存量、进口量“三量齐增”反映的“丰年缺粮”状况渐呈刚性态势，农业资源偏紧和生态环境恶化的制约不断加大，农业生产经营的要素配置组合与价值创造格局尚不合理，国内外农产品价格倒挂对国内生产造成的挤压日益严峻。为此，中央农村工作会议提出要着力加强农业供给侧结构性改革正当其时。

一、改革的核心是“转方式、调结构”

农业发展的每一个历史时期都有与之相应的内部结构与外部特征，两者相互促进、相互影响。一旦两者出现不协调甚至发生矛盾或冲突时，农业经济发展将呈现迟滞态势甚至出现危机隐患。为此，大多数国家都会通过重新调整原有的政策，制定和实施新的政策措施，使农业内部结构适应农业发展的新环境、新要求，以使农业发挥更大的经济社会生态功能。这一过程也是农业在现代化过程中的自我适应和自我进步。因此，农业结构性改革是符合农业发展规律的必然选择。

转变农业发展方式、调整和优化农业结构是“十三五”时期农业工作的重要主题。值此“十三五”开局之际，中央提出并强调农业供给侧结构性改革正是对“十三五”规划布局的具体部署。它不仅创造性地为“十三五”期间农业的改革发展提炼了政策话语，还提纲挈领地给出了较为清晰的路线图——要着力加强农业供给侧结构性改革，提高农业供给体系的质量和效率，使农产品供给数量充足、品种和质量契合消费者需要，真正形成结构合理、保障有力的农产品有效供给。这与“转方式、调结构”的核心内涵是一致的。

二、改革的重点是处理好四个关系

第一，在认识上，处理好供给侧与需求侧的关系。一般理解，供给侧就是从“田头”到“餐桌”的过程，而“餐桌”之后的消费者效用与经济社会效益的转化过程则应属于需求侧。故供给侧结构性改革的重点是如何通过资源利用方式、生产方式、经营方式、贸易方式、国家粮食安全实现方式、农业支持保护方式等的转变来实现要素投入结构、产品组合结构、数量质量结构、收益分配结构、产业融合结构、区域布局结构等的优化。但这并不意味着供给侧结构性改革与需求侧不相关。恰恰相反，供给侧结构性改革的标准与依据本质上来源于需求侧在数量、品种、质量、价格、品牌、产地等多方面的信号。进一步地，供给侧的力量在一定程度上还能影响甚至塑造需求侧的消费偏好，而影响消费需求的众多因素也影响着生产供给。此外，即便在供给侧，供应链上下游之间亦存在着供给与需求关系。因此，理论上不存在绝对的供给侧与需求侧。但供给侧也不是一个“框”，什么都可以往里放。供给侧结构性改革仅是指侧重在生产投入、经营销售、储藏运输、市场贸易等方面的结构性改革。

第二，在目标上，处理好短期与长期的关系。“十三五”期间必须牢固树立创新、协调、绿色、开放、共享的发展理念。供给侧结构性改革亦应坚持这一理念，并内化于改革目标之中。但改革的目标并不是单一的，亦有轻重缓急之分。从短期来看，农产品去库存、降成本、补短板是当务之急：要加快消化过大的农产品库存量，加快粮食的加工转化；要发展适度规模经营、减少化肥和农药的不合理使用、开展社会化服务等，降低生产成本，提高农业效益和竞争力；要加强农业基础设施等农业供给的薄弱环节，增加市场紧缺的农产品的生产。农业结构性调整是一个长期的、动态性的战略任务。按照五大发展理念的要求，供给侧结构性改革应以国家粮食安全有保障、数量质量效益相兼顾、综合竞争力能增强、资源环境可持续发展为准则，形成粮经饲统筹、种养加一体、农牧渔结合的，布局协调合理、产业紧密融合、品质和循环利用水平更高的现代农业结构，最终实现“两稳、两增、两提”，即稳定粮食产量和产能，增加农业效益和农民收入，提高农业市场竞争力和可持续发展能力。这一长期目标不仅是现实倒逼的结果，也是政府在推进农业现代化过程中应尽的义务。

第三，在思路上，处理好宏观与微观的关系。当前，农业现代化的动力更多地来自工业化、城镇化、信息化等农业外部因素的趋势日益突出。这就要求农业的改革发展亦应“跳出农业看农业”，而不能仅着眼于农业本身。而农业供给侧结构性改革总体上是一个按照市场需求和健全产业链的方向调整农业结构的宏观过程。因此，它需要树立起大食物、大农业、大市场的新理念，引领农业向多领域、多维度推进，为农业发展及其结构的调整和优化创造出更大的空间和潜力。它还需要加强一、二、三产业的融合互动，在发展农业产业化过程中注重农业多功能性的开发，促进涉农价值链的转型升级；统筹考虑种植业、畜牧业、渔业等的发展，在兼顾保障主要农产品有效供给和保护资源环境的同时挖掘传统农业产业的新潜力。它也需要因地制宜地将绿色化融入农业结构调整全过程，宜粮则粮、宜经则经、宜草则草、宜牧则牧、宜渔则渔，提高农业生产与资源环境的协调程度。但宏观任务的落实离不开微观主体的作用。农业供给侧结构性改革的任何一项战略任务都需要供给侧相关利益主体，特别是处于农业生产经营一线的农民的理解、认同和参与才能实现。

第四，在措施上，处理好政府与市场的关系。要有效推进农业供给侧结构性改革，首先要明确改革的主体是谁。十八届三中全会精神已经给出了明确的答案——有形之手与无形之手缺一不可。有形之手主要是指来自政府的力量，包括法律、政策、制度等。无形之手主要是指来自市场的力量，包括消费偏好、需求倾向、生产成本、产品价格、资源环境与气候变化带来的市场波动等。有形之手需要充分参考无形之手的指挥方向，而无形之手对农业结构的影响又需要借助有形之手来推动实现或引导纠正。可见，政府是农业供给侧结构性改革中的主导力量，但并不是全部力量。为此，“十三五”期间，政府一方面要继续加大对“三农”的投入力度，构筑农业支持保护新机制，为实施农业供给侧结构性改革提供资金与制度保障；另一方面，要积极培育新型农业经营主体，加快构建新型农业社会化服务体系，为实施农业供给侧结构性改革提供有效、可靠的承接载体。同时，加快建立国际冲击应对机制，用好国内外两个市场、两种资源，为实施农业供给侧结构性改革创造有利的外部环境也是不可或缺的。

政策篇

中共山东省委、山东省人民政府关于支持非公有制经济健康发展的十条意见

鲁发〔2017〕21号

非公有制经济是我国社会主义市场经济的重要组成部分，为深入贯彻落实习近平总书记关于非公有制经济“两个毫不动摇”“三个没有变”的重要论述，支持我省非公有制经济在加快新旧动能转换中实现健康发展，确保在创新发展、持续发展、领先发展中发挥重要支撑作用，现制定如下意见。

一、打造一流营商环境

深化“放管服”改革，精简投资项目报批手续，推行多评合一、合并评审，推进“联合审批”，提高投资便利化程度。实行“多证合一”，推行企业名称登记改革，实施企业简易注销登记，推广登记全程电子化。推动网上政府服务向基层延伸，实现省、市、县、乡四级政务服务互联网通。加强政策集中公示，提高政策透明度和知晓率。落实非公有制企业与国有企业在准入、资金、用地、手续办理等方面享受同等待遇，保障非公有制企业与国有企业公平竞争。鼓励支持非公有制企业参与混合所有制改革，除国家规定必须保持国有资本控股的企业外，其他企业可根据实际确定国有股权比例，允许民营资本控股。对参与混改新成立的“四新”（新技术、新产业、新业态、新模式）企业，各级财政3年内予以适当奖励。落实党政领导干部联系非公有制企业制度，建立党委、政府与非公有制企业沟通的制度化平台，着力构建“亲”“清”新型政商关系，切实做到“敢亲”“真清”，及时为非公有制企业排忧解难。严肃查处行政不作为、乱作为、假作为和隐性变相“吃拿卡要”等行为，维护企业合法权益。统筹产业发展各项扶持资金，支持非公有制企业向各类产业功能区和园区等集聚。发挥财政资金的引导示范作用，利用3年时间，支持50个左右产业集群开展转型升级示范行动，对符合条件的支柱、主导产业集群和特色产业集群，每个分别给予3 000万元、1 000万元和500万元奖励。

二、制定实施投资项目管理负面清单

按照“能免则免，应放尽放”原则，持续推进简政放权。对于企业不使用政府投资的建设项目，实行核准备案制，推进核准范围最小化。凡是企业能够自主决定、市场竞争机制能够有效调节，以及可以采用事后监管和间接管理方式的投资项目，一律取消核准。按照“非禁即入”原则，在《产业结构调整指导目录》和《政府核准的投资项目目录》基础上，制定投资项目管理负面清单，列出禁止、限制投资的行业和领域，负面清单以外项目一律实行备案，不得以制定规范性文件、印发会议纪要、公布歧视性招标公告等形式为非公有制企业投资增加前置条件。

三、建立健全融资新机制

设立新旧动能转换基金，对所有企业一视同仁给予支持。筹建山东民营联合投资控股股份有限公司，实行“市场运作、企业自愿、工商联协调、政府引导”运作模式，帮助民营企业解决融资难题、化解金融风险。鼓励符合条件的民营企业依法发起设立民营银行，或向省内农商行、城商行、村镇银行投资入股，发起设立小额贷款公司，民间融资机构、要素交易市场等地方金融组织。引导企业采取担保公司替代、调整担保人、置换抵（质）押物等方式，有效“破圈”断链。清理以政府、大企业为源头的资金拖欠。对有技术、有市场、有品牌，资金周转暂时困难的拖欠源头企业，引导其统筹运用盘活资产、发行债券和银行信贷等手段化解风险。推广债权人委员会制度，积极防范化解企业债务风险。严肃查处以贷转存、存贷挂钩、借贷搭售等变相提高融资成本，加重企业负担的行为。支持民营企业参与设立市级注册资本 10 万亿元、县级注册资本 3 亿元以上的大型融资担保机构。支持发展政策性融资担保机构，降低担保费率，由此减少的收益由各级财政给予适当补偿。创新质押方式，开展小微企业应收账款质押融资、知识产权质押融资等动产质押融资。合法合规创新“政银保”贷款保证保险业务，对发展前景好的民营企业，放宽保险费率、期限以及银行贷款利率浮动水平。积极发挥货币政策工具引导作用，加大对地方法人金融机构支农、支小再贷款投放力度，引导金融机构为非公有制经济新旧动能转化提供长期限、低成本的信贷支持。依托山东省融资服务网络平台，实现非公有制经济市场主体融资需求的网上推介常态化。加大直接融资补贴力度，对我省已完成规范化公司制改制，申请在主板、中小板、创业板、境外资本市场首次公开发行股票（IPO）且已被正式受理的企业，按照不超过申请募集规模的千分之二的标准给予最高 200 万元的一次性补助；对在新三板挂牌的企业，按照不超过募集资金的千分之二的标准给予一次性补助，单户企业补助资金不低于 10 万元，不超过 100 万元；对我省在齐鲁股权交易中心、蓝海股权交易中心挂牌且进行直接融资的企业，按每户 10 万元给予一次性补助。培育民营企业发债主体，鼓励发行企业债、公司债、短期融资券、中期票据、集合票据等各类债券，各级财政对承销机构给予奖励。支持发展私募股权投资基金。

四、支持发展“四新”促“四化”项目

聚焦新一代信息技术、生物、高端装备、新材料、现代海洋、绿色低碳、数字创意等重点领域，大力发展新技术、新产业、新业态、新模式，促进产业智慧化、智慧产业化、跨界融合化、品牌高端化。实施培育“四新”项目专项行动，全面对接新旧动能转换“项目库”，每年培育一批“四新”企业，对认定的全国制造业“单项冠军”示范企业和培育企业，省财政分别奖励 200 万元、100 万元；对认定的全国中小企业“隐形冠军”“独角兽”企业，省财政分别一次性奖励 50 万元、300 万元；对新评选定的“瞪羚”企业，省财政最高奖励 50 万元，各级财政给予一定的贷款贴息扶持。加强“四新”创业孵化基地建设，对国家级创新示范基地给予 100 万元奖励；对省级以上科技企业孵化器和众创空间，在 3 年孵化期内，每成功培育一家高新技术企业，省财政奖励 10 万元，每年最高奖励 100 万元。加大对行业领军和高成长性企业激励力度，对新认定的省级“一企一技术”研发中心和创新企业，各级财政给予 50 万元奖励。全面落实“创新券”政策。实施科技型中小微企业创新竞技行动计划，遴选创新能力强、成长潜力大、拥有自主知识产权的科技型中小微企业，通过科技项目和融资创业大赛全国行业总决赛并获得奖励的，省财政按 1∶1 的比例给予配套支持。加大“互联网+”融合发展投入力度，建立“云服务券”财政补贴制度，支持民营企业“上云”，鼓励参与国家和省电子商务进农村综合示范工作。支持民营企业做大做强，对符合新旧动能转换政策、年销售收入首次突破 100 亿元、500 亿元、1 000 亿元的民营企业，省财政分别一次性奖励 100 万元、300 万元和 500 万元。对在我省新设立的符合相关条件的企业总部、地区总部、结算中心或职能型总部机构，省财政一次性奖励 500 万元。实施品牌培育工程，打造一批国内外知名民营企业品牌。

五、推动建立现代企业制度

实施民营企业规范化公司制改制“三年行动计划”，引导企业完善法人治理结构，建立和落实重大事项论证和决策机制、内部制衡和风险控制机制。注重吸收民营企业进入上市企业后备资源库，力争到 2019 年年底全省 50%以上的规模

和限额以上民营企业完成规范化公司制改制。落实企业改制、兼并重组税收优惠政策，因不动产权利人姓名或名称变更而申请变更登记的，减半收取不动产登记费。改制企业在资产重组过程中，通过合并、分立、出售、置换等方式，将全部或者部分实物资产以及与其相关联的债权、负债和劳动力一并转让给其他单位和个人，其中涉及的货物、不动产、土地使用权转让行为，按规定不征收增值税。改制企业承担的相关税费，按规定享受税收优惠。金融机构针对改制企业所在行业、所处发展阶段特点，给予一定的信贷支持。

六、加强诚信体系建设

大力推进法治政府和政务诚信建设，各级政府要认真履行在招商引资、政府与社会资本合作等活动中与投资主体依法签订的各类合同，不得以政府换届、领导人员更替等理由违约毁约，因违约毁约侵犯合法权益的，要承担法律和经济责任。因国家利益、公共利益或者其他法定事由需要改变政府承诺和合同约定的，要严格依照法定权限和程序进行，并对企业和投资人因此受到的损失依法予以适当补偿，将政务履约和守诺服务纳入政府绩效评价体系，建立政务失信纪录，健全政府失信责任追究制度和责任倒查机制，加大对政务失信行为的惩戒力度。加快建立社会信用标准体系，完善省级公共信用信息平台，推进信用信息数据共享。建立健全政府部门间协同监管和联合奖惩机制，发挥升级公共信用信息平台、国家企业信用信息公司系统（山东）和人民银行征信系统作用，建立异常信用记录、严重违法失信“黑名单”、市场主体诚信档案，扩大联合惩戒范围和领域，完善守信激励、失信惩戒的约束机制，对失信企业在项目审批、资金扶持、银行贷款等方面给予联合惩戒，让守信企业在市场中获得更多机会和实惠。

七、合理降低税费负担

实行研发费用税前加计扣除和高新技术企业税收优惠政策通报制度，对 2016 年 1 月 1 日以后未及时享受研发费用税前加计扣除政策的，可以追溯享受，追溯期最长为 3 年。继续清理规范涉企收费行为，对行政审批前置中介服务收费、政府定价的经营服务性收费等，实行省、市、县三级收费目录清单制度，分别在各级政府主管部门网站公开，接受社会监督。加强涉企收费监督管理，畅通企业举报渠道，完善查处机制，坚决取缔违规收费项目。推动行业协会、商会与行政机关脱钩，厘清职能边界，清理强制企业付费参加的考核、评比、表彰、赞助、捐赠等违法违规行为。加大用电、用气、用热价格改革，进一步降低企业用能成本。降低用地成本，对用地集约的工业项目确定土地出让底价时，在不低于土地取得成本的前提下，可按不低于所在地土地等别对应全国工业用地出让最低价标准的70%执行；对现有工业项目不改变用途前提下提高利用效率和新建工业项目建筑容积率超过国家、省、市规定部分的，不在增收土地价款。

八、建设高素质企业家队伍

实施企业家素质提升工程，依托国内外知名企业、高校和培训机构，建立省级民营企业人才培训基地，每年选送100名民营企业法定代表人、1 000名中小企业高级管理人员、10 000名小微企业经营管理人员实施分类培训。组建企业家网络学院和培训中心，委托各级中小企业公共服务平台开展培训，加大对创业者和初创期小微企业管理者的培训力度。引导非公有制企业加强人才队伍建设，支持引进培养各类专业人才，鼓励大学生到非公有制企业就业创业。扎实做好非公有制企业党建工作，持续推进非公有制企业党的组织和工作覆盖，加大商务楼宇、各类园区、商圈市场和互联网领域组建党组织力度，推动非公有制企业党组织建设和完善；落实非公有制企业党建工作人员、经费、场所等保障，创新党组织活动方式，把党组织活动与企业生产经营管理紧密结合起来；结合建立现代企业制度，积极稳妥推动将党建工作要求写入非公有制企业章程。深化非公有制经济人士理想信念教育实践活动，开展山东省非公有制经济人士优秀中国特色社会主义事业建设者评选表彰活动，培养造就一批爱国敬业、守法经营、创业创新、回报社会的优秀民营企业家。

九、引导民营企业“走出去”

支持民营企业参与“一带一路”建设，注重对海外投资的真实性、合规性审查，引导民营企业参与国际产能和装备制造合作。对资源保障、科研合作、产业链布局、销售网络建设等有利于提升技术水平、优化产业结构、扩大出口的重点项目，省财政继续按相关支出的5%给予最高500万元的一次性奖励；支持企业在境外建立资源利用型、农业产业型、商贸物流型、科技研发型园区和产业聚集区，省财政继续给予最高1 000万元奖励。对中小企业参加境外展会，取得境外专利、商标注册、产品认证等国际市场开拓活动，按照相关支出最高50%给予财政补贴，属于开拓新兴市场的，补助比例最高达80%，每个企业最高补助50万元。支持民营企业大力发展外贸新业态，争创省级外贸综合服务企业，建立跨境电商综合服务平台和海外仓，积极参与市场采购和旅游购物贸易。鼓励民营企业与跨国公司开展战略合作，各级财政综合运用以奖代补、先建后补、贴息、股权投资、产业引导基金等方式给予支持。对通过建立“走出去”公共服务平台或专业合作联盟，为企业提供涉外法律、税收、投资环境等服务的机构，各级财政给予奖励。落实全国海关通关一体化改革要求，将通关时间压缩三分之一，支持山东中欧国际班列发展壮大，降低企业报关、通关、物流成本。支持企业开展出境加工业务。引导企业积极参与 AEO 互认合作，充分享受对方国家通关便利措施。

十、提高产权保护精准度

落实平等保护产权的法律制度，坚持权利平等、机会平等、规则平等，依法打击侵害非公有制企业合法权益的各种违法犯罪行为，确保非公有制经济产权不受侵犯。充分考虑非公有制经济特点，严格区分经济纠纷与经济犯罪的界限，防止把经济纠纷当作犯罪处理。对民营企业在生产、经营、融资活动中的经济行为，除法律、行政法规明确禁止外，不以违法犯罪对待。严格遵循法不溯及既往、罪刑法定、在新旧法之间从旧兼从轻等原则，以发展眼光客观看待和依法妥善处理改革开放以来各类企业特别是民营企业经营过程中存在的不规范问题，严格规范涉案财产处置的法律程序，严格执行国家关于对涉嫌违法的企业和人员的财产处置规则，依法慎重决定是否采取相关强制措施。采取查封、扣押、冻结等措施处置涉案财物时，应严格按照法定程序进行，严格区分个人财产和企业法人财产。加强对专利权、著作权、商标权等知识产权的运用和保护，加大对侵权行为的惩治和打击力度。

山东省人民政府关于进一步降低实体经济企业成本的实施意见

鲁政发〔2017〕6号

各市人民政府，各县（市、区）人民政府，省政府各部门、各直属机构，各大企业，各高等院校：

为贯彻落实《国务院关于印发降低实体经济企业成本工作方案的通知》（国发〔2016〕48号）精神，进一步降低企业融资、税费负担、人工、用能用地和物流等成本，营造良好的公平竞争环境，促进实体经济平稳健康发展，现提出以下实施意见：

一、有效降低企业融资成本

（一）保持流动性合理充裕。按照国家有关要求，对符合“三农”、小微企业贷款考核条件的地方法人金融机构和农业银行县域分支机构执行优惠存款准备金率。对涉农和小微企业贷款投放力度较大的地方法人金融机构优先给予再贷款支持。对利率较低的涉农、小微企业贴现票据优先给予再贴现支持。加强对开发性、政策性金融机构资金使用效果评估，提高资金投向基础设施建设、先进制造业、战略性新兴产业的使用效率。充分发挥山东省市场利率定价自律机制作用，引导金融机构科学理性定价，在覆盖风险的前提下，适当降低贷款利率。（责任单位：人民银行济南分行、省金融办、省发展改革委、省财政厅。排在第一位的为牵头单位，下同）

（二）降低融资中间环节费用。督促银行业机构进一步落实收费公示及各项服务价格政策，严格落实小微企业收费优惠政策。规范银信、银基、银证等合作业务，清理不必要的资金“通道”和“过桥”环节，缩短企业融资链条。引导金融机构严格遵守“七不准”规定，严肃查处以贷转存、存贷挂钩、借贷搭售等不规范经营行为。对诚实守信、风险控制能力强、经济社会效益好的融资担保机构，鼓励银行业机构通过降低准入门槛、降低保证金比例、提高担保放大倍数等措施给予更大支持。（责任单位：山东银监局、人民银行济南分行、省金融办、

省物价局）

（三）创新抵（质）押融资方式。引导银行业机构大力发展动产抵（质）押贷款业务。鼓励将作为抵（质）押物的资产在山东金融资产交易中心进行托管或流转处置。研究运用物联网技术解决动产融资中的信息不对称问题。建立完善新型资本要素市场体系，更好发挥股权、农村产权、海洋产权、能源环境等交易市场的作用，加快建设统一高效的知识产权交易服务平台，鼓励发展以知识产权、股权、排放权和节能量等为抵（质）押物的新型融资方式。稳妥推进农村承包土地的经营权、农民住房财产权抵押贷款试点。（责任单位：省金融办、人民银行济南分行、山东银监局）

（四）大力发展股权融资。完善多层次资本市场体系，推动更多企业到境内主板、创业板、“新三板”或区域性股权交易市场上市挂牌融资。鼓励企业到我国香港、新加坡、美国、英国、德国等资本市场上市融资。鼓励上市公司创新交易模式和交易工具，利用资本市场实施再融资和并购重组。促进齐鲁股权交易中心改革发展，全面对接省级政府股权投资引导基金，综合运用私募股权、私募债权、股权质押等融资方式，服务我省创新型、科技型、成长型企业发展。协调推进省级政府直投基金进一步加快投资进度，加大投资力度。（责任单位：省金融办、省财政厅、山东证监局、省发展改革委、省国资委）

（五）着重拓展债券融资。鼓励企业在银行间市场发行短期融资券、中期票据、中小企业集合票据等债务融资工具。鼓励符合条件的企业发行公司债。支持我省棚户区改造、保障房建设等项目发行项目收益票据、非公开定向融资工具。积极培育发债主体，建立债券融资后备资源库，推动实体企业全面利用各类债务融资工具。（责任单位：省金融办、人民银行济南分行、山东证监局、省发展改革委、省经济和信息化委、省国资委）

（六）引导企业利用境外低成本资金。积极落实全口径跨境融资宏观审慎管理相关政策措施，鼓励企业和金融机构基于主体资本或净资产进行跨境融资，最大限度地满足跨境融资需求。中、外资企业借用的外债，允许在实需原则下结汇使用。鼓励金融机构通过内保外贷等方式，为企业提供融资与担保支持。鼓励符合条件的大型企业集团开办跨境人民币双向资金池业务，提高资金使用效率。抓住国家逐步放开境外募集资金回流和结汇限制的政策机遇，鼓励企业赴境外发行人民币和外币债券。（责任单位：人民银行济南分行、省金融办、省财政厅、省发展改革委）

二、进一步减轻企业税费负担

（一）落实好研发费用加计扣除政策。加强经济和信息化、税务、财政等部门协调配合，促进研发费用加计扣除政策高效落实。及时贯彻落实国家有关新材料、关键零部件、环境保护专用设备、节能节水专用设备等企业所得税优惠政策。（责任单位：省国税局、省地税局、省财政厅、省经济和信息化委）

（二）扩大政府性基金免征范围。认真落实国家有关政策措施，将教育费附加、地方教育附加、水利建设基金免征范围，由月销售额或营业额不超过 3 万元的缴纳义务人，扩大到月销售额或营业额不超过 10 万元的缴纳义务人。（责任单位：省财政厅、省物价局、省地税局）

（三）继续停征、降低和整合部分政府性基金。取消大工业用户燃气燃油加工费等违规设立的政府性基金。落实已明确的减免政府性基金等政策，将新菜地开发建设基金征收标准降为零，整合归并水库移民扶持基金等 7 项政府性基金。（责任单位：省财政厅、省物价局、省国土资源厅、省水利厅、省商务厅、省经济和信息化委、省林业厅）

（四）健全完善收费目录清单制度。全面实施涉企收费目录清单管理，将涉企行政事业性收费、政府性基金、政府定价或指导价经营服务性收费、行政审批前置中介服务收费等项目清单，在政府及部门网站常态化公示。重点跟踪涉企收费目录清单落实情况，按照国家统一部署，开展涉企收费清理专项检查。（责任单位：省财政厅、省物价局、省经济和信息化委）

（五）清理规范社会团体收费。建立政府部门向行业协会商会转移委托职能的目录清单，严禁行业协会商会利用行政资源强制向企业收取费用的行为，严禁以各种方式强制企业赞助捐赠、订购报刊、参加培训、加入社团、指定服务、考核评比。厘清行业协会商会与行政机关边界，2017 年 6 月 30 日前完成第二批行业协会商会与行政机关脱钩试点工作，2018 年起行业协会商会全面按照新的体制机制运行。（责任单位：省民政厅、省发展改革委、省编办、省财政厅、省物价局）

三、合理降低企业人工成本

（一）降低养老保险单位缴费费率。各市企业职工基本养老保险单位缴费比例统一按 18%执行。因单位缴费比例调整形成的基金收支缺口，可通过企业职工基本养老保险省级调剂金给予适当补助。（责任单位：省人力资源社会保障厅、省财政厅）

（二）规范和阶段性适当降低企业住房公积金缴存比例。完善公积金制度，严格执行缴存控高保低政策。2018 年 4 月 30 日前，企业可根据自身生产经营情况，经职工代表大会或工会讨论通过后，在 5%~12%确定合适的缴存比例，经住房公积金管理中心审核通过后实施。生产经营困难企业除可降低缴存比例外，还可依法申请缓缴住房公积金，待效益好转后再提高缴存比例或恢复缴存并补缴缓缴的住房公积金。（责任单位：省住房城乡建设厅、人民银行济南分行）

（三）适当调控企业职工工资水平。统筹兼顾企业承受能力和保障职工劳动报酬权益，合理控制最低工资标准调整频率和幅度，适当确定企业工资指导线。企业与职工通过集体协商，科学合理调整职工工资水平。切实将提高职工工资水平建立在企业发展质量效益提升、劳动生产率提高、综合成本降低的基础上。（责任单位：省人力资源社会保障厅）

（四）深入推进户籍制度改革。以合法稳定住所（含租赁）或合法稳定就业为基本落户条件，在全省范围内取消购房面积、就业年限、投资纳税、积分制等落户条件，最大程度降低城镇落户门槛。认真贯彻《居住证暂行条例》和《山东省流动人口服务管理办法》，规范居住证申领条件和发放范围，丰富使用功能，积极推进城镇基本公共服务均等化和农业转移人口市民化。（责任单位：省公安厅）

（五）加快剥离国有企业办社会职能和解决历史遗留问题。2018 年年底前基本完成“三供一业”分离移交工作任务，2019 年起国有企业不再以任何方式为职工家属区“三供一业”承担相关费用。对国有企业退休人员推动实现社会化管理，将企业内部封闭运行的社会保险纳入地方统筹管理。（责任单位：省国资委、省财政厅、省人力资源社会保障厅）

四、着力降低企业用能用地成本

（一）加快推进能源领域改革。按照“管中间、放两头”的总体思路，深入推进电价形成机制改革，促进市场主体多元化竞争。根据国家工作部署，择机放开天然气气源价格，有序推进天然气公开交易。根据管网经营主体多元化情况，在成本监审的基础上，科学核定天然气管道运输价格。完善天然气上下游价格联动机制，择机放开非居民用气价格，逐步放松对居民生活用气价格管制。落实国家成品油价格调控机制，适时放开价格。（责任单位：省物价局、省经济和信息化委）

（二）合理降低企业用电成本。根据国家部署，按照准许成本加合理收益的原则，测算并上报我省电网企业准许总收入和各电压等级输配电价水平。逐年扩大市场化交易电量规模，有序放开发电企业、售电主体和用户准入范围，允许符合条件的电力用户和售电企业参与市场交易，不断丰富交易品种，健全风险规避机制，逐步建成公平开放、规范高效、健康发展的电力市场体系，发挥市场配置资源的决定性作用。2017 年启动售电侧改革试点，培育售电主体参与交易，放开部分 10KV 电压等级用户进入市场。落实完善两部制电价政策，放宽基本电价计费方式变更周期和减容（暂停）期限限制，支持企业转型，增加电价政策灵活性，降低企业运行成本。（责任单位：省经济和信息化委、省物价局）

（三）有效降低企业用地成本。对民间资本参与城市基础设施、公益性科技和非营利性教育、文化、卫生等社会公益事业项目使用的土地，符合国家划拨用地目录的，按划拨方式供地。实行新增工业用地弹性出让年期制，积极推进工业用地长期租赁、先租后让、租让结合供应，工业用地的使用者可在规定期内按合同约定分期缴纳土地出让价款，降低工业企业用地成本。在不改变用途的前提下，现有工业项目提高利用率和新建工业项目建筑容积率超过国家、省、市规定容积率部分的，不再增收土地价款。依法利用存量房产、土地资源建设文化创意、科技服务、众创空间、研发设计等新产业、新业态的项目，可在5年内继续按原用途和土地权利类型使用土地。在工业园区投资建设物流、研发、信息服务、工业设计等生产性服务业的，参照执行工业用地价格。（责任单位：省国土资源厅、省财政厅）

五、较大幅度降低企业物流成本

（一）优化物流业发展环境。研究制定物流业降本增效专项措施，优化综合交通运输通行条件和环境，构建高效运行的多式联运体系。根据国家统一部署，2017年开始在我省开展无车承运人试点工作。完善支撑物流业高效运行的信息技术、标准和设施，健全有效衔接、联通共享的物流标准体系，推进智慧物流体系和智慧物流工程建设。（责任单位：省经济和信息化委、省商务厅、省交通运输厅）

（二）规范公路收费管理。完善公路收费政策，进一步放开公路运输市场价格，改革客运运价管理，规范货运价格管理，完善主要由市场决定公路运价的机制。在全面取消二级公路收费项目的基础上，逐步取消一级公路收费站。完善公路车辆救援服务收费政策，坚决查处高速公路车辆救援服务各种乱收费行为。按照国家提出的进一步做好货车非法改装和超限超载治理工作的相关要求，规范货车超限超载处罚标准。（责任单位：省交通运输厅、省财政厅、省物价局、省公安厅）

（三）规范机场铁路港口收费项目。巩固进出口环节收费专项检查成果，查处港口航运乱收费行为，适时组织开展铁路货运价格和收费、机场货物运输收费专项检查，查处强制服务并收费、不服务或少服务并收费等违规行为，规范货物运输环节价格和收费行为，畅通货物运输渠道，降低企业物流成本。（责任单位：省物价局、省交通运输厅）

（四）降低企业通关成本。加大口岸、海关、商务、检验检疫、铁路等部门的沟通协调，推动关检合作“三个一”向“三互”和“单一窗口”转变。减少口岸查验商品种类，对 CCC 入境验证商品不强制在口岸实施查验。对《出境商品口岸重点查验目录》内的出境商品口岸核查货证比例由 5%降低至 2.5%，对目录外的出境商品口岸核查货证比例由 0.5%降低至 0.25%。（责任单位：青岛海关、济南海关、山东出入境检验检疫局、省财政厅）

六、提高企业资金周转效率

（一）推进实体经济经营性资产证券化。促进基础设施资产证券化，探索实施金融资产、知识产权、碳排放权、不动产收益权等企业资产证券化，推动实体经济优势转化为资本竞争优势。鼓励山东金融资产交易中心创新产品和服务，为地方金融资产有效配置提供有力支持。（责任单位：省金融办、人民银行济南分行、山东证监局）

（二）开展投贷联动试点支持科技创新创业企业。完善科技创新创业企业贷款风险与补偿机制，创造条件积极争取投贷联动试点资格，支持符合条件资质的银行业机构开展投贷联动业务，为科技创新创业企业提供股权与债权相结合的融资服务。（责任单位：山东银监局、省金融办、人民银行济南分行、山东证监局、省商务厅、省科技厅、省财政厅）

（三）多方筹资清偿拖欠工程款。建立完善规范融资机制，指导拖欠单位按照“谁拖欠、谁偿还”“边清理、边偿还”“分类处理、分步实施”的原则制定清偿方案。加大建设项目审核力度，依法依规解决拖欠工程款。（责任单位：省住房城乡建设厅、省发展改革委、省财政厅）

（四）清理规范工程建设领域保证金。落实清理规范工程建设领域保证金实施方案，加大工作力度，采取精准措施，切实减少工程建设领域的资金占用问题。（责任单位：省住房城乡建设厅、省财政厅、省发展改革委、省人力资源社会保障厅）

（五）积极化解企业债务链风险。加强对担保圈风险的监测研判，指导各金融机构积极配合各级政府开展风险化解和处置工作。进一步发挥银行同业自律机制的作用，增强债权人委员会的约束力，督促各债权银行统一行动、步调一致，有序化解大企业担保圈风险。鼓励企业加强往来款项管理，引导企业加快付款，减轻全社会债务负担。（责任单位：山东银监局、人民银行济南分行、省金融办、省财政厅、省国资委）

七、鼓励引导企业内部挖潜

（一）引导企业管理创新。巩固扩大“管理提升年”工作成果，引导企业把加强管理作为有效应对当前困难、降本增效、加快发展的重要举措，着力在精细化管理、六西格玛管理、战略管理、企业兼并重组等方面，再总结推广一批先进管理方法。（责任单位：省经济和信息化委、省发展改革委、省国资委、省商务厅）

（二）加强先进技术推广。大力发展智能制造和智慧流通，提高产品的成品率、优质品率和精准营销匹配率。加快推进绿色制造、增材制造，大幅降低资源能源消耗。推广应用柔性化生产和作业成本法，提高企业供应链管理水平。（责任单位：省经济和信息化委、省发展改革委、省国资委、省商务厅）

（三）持续推进规模企业规范化公司制改制。认真落实我省关于加快推动规模企业规范化公司制改制的相关要求，实施企业改制专项行动计划，到 2019 年年底力争 50%以上的规模以上企业完成规范化公司制改制。积极帮助改制企业对接资本市场。（责任单位：省金融办、省经济和信息化委）

（四）加强企业家队伍建设。认真落实省委、省政府关于加强企业家队伍建设的相关要求，实施企业家队伍建设“111”工程，培养 100 名以上擅长国际化经营管理、具有一定国际影响力的企业家，1 000 名以上经营业绩突出的知名企业家，10 000 名以上富有创新精神和工匠精神、在省内具有行业或区域影响力的企业家。充分发挥企业家在企业降本增效、转型升级中的引领作用。（责任单位：省经济和信息化委、省财政厅）

八、营造公平竞争环境

（一）加强反垄断和反不正当竞争执法。依法查处垄断协议、滥用市场支配地位等违法行为，促进经营者合法合规经营，规范行业发展。依法制止滥用行政权力排除、限制竞争等违法行为，消除地区封锁行为，打破行业垄断。建立和完善反不正当竞争执法市场调研机制、防范预警机制、信息披露机制，构建反不正当竞争行政执法与刑事司法的衔接工作机制。充分运用大数据手段，加强对市场主体的监管，提高监管效率。整合优化执法资源，有效避免多层多头重复执法。（责任单位：省物价局、省商务厅、省工商局）

（二）强化价格监督检查。严格落实公平竞争审查制度，清理和废除妨碍统一市场和公平竞争的各种规定和做法。建立公平、开放、透明的市场价格监管规则，坚决查处各类违法违规实行价格优惠政策的行为。健全市场价格行为规则，在经营者自主定价领域，对经济社会影响重大特别是与民生紧密相关的商品和服务，要依法制定价格行为规则和监管办法；对存在市场竞争不充分、交易双方地位不对等、市场信息不对称等问题的领域，要研究制定相应的议价规则、价格行为规范和指南，完善明码标价、收费公示等制度规定，合理引导经营者的价格行为。（责任单位：省物价局、省商务厅、省工商局）

（三）依法加强知识产权保护。加大对专利、注册商标、商业秘密等方面知识产权侵权假冒行为的打击力度。鼓励和支持自主知识产权企业向海关总署进行知识产权备案，加强知识产权边境保护，进一步加大对进出口环节侵权假冒行为的打击力度，切实降低企业维权成本。（责任单位：省知识产权局、省工商局、青岛海关、济南海关、省新闻出版广电局）

（四）强化标准体系建设。深入落实我省关于深化标准化改革提升“山东标准”建设水平的意见要求，加快公益类、基础类和强制性地方标准的制修订，积极支持团体标准建设试点，完善地方标准及管理体系。（责任单位：省质监局）

（五）支持企业开拓国际市场。督促各金融机构严格落实直接投资外汇登记改革措施，提高直接投资外汇登记效率，支持有能力、有需求的企业扩大对外投资。积极落实境外再投资外汇管理改革措施，取消境外再投资外汇备案，进一步简化境外直接投资手续，为企业开拓国际市场提供便利。（责任单位：省发展改革委、省商务厅、人民银行济南分行）

九、建立健全降成本工作推进机制

（一）切实加强组织领导。各级、各部门要把思想和行动统一到中央和省委、省政府关于降低实体经济企业成本的部署要求上来，以高度的政治责任感，抓紧抓实抓出成效。省级建立由省发展改革委牵头、其他有关部门参加的工作协调机制，下设综合降低企业税费负担、降低企业融资成本、降低企业用能用地物流成本、降低企业人工成本的工作组，分别设在省发展改革委、省财政厅、省金融办、省经济和信息化委、省人力资源社会保障厅，负责统筹推进各领域工作，并跟踪督促落实。各市要建立健全工作协调机制，切实推进降低实体经济企业成本工作。

（二）因地制宜、分业施策。各有关工作牵头部门、各市政府是本领域、本地区降低实体经济企业成本工作的第一责任主体，要按照党中央、国务院决策部署，根据本《意见》抓紧制定实施细则。行业管理部门要根据行业特点，结合22个行业转型升级中期评估，研究制定具体政策措施，加快实施转型升级降本增效专项行动，有序推出并切实落实煤炭、石化、钢铁、有色金属、建材、机械、汽车、电子信息、消费品、物流等行业的转型升级降本增效方案。

（三）持续强化督促检查。各有关工作牵头部门、各市政府要加强专项督查，形成降低实体经济企业成本的长效机制，重点是建立健全常态化的组织协调和督促落实工作机制，建立效果评估和统计监测机制，建立根据形势变化动态调整政策措施机制。各有关工作牵头部门、各市政府要在前期开展的政策落实情况及效果评估基础上，总结推广好的经验和做法，研究解决出现的问题，相应调整政策措施。从2017年起，每年6月底前向省发展改革委报送一次政策落实情况。

（四）广泛开展宣传引导。创新宣传形式和载体，广泛宣传降低实体经济企业成本的重大意义、目标要求和政策措施。通过专题培训、专家讲座等形式，对实施意见进行宣讲解读，使广大干部群众深入了解，最大程度凝聚共识。强化典型推介和舆论引领，及时报道各项工作进展情况和实际成效，正确引导社会预期，营造良好的工作氛围。

山东省人民政府

2017 年 3 月 9 日

山东省人民政府关于助推新旧动能转换做好当前和今后一段时期就业创业工作的意见

鲁政发〔2017〕27 号

各市人民政府，各县（市、区）人民政府，省政府各部门、各直属机构，各大企业，各高等院校：

就业是最大的民生，是经济发展最基本的支撑。为深入贯彻落实《国务院关于做好当前和今后一段时期就业创业工作的意见》（国发〔2017〕28 号），在新旧动能转换中实现就业转型，以就业转型助推新旧动能转换，现就进一步做好就业创业工作提出以下意见。

一、推动就业优先，聚焦新旧动能转换扩大就业

（一）促进新旧动能转换与扩大就业联动。大力实施新旧动能转换重大工程，聚焦新技术、新产业、新业态、新模式，推动产业智慧化、智慧产业化、跨界融合化、品牌高端化，积极培育新的就业增长点。深入实施就业优先战略行动，把稳定和扩大就业作为动能转换和区间调控的下限，加大宏观政策调整实施力度，促进经济企稳向好，确保就业稳定。加强经济社会政策与就业政策衔接，在制定财税、金融、产业、贸易、投资等重大经济政策和人口、教育、社会保障、住房、城市规划建设等重大社会政策时，要综合评价对就业岗位、就业环境、失业风险等带来的影响，促进新旧动能转换与扩大就业联动。（省发展改革委、省经济和信息化委、省教育厅、省财政厅、省人力资源社会保障厅、省住房城乡建设厅、省商务厅、省卫生计生委、人民银行济南分行等负责）

（二）推动产业结构优化与就业转型协同。完善多元化产业体系，既注重发展资本、技术和知识密集的先进制造业、战略性新兴产业，又要支持劳动密集型产业发展，降低实体经济成本，推进传统产业绿色改造，创造更多就业机会。推广政府和社会资本合作（PPP）模式，做大做强金融服务、专业咨询、信息技术、现代物流、节能环保、电子商务、旅游业等现代服务业，优化提升家庭服务、商贸服务等传统服务业，加快发展健康服务、旅游会展、乡村体验、健身服

务、教育培训、法律服务等满足个性化、多样化消费需求的新兴服务业，持续提升服务业吸纳就业比重。发展家庭服务业带动就业，对吸纳就业困难人员的，给予岗位补贴和社会保险补贴。建设一批家庭服务业职业培训基地，每年认定5家省级示范基地。加大对发展潜力大、吸纳农业转移人口多的县城和重点镇用地计划指标倾斜，大力发展县域经济和农产品电子商务、休闲农业、创意农业、乡村旅游、旅游特色小镇等新业态，加快推进农村第一、二、三产业融合发展，拓宽农村就业创业空间。（省发展改革委、省经济和信息化委、省民政厅、省司法厅、省财政厅、省人力资源社会保障厅、省国土资源厅、省农业厅、省商务厅、省文化厅、省卫生计生委、省旅游发展委、省工商局等负责）

（三）提高重大项目对就业的拉动能力。探索建立重大项目特别是新旧动能转换重大项目就业信息共享机制，实现招商引资、项目立项、土地征收、项目实施与就业联动。对项目实施可能对就业产生的影响，特别是项目实施或建成后可能造成现有就业岗位流失、所涉及领域就业吸纳能力下降或被征地农民增加等情况的，在项目立项、日常管理、后续保障中予以统筹考虑。围绕重大项目就业岗位和技能培训需求，主动提供人力资源服务。（省发展改革委、省经济和信息化委、省人力资源社会保障厅、省国土资源厅、省商务厅等负责）

（四）发挥小微企业就业主渠道作用。落实小微企业降税减负和清理规范涉企收费政策。落实就业补贴、创业带动就业补贴政策，支持小微企业扩大就业容量。加快小微企业商标注册便利化改革，推进小微企业名录平台应用，提高小微企业政策获得感。支持小微企业创业创新示范基地建设，打造专业化、集成化新型载体。推广使用“创新券”，加大科研基础设施、大型科研仪器向小微企业开放力度，为小微企业产品研发、试制提供支持。鼓励高校、科研院所及企业向小微企业转移科技成果，有条件的地区可推动开放共享一批基础性专利或购买一批技术资源，支持小微企业协同创新。优化融资环境，加大信贷投放，支持小微企业加快发展，增强吸纳就业能力。（省中小企业局、省发展改革委、省教育厅、省科技厅、省财政厅、省人力资源社会保障厅、省地税局、省工商局、省国税局、人民银行济南分行等负责）

二、支持创业创新，打造富有活力的创业生态

（一）优化创业环境。持续推进简政放权、放管结合、优化服务改革，放宽新兴经济领域政策限制。深化商事制度改革，推进工商注册便利化。全面实施企业“五证合一、一照一码”、个体工商户“两证整合”，部署推动“多证合一”，取消不必要的行业门槛限制，消除隐性壁垒，切实解决“准入不准营”的问题。进一步减少审批事项，规范改进审批行为。探索动态包容审慎监管制度，推进市

场监管领域综合行政执法改革，实现信息互换、监管互认、执法互助，着力解决重复检查、多头执法等问题。加快实现四项收费清单省、市、县三级全覆盖。（省发展改革委、省编办、省工商局、省物价局等负责）

（二）支持通过新兴业态就业创业。推动平台经济、众包经济、分享经济等创新发展，构建适应新产业新业态发展规律、满足新动能集聚需要的政策和制度环境。将鼓励创业创新发展的优惠政策面向新兴业态企业开放，对符合条件的新兴业态企业落实相关财政、信贷等优惠政策。推动政府部门带头购买新兴业态企业产品和服务。完善适应新就业形态特点的用工和社会保险等制度，指导新兴业态企业和与之建立劳动关系的从业者签订劳动合同，依法参加职工社会保险。符合条件的新兴业态企业吸纳高校毕业生、就业困难人员就业的，按规定给予岗位补贴、社会保险补贴和一次性创业岗位开发补贴。其他从业者可按灵活就业人员身份参加养老、医疗保险和缴纳住房公积金。属于就业困难人员、离校 1 年内未就业高校毕业生的，可按照规定享受灵活就业社会保险补贴政策。加强平台企业劳动关系调整，推动平台、行业组织与劳动者开展集体协商，签订和履行集体合同。加快建设“互联网+人社”，为新就业形态从业者参加社会保险及社会保险关系转移接续提供便利。（省发展改革委、省经济和信息化委、省人力资源社会保障厅、省财政厅、省住房城乡建设厅、省商务厅、省工商局、省总工会、人民银行济南分行等负责）

（三）加大创业扶持力度。全面落实高校毕业生、登记失业人员、退役士兵和残疾人等群体就业创业税收优惠政策。加大一次性创业补贴发放力度，有条件的市可将一次性创业补贴政策放宽到符合条件的新注册个体工商户，补贴标准不低于 2 000 元。对高层次高技能人才、返乡农民工、就业困难人员、毕业 5 年内高校毕业生（含技师学院高级工班、预备技师班和特殊教育学院职业教育类毕业生）租用经营场地创业，有条件的市可给予创业场所租赁补贴。对在高附加值产业创业的劳动者，创业扶持政策要给予倾斜。定期组织举办创业大赛，在全省评选一批符合新旧动能转换方向的优秀创业项目、创业团队，给予最高 20 万元奖励。（省人力资源社会保障厅、省财政厅、省地税局、省工商局、省国税局等负责）

（四）打造多元化创业载体。按照“政府搭台、社会主导、市场化运作”的原则，鼓励支持通过盘活老旧商业设施、仓储设施、闲置厂房楼宇、过剩商业地产等方式建设创业载体，推动建设一批返乡创业园、乡村旅游创客基地，被认定为创业孵化示范基地、创业示范园区的，按规定给予奖补。2018 年前被认定为省级创业孵化示范基地、创业示范园区的，给予最高 500 万元的一次性奖补。发挥创业孵化基地、创业园区资源集聚和辐射引领作用，建立全省创业载体发展联盟，开展创业载体建设运营经验交流和前瞻性研究，推动全省创业载体提档升级。健全完善创业孵化机制，集成创业政策，创新孵化手段，对确有需要的创业企业，可适当延长孵化周期。各地可根据创业孵化基地入驻实体数量和孵化效果，给予一定奖补。鼓励创业孵化基地、创业园区引入专业化服务机构，提升管理运营水平。加强科技企业孵化器和众创空间建设，对孵化高新技术企业成效显著的给予奖补，培育一批品牌科技企业孵化器和众创空间。加强大学科技园建设，推动高等院校科技成果转移转化。支持各市结合本地实际，打造一批不同主题的特色小镇（街区），向创业者提供免费工位或场所。推广海尔集团、浪潮集团的经验做法，鼓励大企业由传统的管控型组织向新型创业平台转型，利用自身资源优势，实施创客化、平台化改造，带动企业内部员工和社会创业者共同创业。运用互联网、大数据、云技术，打造山东创业服务云平台，为创业者提供良好的交流和资源共享空间。（省人力资源社会保障厅、省发展改革委、省经济和信息化委、省科技厅、省财政厅、省住房城乡建设厅等负责）

（五）拓宽融资渠道。大力发展创业担保贷款，符合条件的创业人员，可申请最高不超过 10 万元的创业担保贷款，期限最长不超过 3 年；符合条件的小微企业，可申请最高不超过 300 万元的创业担保贷款，期限最长不超过 2 年，按照规定给予贴息。在网络平台实名注册、稳定经营且信誉良好的网络创业人员，可按规定享受创业担保贷款及贴息政策。有条件的市可适当放宽创业担保贷款借款人条件，提高贷款利率上限。鼓励金融机构和担保机构依托信用信息，科学评估创业者的还款能力，完善风险防控措施，降低反担保要求或取消反担保，健全代偿机制，加大对创业企业的融资支持。深化银企对接合作，探索实行投贷联动、股债结合，建立信息交换共享机制，发挥山东省融资服务网络平台作用，引导金融机构与创业投资、股权投资机构以及政府产业投资引导基金建立市场化长期合作关系，灵活高效满足创业融资需求。（人民银行济南分行、省发展改革委、省财政厅、省人力资源社会保障厅、山东银监局等负责）

三、优化人力资源供给，支撑新旧动能转换

（一）释放高校毕业生人才红利。实施高校毕业生就业创业促进计划，健全涵盖校内外各阶段、就业创业全过程的服务体系，促进供需对接和精准帮扶。教育引导高校毕业生树立正确的就业观念，促进其围绕新旧动能转换更好地参与到就业活动中，敢于通过创业实现就业。实施高校毕业生基层成长计划，落实学费补偿、助学贷款代偿、资金补贴等政策，引导鼓励高校毕业生到城乡基层、中小微企业就业，满足基层人才需求。鼓励高校毕业生到社会组织就业，对吸纳高校毕业生就业的社会组织，符合条件的可同等享受企业吸纳就业扶持政策。鼓励高

校毕业生到科研项目单位参与研究，科研项目单位要按规定将社会保险补助纳入劳务费列支，劳务费不设比例限制。探索开展事业单位简化招聘程序公开招聘优秀高校毕业生。脱贫任务较重的县（市、区）基层机关事业单位公开招录招聘高校毕业生，可适当放宽职位岗位专业限制、单独划定笔试分数线、降低学历要求或开考比例。加大高校毕业生基层服务项目招募力度，合理安排时间，优化录用、聘用流程。根据基层发展需要和财力状况，结合“放管服”改革和综合行政执法体制改革，积极推进编制资源下沉，加强基层机关事业单位编制配备，为适度扩大招聘高校毕业生创造条件。落实完善“三支一扶”大学生服务期满就业政策，引导其留在基层建功立业。支持高校毕业生到国际组织实习任职，培育具有国际视野的青年人才。加大就业见习力度，围绕新旧动能转换重大项目设立一批就业见习基地，有针对性地安排高校毕业生参加见习。允许就业见习补贴用于见习单位为见习人员办理人身意外伤害保险以及对见习人员的指导管理费用支出。加大对困难高校毕业生的帮扶力度，将求职创业补贴补助范围扩展到贫困残疾人家庭、建档立卡贫困家庭高校毕业生和特困人员中的高校毕业生。支持企业招用困难高校毕业生，符合条件的给予岗位补贴、社会保险补贴。促进留学回国人员就业创业，实施留学人员来鲁创业启动支持计划，鼓励留学人员以知识产权等无形资产入股方式创办企业。依托重大科研创新项目、重点科研基地和留学人员创业园等平台载体，鼓励和吸引优秀留学回国人员来鲁工作。（省人力资源社会保障厅、省编办、省经济和信息化委、省教育厅、省科技厅、省公安厅、省民政厅、省财政厅、省总工会、团省委、省残联、人民银行济南分行等负责）

（二）提高教育培训质量。坚持面向市场、服务发展、促进就业的人力资源开发导向，着力化解就业结构性矛盾。深化高校创新创业教育改革，加快推进高校学科专业结构调整优化。发挥职业教育和职业培训作用，推进职业教育和职业培训精准对接新旧动能转换需求、精准契合受教育者需求，加快发展现代职业教育，着力提高学生的就业能力和创造能力。实施现代职业教育质量提升计划、产教融合发展工程、高技能人才振兴计划和大国工匠培训支持计划，统筹普通高中和中等职业教育协调发展，提高中等职业教育招生比例，推进职业教育与普通教育分类管理，引导各级各类职业院校科学定位、办出特色。实施高技能人才培养特色载体建设工程，建设一批定位明确、各有侧重、相互支撑的特色人才培养载体。大力发展技工教育，建设一批国内一流的技师学院。加快培育大批具有专业技能和工匠精神的高素质劳动者和技术技能人才，确保企业职工教育经费足额提取并合理使用。健全技能人才多元化评价机制，落实技能人才职业技能等级认定政策并做好与职业资格制度的衔接，建立职业资格、职业技能等级与相应职称比照认定制度，用人单位聘用的高级工、技师、高级技师可比照相应层级工程技术人员享受同等待遇。适应新旧动能转换要求，定期发布重点产业职业培训需求、职业资格和职业技能等级评定指导目录，对指导目录内的职业培训和技能鉴定，完善补贴标准，简化审核流程。推广使用职业培训包，将职业标准、教学内容、教学方式、教材、师资、实训、考核等内容规范化、标准化，实现职业培训由以结果管理为主向结果管理和过程管理并重转变，提升职业培训质量。充分运用职业培训补贴，支持优质培训机构开发数字培训课程，支持平台开展网上创业培训，支持培训机构引进国外优质资源或开展联合办学。根据去产能企业失业人员、建档立卡贫困人口特点，采取整建制购买培训项目、直接补贴培训机构等方式开展集中培训。依法参加失业保险 36 个月以上、取得职业资格证书或职业技能等级证书的企业职工，可申请最高 2 000 元的技能提升补贴，所需资金从失业保险基金中列支。建立创业大学培训效能评估机制，支持创业大学完善内部管理运营机制，增强创业大学自我生存能力和发展潜力。研发推广统一的创业培训教程，提升创业培训质量。加强创业导师队伍建设，引导创业者和创业导师签订指导协议，通过股权转让等形式，鼓励创业导师发挥“传帮带”作用，提高创业成功率。（省教育厅、省人力资源社会保障厅、省发展改革委、省财政厅等负责）

（三）提高人力资源供求匹配度。充分发挥市场的决定性作用，推进建设统一规范、竞争有序的人力资源市场体系，促进劳动力在地区、行业、企业之间自由流动。建立与新旧动能转换需求相适应的人力资源供求调查预测和信息发布制度，促进人力资源开发利用和合理配置。大力发展人力资源服务业，实施人力资源服务业发展推进计划，加强人力资源服务产业园建设，培育具有示范引领作用的龙头企业和行业领军人才。简化劳动者求职手续，建立入职定点体检和体检结果互认机制。发挥公共就业创业服务的基础性作用，加快推进公共就业创业服务“标准化、信息化、一体化”建设，完善服务功能，细化服务标准和流程，为不同群体、企业提供个性化、专业化、精细化的就业创业服务。强化基层公共就业创业服务从业人员职业化建设，建立定期培训、持证上岗制度。充分运用就业创业服务补贴政策，支持公共就业创业服务机构和高校开展就业创业服务，支持人力资源服务机构、劳务经纪人等市场主体为劳动者提供职业指导、创业指导、信息咨询、有组织劳务输出等服务。加快公共就业创业服务信息化建设，积极探索“智慧就业”，推动服务向移动端、自助终端等延伸，扩大服务对象自助服务范围，实现就业创业服务和管理全程信息化。（省人力资源社会保障厅、省发展改革委、省财政厅、省卫生计生委等负责）

四、做好重点群体、重点区域就业工作，稳住就业“基本盘”

（一）健全城乡劳动者平等就业制度。落实城乡统一的就业失业登记制度，对有劳动能力、有就业失业登记需求且符合我省就业失业登记条件的城乡劳动者，应在常住地进行就业失业登记。对在城镇常住并处于无业状态的农村转移劳动者，在城镇常住地进行失业登记；对在农村常住并处于无地无业状态的劳动者，在农村常住地进行失业登记。公共就业服务机构要为其提供相应的就业服务和政策扶持。对就业失业登记的常住人员在常住地连续居住 6 个月以上且在当地参加社会保险 6 个月以上的，保障其与当地户籍人口享有同等的就业创业扶持政策。促进农民工等各类人员返乡创业，大力发展农民合作社、种养大户、家庭农场、建筑业小微作业企业、“扶贫车间”等生产经营主体，依法办理工商登记注册的可按规定享受小微企业扶持政策，对吸纳贫困家庭劳动力就业并稳定就业 1 年以上的，各地可酌情给予一定奖补。适应农村劳动者就业创业特点，统筹整合培训资源，创新培训内容和方式，推进职业培训全覆盖，引导农村转移劳动者到以“互联网+”为代表的新产业、新业态就业创业。密切关注女性平等就业情况，促进妇女、残疾人等公平就业。（省人力资源社会保障厅、省发展改革委、省财政厅、省农业厅、省旅游发展委、省工商局、团省委、省妇联、省残联、人民银行济南分行等负责）

（二）完善就业援助长效机制。全面落实各项扶持政策，促进结构调整、转型升级中的失业人员再就业。合理确定就业困难人员范围，强化分类帮扶和实名制动态管理，确保零就业家庭、低保家庭中符合条件的至少一人稳定就业。加大对贫困人口特别是黄河滩区脱贫迁建、易地扶贫搬迁贫困人口转移就业的支持力度，确保他们搬得出、稳得住、能逐步致富。鼓励金融机构按照商业化可持续发展原则，运用扶贫再贷款优先支持带动建档立卡贫困户就业发展的企业及家庭农场、专业大户、农民合作社等经济主体。加强社会保障与就业联动，对因灵活就业、自谋职业或者自主创业使家庭人均收入达到或者高于当地低保标准的，采取渐退方式逐步退出低保，就业后 3 个月内的劳动所得不计入家庭收入。按规定由用人单位统一扣缴和个人自缴的最低档基本社会保险费、住房公积金不计入家庭收入核算。（省人力资源社会保障厅、省发展改革委、省扶贫办、省民政厅、省财政厅、省旅游发展委、省残联、人民银行济南分行等负责）

（三）稳妥做好新旧动能转换过程中的职工分流安置工作。开展失业保险稳岗补贴护航行动，鼓励引导去产能企业尽最大努力挖掘内部安置潜力，从源头上减少失业。促进化解钢铁煤炭行业过剩产能企业分流职工转岗就业创业，鼓励引导国有企业安置部分分流职工，对单位新增岗位吸纳去产能分流人员的，按规定落实企业吸纳就业扶持政策。对自主创业的分流人员，优先安排入驻各类创业孵化基地，落实创业扶持政策。对确实难以安置的就业困难人员，新增及腾退的公益性岗位要优先安置。要将符合条件的去产能企业下岗职工纳入现行就业创业政策扶持范围，主动提供各项就业创业服务。积极稳妥、依法依规处理劳动关系，对本轮化解钢铁煤炭行业过剩产能企业职工因解除劳动合同依法取得的一次性补偿收入，符合相关税收法律法规规定条件的，可享受相关个人所得税政策。稳妥做好国有企业“瘦身健体”、提质增效、剥离企业办社会职能过程中的职工安置工作。（省人力资源社会保障厅、省发展改革委、省经济和信息化委、省财政厅、省国资委、省地税局、省总工会、省国税局等负责）

（四）促进退役军人就业创业。认真做好军队转业干部安置工作，鼓励自主择业军队转业干部就业创业，积极开展就业服务、职业培训、创业孵化等服务活动，按规定落实相关扶持政策。加大退役士兵安置工作力度，对符合政府安排工作条件的，要采取刚性措施，确保岗位落实、妥善安置。对自主就业的，要强化教育培训，落实优惠政策，提高就业创业成功率。（省人力资源社会保障厅、省民政厅、省编办、省国资委等负责）

（五）缓解困难地区就业压力。建立区域就业协同推进机制，强化产业、资源、人才协作，促进资源枯竭型城市转型发展，实施替代产业培育行动计划，扶持劳动密集型产业、服务业和小微企业发展。补齐基础设施短板，加大对商贸流通、交通物流、信息网络等建设和改造项目的倾斜力度，完善公共服务设施。对地处偏远、资源枯竭、不适宜居住的独立工矿区，有组织地开展跨地区劳务对接。对新旧动能转换过程中，去产能任务重、待岗职工多、失业风险大的困难地区，组织开展就业援助行动。（省发展改革委、省经济和信息化委、省教育厅、省科技厅、省财政厅、省人力资源社会保障厅、省交通运输厅、省商务厅、省总工会、团省委、省妇联等负责）

五、完善保障机制，切实抓好组织实施

（一）强化政府责任。各级、各部门要切实履行政府促进就业责任，各级政府主要负责同志为本地区就业工作第一责任人。要进一步完善就业工作目标责任制，将就业创业工作纳入党政领导班子工作实绩考核。健全就业工作协调配合机制，形成部门合力。鼓励各地积极探索以就业转型支撑经济转型模式，发挥就业对新旧动能转换的支撑作用。加强就业创业政策宣传，创新宣传方式，让就业创业政策家喻户晓。强化督查问责和政策落实绩效评估，健全激励机制和容错纠错机制，对抓落实有力有效的，加大政策和资金倾斜力度，适时予以表彰；对大胆探索、担当尽责、不谋私利，但在依法依规履行职责过程中由于难以预见因素出现失误或错误的，依据有关规定容错免责；对不履行或者不正确履行职责的，依纪依法严肃问责。（省委组织部、省人力资源社会保障厅、省发展改革委、省监察厅、省财政厅等负责）

（二）加强资金保障。按照省与市县事权和支出责任划分的原则，适应就业创业工作需要，合理安排就业创业资金支出，强化资金预算执行和监督，开展资金使用绩效评价，提高资金使用效益。通过政府和社会资本合作（PPP）等多种形式，有序有效引导并带动社会资本扩大就业创业服务供给，带动全社会参与支持就业创业工作。加强就业创业资金监管，研究制定资金管理使用风险防控办法，确保资金安全运行。（省财政厅、省人力资源社会保障厅等负责）

（三）加强就业统计监测和形势研判。完善统计监测制度，为新旧动能接续转换提供趋势性数据分析。积极探索利用大数据技术开展就业监测，扩大就业数据信息来源，逐步实现统计、经济和信息化、人力资源社会保障、教育、民政、公安、财政、工商、税务等部门数据的互联共享，为加强形势研判、落实完善政策、实施精准服务提供有力支撑。加强部门与研究机构、市场分析机构的密切协作，建立完善就业数据与宏观经济、行业经营等数据以及社会机构相关数据交叉比对机制，提高就业形势监测和分析能力。（省统计局、省经济和信息化委、省教育厅、省公安厅、省民政厅、省财政厅、省人力资源社会保障厅、省地税局、省工商局、省国税局、国家统计局山东调查总队等负责）

（四）防范化解失业风险。增强风险意识和底线思维，落实失业动态监测、预测预警和预防调控工作机制，根据就业失业重点指标、人力资源市场供求、宏观经济运行等变化，及早发现异常情况和潜在风险。对出现严重规模性失业风险的地区，适时发布预警信息和启动应急预案，通过提高稳岗补贴标准、开展以工代赈、组织跨地区劳务对接、合理降低企业人工成本、阶段性延长领取失业保险金期限、开展生活帮扶等措施，化解失业风险。（省人力资源社会保障厅、省发展改革委、省民政厅、省财政厅、省商务厅、省工商局、人民银行济南分行等负责）

山东省人民政府

2017 年 9 月 11 日

山东省人民政府
关于推进普惠金融发展的实施意见

鲁政发〔2017〕14号

各市人民政府，各县（市、区）人民政府，省政府各部门、各直属机构，各大企业，各高等院校：

为贯彻落实《国务院关于印发推进普惠金融发展规划（2016—2020年）的通知》（国发〔2015〕74号），积极推进普惠金融发展，逐步建立与我省经济社会发展相适应的普惠金融服务体系，不断提高金融服务的覆盖率、可得性和满意度，提出如下实施意见。

一、发展目标

全面贯彻党的十八大和十八届三中、四中、五中、六中全会精神，紧紧围绕创新、协调、绿色、开放、共享的新发展理念，落实供给侧结构性改革要求，着力增加普惠金融服务和产品供给，不断改善小微企业、农民、城镇低收入人群、贫困人群和残疾人、老年人等特殊群体金融服务，持续提升普惠金融服务的覆盖率、可得性和满意度，为全省实施新旧动能转换重大工程贡献金融新动能。到2020年，建立与我省全面建成小康社会相适应的普惠金融组织机构体系、产品服务体系、扶持政策体系、消费者保护体系和协调保障体系，努力实现普惠金融服务能力和服务水平走在全国前列，使最广大人民群众公平分享金融改革发展的成果。

（一）提高金融服务覆盖率。实现乡乡有机构，村村有服务，乡镇一级实现银行物理网点和保险服务全覆盖，完善和优化助农取款服务村级覆盖网络，扩大助农取款服务点的影响力，提高使用率。拓展城市社区金融服务广度和深度，显著改善城镇企业和居民金融服务的便利性。

（二）提高金融服务可得性。大幅改善对城镇低收入人群、失业人员、困难人群以及农村贫困人口、创业农民、创业大中专学生、残疾劳动者等初始创业者的金融支持，完善对特殊群体的无障碍金融服务。提高小微企业和农户贷款覆盖率，实现小微企业和涉农贷款持续增长。提高小微企业信用保险和贷款保证保险覆盖率，力争农业保险参保农户覆盖率提升至95%以上。

（三）提高金融服务满意度。有效提高各类金融工具的使用效率。开展广覆盖、全方位、形式多样的金融需求对接，提高小微企业和农户信用档案建档率。规范金融机构经营行为，有效降低金融服务投诉率，进一步提高小微企业和农户申贷获得率和贷款满意度。

二、基本原则

（一）市场主导与政府引导相结合。坚持市场化运作与政府扶持相结合，尊重市场规律，突出商业可持续，充分发挥市场在金融资源配置中的决定性作用。更好地发挥政府在统筹规划、组织协调、均衡布局、政策扶持等方面的引导作用，健全激励约束机制，实现普惠金融可持续发展。

（二）统筹规划与因地施策相结合。突出政策统筹，建立全省普惠金融发展推进机制，健全完善各项财政、税收、金融政策体系，有序推进普惠金融发展。鼓励结合实际大胆探索，先行先试，优先解决欠发达地区、薄弱环节和特殊群体的金融服务问题。

（三）基础服务与改革创新相结合。依托金融机构服务网点和渠道发展，加大对金融服务薄弱环节的渗透，满足各层次不同主体的基础金融服务需求。发挥金融机构产品和服务方式创新主体作用，降低金融服务成本，不断提升金融服务广度和深度。

（四）规范发展与防范风险相结合。坚持发展与规范并行，合理平衡业务风险与社会效益，加强金融风险防控，注重重点领域和薄弱环节的风险控制，维护金融稳定，保障金融安全。

三、建立健全多元化、广覆盖的普惠金融机构体系

（一）优化完善银行业市场体系。鼓励开发性、政策性银行创新与其他金融机构合作方式，降低小微企业贷款成本。充分发挥国开行、农发行功能定位和金融优势，大力支持扶贫开发、棚户区改造、新型城镇化、现代农业和水利、农业农村基础设施等项目建设。引导进出口银行支持进出口贸易，创新服务中小微企业开拓国际市场，促进开放型经济发展。鼓励大中型商业银行设立普惠金融事业部，国有大型银行要率先做到，实行差别化考核评价办法和支持政策。鼓励商业银行建设面向“三农”、小微企业的专营机构和特色支行，支持中小银行批量申报组建社区支行和小微支行，提高小微金融服务的批量化、规模化、标准化水平。支持农业银行向县域和基层延伸“三农金融事业部”，提升“三农”金融服

务水平。引导邮储银行稳步发展小额涉农贷款业务，逐步扩大涉农业务范围。加快推动地方法人银行转型发展，充分发挥管理层级少、贴近客户、机制灵活等优势，着力做好“三农”和小微企业金融服务。支持城市商业银行审慎开展综合经营，增强单体综合实力，强化服务地方、服务中小企业、服务社区的市场定位，实现县域网点全覆盖。推动省联社加快履职转型，强化服务功能。持续推动农村商业银行完善治理结构，强化支农市场定位。支持村镇银行在乡镇布设网点、拓展业务。积极培育发展民营银行。

（二）规范发展各类新型机构。支持发起设立主要服务小微企业和“三农”的金融租赁公司和融资租赁公司，更好满足小微企业和涉农企业设备投入与技术改造融资需求。加快组建消费金融公司，促进汽车金融公司发展，激发消费潜力，促进消费升级。支持发展以政府出资为主的融资担保机构或基金，健全农业信贷担保体系，强化再担保机构功能定位，发挥好融资担保机构股权投资基金的引领带动作用。鼓励社会资本在县域发起设立小额贷款公司、融资担保公司、典当企业等机构，增强资本实力，找准市场定位，发挥小额、分散、便捷优势，提升普惠金融服务能力。深化新型农村合作金融改革试点，积极探索新型农村合作金融发展的有效形式，不断提高试点质量，适时扩大试点规模，初步建立起与山东农村经济相适应、运行规范的新型农村合作金融框架。加强农民合作社的规范化建设和管理，规范发展农民合作社及贫困村内部资金互助业务。规范发展民间资本管理机构、民间融资登记服务机构，推动民间资金供需规范有序对接，促进民间资金有效转化为民间资本，更好地支持创新创业。

（三）稳步构建多层次资本市场服务体系。大力培育挂牌上市主体，支持符合条件的中小微企业、涉农企业在境内外资本市场上市或在全国中小企业股份转让系统、区域股权交易中心挂牌，拓宽企业融资渠道。鼓励和引导符合条件的小微企业和涉农企业在银行间市场发行短期融资券、中期票据、中小企业集合票据等非金融企业债务融资工具，支持符合条件的中小微和涉农企业发行公司债券进行直接融资，降低融资成本。引进培育农业种子基金、农业风险投资基金、涉农私募股权基金、“三农”并购基金、农业产业投资基金，规范新兴产业创业投资基金、天使投资引导基金等政府性引导基金运作，引导社会资金积极参与，促进种子期、初创成长型中小微企业和战略性新兴产业加快发展。

（四）建立完善多形式的保险保障体系。支持和吸引各类资本在山东发起或参股设立专业化、特色化法人保险机构。优化各地保险机构网点布局，持续加大对农村保险服务网点的资金、人力和技术投入，健全“三农”保险服务体系。鼓励保险机构向乡、村两级延伸保险服务网络，推进保险人员、产品、服务“三下乡”。培育发展相互保险、自保公司等新型市场主体，启动农村保险互助社的试点工作。探索培育服务社区的社区性保险机构。完善保险中介市场，鼓励具有技术优势且服务于普惠金融发展的保险中介机构加快发展，引导各类保险中介机构实现规范化、专业化、规模化、集约化发展。加强与保险资产管理机构对接，扩大保险资金投资渠道，引导保险资金以适当方式服务于城镇化建设、“三农”和小微企业发展。

（五）规范发展“互联网+”普惠金融。借助数据信息技术，降低普惠金融的信息、经营和管理成本，实现商业可持续发展。鼓励金融机构利用大数据、云计算等信息技术手段，提高金融服务的电子化水平，打造互联网金融服务平台，降低运营成本，向农村地区延伸金融服务。鼓励金融机构与互联网企业开展多元化合作，实现优势互补，紧密结合小微企业和“三农”金融需求，创新产品、服务和商业模式，提升服务效率和水平。鼓励金融机构成立互联网金融专营事业部或独立法人机构。鼓励金融机构与网络支付机构服务电子商务发展。规范发展互联网金融组织，明确行业准入标准和从业行为规范，落实信息披露制度，提高普惠金融服务水平，降低市场风险和道德风险。组建山东省互联网金融协会，加强互联网金融行业自律，促进互联网金融组织规范健康发展。

四、聚焦普惠金融服务主体加快金融创新

（一）改进小微企业金融服务。鼓励金融机构创新小微企业金融产品和服务方式，改造信贷管理制度和信用评级模型，合理设定授信准入门槛，创新动产质押、知识产权质押等担保方式。鼓励开展基于风险评估的续贷业务，推广循环贷款、年审制贷款、小额信用贷款等便利借款人的信贷产品和微贷管理技术。推进银税合作模式，探索实施小微企业和新型经营主体主办银行制度。加大对科技创新创业企业的金融支持，不断完善科技金融服务体系，优化科技金融供给结构，对不同发展阶段科创企业采取分类施策的支持方式，逐步打造覆盖科创企业全生命周期的金融服务模式。鼓励设立科技支行和科技金融专营机构，支持符合条件的银行业金融机构开展“投贷联动”业务。支持地方法人金融机构发行小微企业金融债和“三农”金融债。引导银行业金融机构根据自身风险状况和内控管理水平，适度提高小微企业不良贷款容忍度。落实小微企业贷款尽职免责制度，制定小微企业金融服务从业人员尽职免责办法。鼓励商业银行与保险公司合作，探索以信用保险、贷款保证保险等产品为主要载体，多方参与、风险共担的经营模式，有效缓解中小微企业融资难、融资贵问题。

（二）提高农村金融服务水平。持续加大农村金融资源投入，研究落实银行业金融机构本地存款主要用于本地、农村存款主要用于农业农村的具体措施。引导和调动更多金融资源投向农村基础设施建设、农业设施装备、新型城镇化等重

点领域，支持现代农业、绿色农业、休闲农业发展，支持农产品加工业转型升级、农产品流通设施建设和美丽宜居乡村建设，大力支持发展农业“新六产”，促进农村第一、二、三产业融合发展。积极探索低成本、可复制、易推广、符合我省特点的农村金融产品和服务方式，创新“三农”服务专门机构和业务模式，推广“涉农龙头企业+上下游种养殖户/经销商”“企业+农民合作社/家庭农场/基地+农户”等农业产业链融资模式，稳妥有序推进农村“两权”抵押贷款试点，积极发展大型农机具、海域使用权、林权抵押贷款等信贷产品，支持重点农业基地、林业基地等建设。引导涉农金融机构定向扶持种养大户、家庭农场、专业合作社、产业化龙头企业等新型农业经营主体，加大农业创业创新示范基地、大学生农村创业特色产业示范平台、农民工返乡创业园、电商示范村等各类创业孵化基地和创业示范园区的金融支持，提供一揽子、综合性金融服务。深入实施农村金融服务“三大工程”，加快推进富民惠农金融创新。

（三）提升保险服务的普惠功能。加快发展农业保险，重点发展关系国计民生和粮食安全的农作物保险、主要畜产品保险、重要“菜篮子”品种保险和林果、森林保险，推广农房、农机具、设施农业、渔业、制种保险等业务。在中央财政补贴险种基础上，拓宽农业保险覆盖面和品种，积极探索开展枣、茶叶、葡萄、大小拱棚、中药材等具有我省生产特色的保险险种，满足不同层次农民投保需求。鼓励商业保险机构为低保对象、特困供养人员等经济困难及低收入人群、残疾人等特殊群体提供人身意外伤害保险、商业补充医疗保险和医疗救助服务，围绕失能老年人开发护理保险等保险产品，推动商业保险在养老、护理、健康等领域扩大服务范围。支持商业保险机构承办大病保险，开发多样化的健康保险产品，搞好与基本医疗保险、大病保险、医疗救助的衔接，进一步提高人民群众的医疗保障水平。支持保险机构开展普惠型灾害民生保险、价格指数保险、天气指数保险、巨灾保险业务，最大程度减少灾害保险支出和灾害损失。探索建立重大自然灾害风险保险和农业大灾风险保险分散机制，健全保险经营机构与灾害预报部门、农业主管部门的合作机制。鼓励开展特色农业保险和农产品安全责任保险。在有效控制金融风险的前提下，大力推进科技保险、“政银保”贷款保证保险，支持开展多种形式的互助合作保险。探索保险资金投资我省创业投资基金、私募股权基金的有效途径。

（四）改善民生金融服务。大力发展农村民生金融业务，发挥创业担保贷款的政策扶持作用，完善创业担保贷款管理办法，切实加大对符合条件的城镇登记失业人员、就业困难人员、高校毕业生（含服务基层项目大学生和留学回国学生）、返乡创业农民工、妇女、残疾人等重点群体，以及符合规定条件小微企业的信贷支持力度。稳步扩大创业担保贷款规模，拓宽业务覆盖面。完善生源地助学贷款政策，适当提高助学贷款的资助标准，提高助学贷款满足率。开发适合残疾人、老年人等特殊群体特点的金融产品，引导有条件的金融机构设立无障碍服务网点，完善电子服务渠道，探索实施特殊人群上门服务。加大保障性住房金融支持，优先满足居民首套和改善性住房贷款需求。创新供应链金融、消费金融等适合现阶段弱势群体金融需求特点的信贷技术。规范金融机构经营行为，推进金融服务收费规范化、标准化、分类化建设。最大限度地调整、合并、取消各种同质同类的服务收费项目，缩短企业融资链条，降低企业融资成本。

五、全力推进金融扶贫、打好脱贫攻坚战

（一）加大金融扶贫资金投入。在普惠金融政策基础上，对扶贫开发实施倾斜性金融政策，力推精准扶贫、精准脱贫。实施扶贫信贷工程，用好支农再贷款、扶贫再贷款以及各种政策性贷款支持扶贫工作，完善商业性金融综合服务，有效发挥各类金融机构独特优势，持续加大金融资源投入，保持贫困地区、贫困户信贷投入总量持续增长，实现信贷资金投放与脱贫攻坚项目计划、进度要求相匹配。对符合条件建档立卡贫困户的有效信贷需求实行扶贫小额信贷全覆盖，实现贫困地区各项贷款增速高于全省各项贷款平均增速，贫困户贷款增速高于农户贷款平均增速。合理确定扶贫再贷款使用期限，扶贫再贷款执行比支农再贷款更优惠的利率，为金融机构支持脱贫攻坚提供稳定的低成本资金来源。优化调整贫困地区贷款结构，鼓励开发性、政策性金融机构增加中长期贷款，引导商业性银行业金融机构在风险可控、商业可持续的前提下加大对贫困地区基础设施建设的支持力度，进一步提高中长期贷款比重，推动贫困地区基础设施早建成、早见效、见长效。

（二）精准聚焦扶贫重点领域。精准对接扶贫对象和扶贫项目的融资需求，突出重点、分类施策。着力满足符合条件建档立卡贫困户的扶贫小额信贷需求，以乡镇为单位全面实行银行“包干服务”制度，保证信贷资金精准到户。加大对产业扶贫、电商扶贫、乡村旅游扶贫、光伏扶贫等特色产业项目的信贷支持，积极支持能吸收贫困人口就业、带动贫困人口增收的特色产业发展。做好易地扶贫搬迁金融服务，精准对接易地扶贫搬迁的贫困人口安置、安居和就业创业各阶段的金融服务需求。加大对 2 个贫困人口集中的市（菏泽、临沂）、20 个脱贫任务比较重的县（市、区）、200 个重点扶持乡镇、2 000 个扶贫工作重点村等重点地区脱贫攻坚的支持力度。支持贫困地区交通、水利、电力、能源、生态环境建设等基础设施和文化、医疗、卫生等基本公共服务项目建设，支持农村危房改造、人居环境整治、新农村建设等民生工程建设。推进实施教育扶贫，加大对贫困家庭学生助学贷款、贫困人口创业就业的信贷支持力度。稳步拓宽精准扶贫多元化

融资渠道，鼓励保险资金以债权、股权、资产支持计划等多种形式，积极参与贫困地区基础设施、重点产业和民生工程建设，从大病扶贫、农险扶贫、产业扶贫等方面发挥保险在精准扶贫中的作用。

（三）完善金融扶贫工作机制。实施多方联动增信工程，鼓励市、县级政府设立扶贫贷款风险贴息和补偿基金，建立“政府+担保+银行+保险”四方联动机制，完善金融扶贫工作推进、成效考核、监测统计等机制建设。建立健全与脱贫攻坚战相适应的金融服务体制机制，找准服务定位，发挥好开发性金融、政策性金融和商业性金融在扶贫开发中的互补作用。鼓励国开行、农发行加大贫困地区基础设施、公共服务设施、移民搬迁、生态保护、教育扶贫、黄河滩区脱贫迁建、彭楼灌区扩建工程等领域的资金投放，支持改善贫困地区、贫困人口生产生活条件。支持其他涉农银行业金融机构成立扶贫工作专门组织体系，建立扶贫专项工作机制，对目标任务、责任划分、进度计划、信贷政策、业务授权、金融创新、资源配置、跟踪督查等进行统筹安排。支持商业银行以政策扶持为支撑，主动对接扶贫开发项目，通过市场机制加大对贫困地区主导产业、优势产业、农业现代化以及新型农业经营主体发展规模化生产的支持力度。

六、打造国内领先的普惠金融基础设施

（一）优化农村支付环境建设。规范“村村通”金融服务点，提升服务功能，支持银行机构在乡村布放 POS 机、自动柜员机等电子机具，充分利用移动互联网技术，进一步向乡村延伸银行卡受理网络。鼓励银行机构和非银行支付机构面向全省农村地区提供安全、可靠的网上支付、手机支付等移动金融服务，开展金融 IC 卡技术创新，拓展金融 IC 卡在公共交通等公共服务领域的应用。支持网络支付机构与电子商务平台对接，拓展医疗卫生、交通罚款、生活缴费等公共缴费市场，提供小额、便民、快捷的支付服务。支持村镇银行等农村金融服务机构和网点采取灵活、便捷的方式接入人民银行支付系统或其他专业化支付清算系统。鼓励商业银行代理农村地区金融服务机构支付结算业务。支持农村支付服务市场主体多元化发展。探索通过财政补贴、降低电信资费等方式，支持偏远、特困地区的支付服务网络建设。

（二）健全普惠金融信用信息体系。落实《山东省社会信用体系建设工作方案》要求，以农村和小微企业征信数据库建设为切入点，加快推进农户、小微企业和城镇低收入人群等电子信用档案建设，加强信用信息归集和管理工作，持续开展小微企业信用评价和“信用户”“信用村”“信用乡镇”评定及结果应用，提高信用信息建档率。到 2020 年，实现全省农户和企业信用信息采集和查询服务全覆盖。加快推进全省信用体系建设，公安、司法、工商、海关、环保、人力

资源社会保障、住房城乡建设、质监、农业、交通运输、公用事业、卫生计生等部门利用现有信息化系统，依法采集农户、城镇低收入人群和小微企业的政务信息，通过省公共信用信息平台及山东省域征信服务平台，推动政务信息与金融信息互联互通。积极培育从事小微企业和农民征信业务的征信和评级机构，支持有资质的征信机构、信用评级机构依法采集信用信息，构建多元化信用信息收集渠道。扩充金融信用信息基础数据库接入机构，稳步推进符合条件的保险机构、村镇银行、小额贷款公司、民间资本管理机构、民间融资登记服务机构、融资性担保机构、融资租赁企业、典当企业、互联网金融机构等接入人民银行征信系统，降低普惠金融服务对象征信成本。

（三）建立普惠金融监测统计体系。加强普惠金融指标设计和基础数据统计，科学设定普惠金融发展指标内容，在整合现有各部门涉及的普惠金融管理数据基础上，建立涵盖金融服务可得情况、使用情况、服务质量的符合山东实际的统计指标体系。开展普惠金融专项调查和统计，探索将普惠金融服务调查纳入社会人口、经济普查等调查活动，全面掌握普惠金融服务基础数据和信息。建立普惠金融发展动态评估和考核机制，从区域和机构两个维度，对普惠金融发展情况进行全面评价，督促持续改进普惠金融服务工作。

（四）构建专业化金融服务中介体系。注重发挥齐鲁农村产权交易中心作用，建立健全省市县三级农村产权要素交易平台，有效归集利用农村产权登记信息；建立健全土地经营权、宅基地使用权、林权等各类产权要素的确权颁证、价值评估、抵押登记、交易流转和风险处置机制，有效盘活农村现有资源。探索建立以互联网为基础的集中统一的自助式动产、权利抵质押登记平台，推动开展动产抵质押融资业务。建立省级农业保险管理信息平台，有效对接全国农业保险管理信息平台。培育发展农村资产评估、资信评级、融资咨询、保险经纪等中介服务组织，逐步构建专业化的中介服务体系。

七、健全普惠金融政策激励和风险补偿机制

（一）强化发展普惠金融的政策激励。充分发挥财政资金引领和杠杆作用，逐步优化我省金融发展资金管理办法，重点向普惠金融领域倾斜。完善农村金融机构定向费用补贴、县域金融机构涉农贷款增量奖补政策，引导和鼓励金融机构加大对“三农”信贷投放，扩大农村金融服务覆盖面。认真落实中央财政林业贷款贴息政策，优化财政涉农资金供给机制，支持贫困地区统筹整合使用财政涉农资金。进一步发挥创业担保贷款、小额扶贫信贷等政策优势，服务下岗再就业人员、返乡农民工、创业大学生、贫困人口等就业困难群体。积极支持中小企业拓宽融资渠道，对在境内外资本市场上市或在全国中小企业股份转让系统、区域性

股权交易市场挂牌的涉农和中小微企业，按有关规定进行奖励。鼓励各级财政通过贷款贴息、风险补偿、以奖代补等政策措施，激励和引导各类机构加大对小微企业、“三农”和民生尤其是精准扶贫等领域的支持力度。鼓励有条件的市、县（市、区），对在县域及以下新设专门服务于“三农”、小微企业、科创企业等普惠群体的专营机构、特色支行、保险公司营销服务部、营业部，按规定给予一次性新设奖励，对金融机构注册登记、房产确权评估等给予政策支持。严格落实小微企业和“三农”贷款相关税收优惠和补贴扶持政策，对普惠金融成效明显、贡献突出的金融机构，在税收优惠、财政奖励等各方面给予政策倾斜。

（二）完善风险分担补偿机制。完善省市县级小微企业、“三农”等风险分担与补偿机制，推广企业、政府、银行和保险、担保等机构相互合作的金融服务命运共同体模式，优化普惠金融服务的配套机制。落实有关政策要求，对符合条件的小微企业、涉农企业和扶贫贷款损失，由担保机构、合作银行和财政资金，按分担比例共同承担。积极推动“政银保”合作模式，鼓励金融机构通过保险增信扩大对中小微企业、农业种养大户和农村各类生产经营性合作组织以及城乡创业者的信贷投放，财政部门按有关规定给予保费补贴、超额风险补偿及贷款本金损失补偿。建立从事小额信贷业务金融机构的风险补偿和正向激励机制，完善政府主导的多层次农业信贷担保体系，鼓励银行机构与具有政策性背景的担保机构开展业务合作，构建政银担合作新模式。

（三）严密防控金融风险。各级政府要切实承担起金融风险防控和处置第一责任人的责任，加强对各类金融风险的监测预警，加大各类风险隐患排查和化解力度，及时开展重点领域金融风险专项整治，严厉打击非法集资、非法证券等违法违规金融活动和金融欺诈行为，整顿规范金融秩序，依法妥善处置金融风险事件，加强金融风险舆情应对，筑牢金融风险“防火墙”，防止风险传染，坚决守住不发生系统性金融风险的底线。落实地方政府维护区域金融生态环境的主体责任，加大对恶意逃废债、暴力催收等危害地方金融生态环境行为的打击力度，加强失信行为惩戒，维护良好的金融生态环境。创新完善诉讼外金融纠纷处置工作机制，提高金融纠纷案件审结效率，解决金融案件积压和执行难问题。

八、发挥中央金融监管与地方金融监管的政策合力

（一）发挥货币政策引导作用。积极运用差别化存款准备金等货币政策工具，鼓励和引导金融机构更多地将新增或者盘活的金融资源配置到小微企业和“三农”等领域。完善再贷款、再贴现政策管理，进一步增强支农支小再贷款、扶贫再贷款、再贴现支持力度，加强再贷款、再贴现资金使用情况的监督和考评，引导金融机构扩大涉农、小微企业信贷投放，降低社会融资成本。积极运用信贷资

产证券化、不良资产证券化、小微企业金融债、“三农”金融债等方式，提升金融机构支持小微企业和“三农”发展的资金实力，增加金融服务有效供给。

（二）实施差异化金融监管政策。强化正向激励导向，从业务和机构两个方面采取差别化监管政策，将普惠金融推进工作与监管评级、市场准入、高管履职评价等挂钩，引导金融机构将金融资源向普惠金融薄弱群体和领域倾斜。推动落实有关提高小微企业和“三农”不良贷款容忍度的监管要求，落实尽职免责相关制度。对贫困地区设立分支机构和服务网点，实行更加宽松的准入政策。加强对小微企业和“三农”贷款服务、考核和核销方式的创新，用好用足核销政策。积极发挥全国中小企业股份转让系统、区域性股权市场、债券市场和期货市场作用，引导证券投资基金、私募股权投资基金、创业投资基金增加有效供给，丰富中小企业和“三农”的融资方式。支持保险公司开拓县域市场，对其在县域基层或落后地区设立分支机构适度放宽条件、优先审批。

（三）健全完善地方金融监管体系。推动《山东省地方金融条例》贯彻实施，完善地方金融组织监管细则和考核奖励办法，引导推动小额贷款、融资担保、民间融资、交易市场、农村信用互助等地方金融组织不断放大普惠金融服务功能。促进互联网金融规范发展，制定出台 P2P 网络借贷、互联网私募股权等监管细则，建立健全衔接紧密、切实有效的互联网金融监管服务体系，为充分发挥互联网金融普惠作用创造条件。

（四）加强政策措施协调配合。加强各类政策的衔接和配合，统筹整合各类普惠金融发展扶持政策，增强各项政策的一致性和系统性，共筑政策支撑合力。建立多部门、跨行业的普惠金融发展联席会议机制，加强驻地中央金融监管部门和地方金融监管部门的协调配合，提高金融监管政策的实施效果。完善普惠金融发展信息交流共享平台和普惠金融运行分析、执法协作平台，加快形成条块结合、运转高效、无缝衔接、全面覆盖的普惠金融发展监管协调机制，着力提升监管有效性。

九、构筑普惠金融教育与消费者权益保护长效机制

（一）加大金融知识普及宣传力度。加强金融知识普及教育系统规划，统筹政府措施和民间行动，建立以各级政府为主导、消费者权益保护部门为依托、金融机构广泛参与、各类社会组织积极活动的全民全面金融知识教育模式，广泛利用电视广播、书刊杂志、数字媒体等渠道，多层面、广角度长期有效普及金融基础知识。实施基础金融知识扫盲工程，针对城镇低收入人群、失业人员、困难人群，以及农村贫困人口、创业农民、创业大中专学生、残疾劳动者等初始创业者开展专项教育，使其掌握符合需求的金融知识，推动金融知识进社区、进企业、

进乡村。注重培养社会公众的信用意识和契约精神。建立金融知识教育发展长效机制，将金融知识宣传和投资者教育逐步纳入国民教育体系，推动大中小学积极开展金融知识普及教育，鼓励高校开设金融基础知识相关公共课。

（二）培育金融消费者风险防范意识。持续开展“金融知识进万家”“金融知识普及月”“3·15金融消费者权益日”和“保险公众宣传日”等活动，强化金融风险宣传教育，提高公众金融风险防范意识。以金融创新业务为重点，针对金融案件高发领域，运用各种新闻信息媒介开展金融风险宣传教育，提高公众对非法集资行为的认知度和辨识度，增强群众风险防范意识与能力。推动培养金融消费者“收益自享、风险自担”观念，重点加强与金融消费者权益有关的信息披露和风险提示，引导金融消费者根据自身风险承受能力和金融产品风险特征理性投资与消费。

（三）加强金融消费者权益保护。督促金融机构落实在客户权益保护方面的义务与责任，切实担负起受理、处理金融消费纠纷的主体责任，不断完善工作机制，改进服务质量。建立完善金融消费者权益保护协调机制、金融消费者权益争议处理机制和监管执法合作机制。畅通金融机构、行业协会、监管部门、仲裁、诉讼等金融消费争议解决渠道，发挥非诉第三方社会组织在解决金融纠纷中的重要作用，逐步建立符合基层实际的多元化金融消费纠纷解决机制。强化行业自律。加强金融消费者权益保护监督检查，及时查处侵害金融消费者合法权益行为。

十、完善普惠金融发展保障机制

（一）加强组织保障。建立省金融办、山东银监局、人民银行济南分行、省扶贫办、省发展改革委、省经济和信息化委、省民政厅、省财政厅、省农业厅、省商务厅、省林业厅、省公安厅、省人力资源社会保障厅、省教育厅、省残联、山东证监局、山东保监局等单位共同参加的山东省推进普惠金融发展工作联席会议制度，统筹推进普惠金融工作，制定普惠金融发展政策，协调解决重大问题，推进规划实施和政策落实，防范化解金融风险。联席会议办公室设在省金融办，具体负责联席会议日常工作，各成员单位按照工作职责各负其责、协同推进，根据职责分工完善并推动落实各项配套政策措施。各市要加强组织领导，建立相应的普惠金融发展工作协调机制，结合本地经济金融发展实际，制定具体落实方案，细化支持政策和配套措施，扎实推进各项工作。工作推进中出现的新情况、新问题要及时报联席会议办公室。

（二）实施专项工程。围绕普惠金融发展重点领域、重点人群，集合资源，大力推进金融知识扫盲工程、移动金融工程、就业创业金融服务工程、金融扶贫工程、大学生助学贷款工程等专项工程，促进普惠金融加快发展。各市可在风险可控、依法合规的条件下，探索普惠金融创新先行先试，探索发挥基层组织在推进普惠金融发展中的作用。

（三）强化政策监督落实。研究建立普惠金融发展统计指标体系，制定普惠金融发展考核评价标准。将推进普惠金融发展工作纳入全省金融业发展绩效考核框架。建立推进普惠金融发展监测评估体系和统计信息共享机制，加强对推进普惠金融发展的动态监测与跟踪分析，适时对普惠金融发展贯彻落实情况、目标完成情况进行督导检查。

各市、各有关部门要结合各自实际，制定本地、本部门具体落实意见，切实加大普惠金融发展的推进力度。

山东省人民政府

2017 年 6 月 16 日

（此件公开发布）

案例篇

新模式领航新动能，
韩都衣舍打造互联网品牌生态运营平台

韩都衣舍电子商务集团股份有限公司（简称韩都衣舍），创立于2006年，是互联网服饰品牌第一股。经过十余年发展，韩都衣舍已经由一个淘宝小卖家一跃成为国内最大的互联网品牌生态运营集团。目前，集团拥有员工2 400余人，运营品牌超过200个。

韩都衣舍是互联网世界具有标杆价值的电商企业。2012—2016年，韩都衣舍连续5年在国内各大电子商务平台的互联网服饰行业综合排名均排第一。2017年5月，韩都衣舍在首个“中国品牌日”成功入选“CCTV中国品牌榜”，同年获得“中国淘系品牌百强榜单第一名”。集团先后获得中国互联网服装品类领导品牌、中国品牌建设案例金象奖金奖、中国企业营销金麦奖等百余大奖和荣誉称号，成为业内学习和研究的对象。

目前，集团主要从事自由品牌互联网快时尚服饰的销售，同时为其他电商品牌提供全案的电商运营孵化服务。公司主要在天猫、京东等各大平台销售时尚类服饰产品，产品涵盖女装、男装、童装、中老年服装等类目。公司提供的电商服务包括品牌推广、产品运营、摄影及客服、仓储供应链等相关服务。2016年，韩都衣舍销售额近20亿元，税收突破1亿元。2017年上半年，集团实现利税1.5亿元，同比增幅35%。目前，网站注册人数超过2 000万，拥有粉丝1 500多万，至今仍是天猫粉丝收藏数排名第一的店铺。

在发展的十余年间，韩都衣舍在组织管理、运营体系、发展模式方面都做出了全国关注的实践。在组织管理方面，韩都衣舍独创了以产品小组为核心的单品全程运营体系，并入选清华大学、北京大学、复旦大学等各大名校商学院的经典管理案例库；在运营体系方面，韩都衣舍独创“爆旺平滞”为驱动的C2B运营体系；在发展模式方面，韩都衣舍提出了“二级生态”发展战略，成为电子商务生态进化的创新贡献者。

一、韩都衣舍以创新的方式在互联网上创品牌，创造性地开辟了全新的运营模式，打造了发展新业态，是当下经济发展新动能的崭新模式

韩都衣舍电商集团，立足大数据时代和新商业基础设施，经过创业、创新，

颠覆传统服装运营模式，成为中国互联网服装品牌的标杆企业和领导品牌；同时，向全社会开放独创的生态系统，不断孵化新的互联网品牌，面向全国，乃至全球实现品牌远程运营，带动、倒逼大服饰行业研发、生产、销售、储运、客服等全链数字化升级，取得突出效果。

（1）基于柔性供应链支撑、大数据和商业智能驱动、多款少量快速返单的创新方式取得快速发展，是服装行业依靠新模式成功的范例。

韩都衣舍是在互联网上诞生的品牌，是典型的依靠互联网基因独创新模式成功发展起来的公司。公司依据互联网运营的特点，创造了“多款少量快速返单”的模式；依靠大数据、“爆旺平滞 C2B 的算法”和柔性供应链，使线上运营可以快速、精准发现市场需求；依靠“互联网+柔性供应链智能制造体系”和现代储运系统，实现线下的全链数字化运营，以快速满足市场需求。企业颠覆了服装行业传统的生产模式，全年可上线 3 万款以上的服装，并实现了首单小单化（一般多尺码多颜色 200~500 件，传统需要 1 万至数万件）、当季服装当季多次返单（传统必须提前 2 个季节）。其下单到入库流程只需 7 到 12 天，四季平均 20 天。公司的当季售罄率为 97%，极大提高了运营效率。目前公司创立运营了大小 10 余个品牌，多个品牌位居类目第一。公司于 2016 年 7 月登陆新三板，系国家级电商示范企业。

（2）依靠独创生态系统，以“场内孵化+云孵化”双轮驱动，打造互联网品牌生态运营集团，实现了强大的行业带动。

韩都衣舍在发展中，打造了包括商业智能、柔性生产、智能储运、韩都大学、网络摄影、韩都客服、韩都运营、韩都伙伴、韩都动力在内的九大支撑体系。它们是线上运营的直接支持体系。2016 年，韩都衣舍开启“二级生态”战略模式，将生态体系正式对外开放，影响良好。

①场内孵化是指企业免费接收各类互联网品牌创业者进驻孵化基地智汇蓝海创业。创新点在于，这是一个“生态赋能型孵化器”，除了良好的空间，更加重视针对创业痛点的“软件建设”和“赋能能力建设”。该孵化器不仅全面导入韩都衣舍的生态能力、资源影响和实战能力，还打造独立的孵化生态能力；依托与政府合作的“GCP 模式”导入政府资源和服务，依托鲸灵会系列活动建立自生态；不断创新工具，全面赋能创业者。该孵化器显著区别于一般的房租性、投资性、地产性孵化器，成为真正的创业孵化基地。开办不到一年，基地在孵企业数量多达 117 家，其中十几家获得投资，30%创业公司盈利。

②云孵化是指突破地域限制、极具互联网特色的“互联网品牌孵化的创新”，实现了对大服饰行业的强大带动。云孵化主要面向国内乃至全球的互联网品牌、传统转线上品牌、工厂品牌、国际品牌、“网红”品牌等进行“跨空间”孵化。

韩都衣舍通过运营合作方天猫、京东旗舰店、专卖店切入，对以上品牌逐步进行生产、客服、储运、摄影、品牌建设等全链运营。通过韩都衣舍的运营，以上品牌逐渐实现传统基因向互联网基因的转变，升级为互联网电子商务公司，最终实现品牌成长壮大、市场占有率扩大和长久发展。2016 年至今，韩都衣舍累计云孵化近 200 个品牌，绝大多数取得良好业绩。

经过近一年的尝试，韩都衣舍“二级生态”已经为超过 200 个品牌提供服务。其中，集团自有品牌有 10 余个，且多个品牌在类目中位居前列；场内孵化品牌 138 个，已经帮助入孵企业实现了接近亿元的融资；云孵化品牌 74 个，包括德国、意大利、韩国、日本等 6 个国家的 10 多个品牌，大多数品牌都实现了销售额的翻倍增长。同时，这种模式已经在小家电领域（青岛海氏）、大健康领域（诺泰）实现复制。

（3）开创了“互联网+柔性智能生产体系”，通过运营数据和需求数据输出，打造“数字发动机”，带动传统服装生产、纺织企业互联网升级。

韩都衣舍强大的市场运营能力和生态体系，对传统服装制造、纺织企业产生了巨大的影响。互联网运营需要精准、快速的生产，传统的生产方式远不能满足。韩都衣舍摸索创造了柔性供应链体系，通过原创的 SCM \ SRM 等 10 多个智能系统，实现了工厂的改造升级，突破性地实现了服装的快速返单、当季生产、精准生产、柔性协同等。目前，韩都衣舍的柔性供应链分布在广东、浙江、山东三地，服装企业约 240 家，拉动就业 5 万人。

2017 年 1 月 10 日，智汇蓝海孵化基地举办创新模式研讨会，来自复旦大学、山东大学、阿里巴巴研究院、国家省市商务主管部门、国家电商协会、创客联盟的专家一致认为：韩都衣舍的创新，目前效果显著，创新点多，具有可复制性、可推广性。

二、韩都衣舍的未来发展规划

韩都衣舍创造的新模式、新业态，受到了全国的强烈关注，目前已经入选北京大学、清华大学、中国人民大学、复旦大学、浙江大学、山东大学、中国海洋大学、长江商学院、中欧国际商学院等著名学府 MBA、EMBA 案例库，多次获得全国优秀案例。

（1）力争十年内运营 1 000 个品牌，推动济南成为服饰品牌的集聚地和运营中心、数据获取以及分析中心。通过“二级生态”运作模式，力争在十年内实现运营 1 000 个品牌的目标，其中包括 200~300 个国外品牌，从而实现集团年交易 2 000 亿，创造和带动就业 100 万个的目标。通过这种路径实现大时尚领域的“新商业时代升级”，推动中国服饰全产业链的数字、智能化升级，从而打造中国具有标杆意义的新领军产业。

（2）进军跨境电商，实现“买全球、卖全球”的公司战略格局。韩都衣舍于2013年就已经通过阿里巴巴速卖通接触海外市场，其主力拓展渠道是淘宝的海外销售渠道 Lazada 和 Paytm，范围包括新加坡、马来西亚、澳大利亚等国，自5月15日开通试运营以来，取得了良好的效果，目前最高日销已近10万。

开拓海外市场，是韩都衣舍的重要战略。成为有全球影响力的时尚品牌是韩都衣舍的发展目标，韩都衣舍最终要成为一个国际化的时尚品牌。所以，在开拓并逐步占有海外市场方面，韩都衣舍的力度会越来越大。同时，作为服务商，韩都衣舍也会与其他时尚品牌合作，以跨境的方式，不断推进，共同拓展海外市场，推动一大批企业实现跨境发展，实现“买全球、卖全球”的集团格局。

（3）规划互联网品牌特色小镇，构建互联网品牌产业集群。依托于九大生态体系，集团正筹划构建集品牌、服务机构、金融、培训等于一体的“互联网品牌特色小镇”。集团计划联合政府、投资机构、房地产开发机构，共同推进这一计划，通过云孵化和跨境电商，担当开放性经济新体制综合试点的排头兵，助力济南探索打造开放型经济发展新优势，发展壮大战略性新兴产业，为社会培养出一批具有高度竞争力的互联网品牌和企业。

案例启示：

韩都衣舍电子商务集团股份有限公司是典型的依靠互联网基因独创新模式成功发展起来的公司，仅用十余年时间就从一个淘宝小卖家一跃成为国内最大的互联网品牌生态运营集团，以及当今互联网世界具有标杆价值的电商企业。该公司立足大数据时代和新商业基础设施，经过创业、创新，颠覆了传统服装运营模式，打造了发展新业态，是当下经济发展新动能的崭新模式。韩都衣舍创造的新模式、新业态，已受到了全国的强烈关注，并希望通过“二级生态”运作模式，继续推动济南成为服饰品牌的集聚地和运营中心、数据获取以及分析中心，通过这种路径实现大时尚领域的“新商业时代升级”，努力推动中国服饰全产业链的数字、智能化升级。

新旧动能转换放大招

——济南华北升降平台制造有限公司

企业简介：

济南华北升降平台制造有限公司（简称华北平台公司）成立于2001年，坐落于济南市济阳县升降平台工业园区220国道旁，占地面积超过6.7公顷，是一家专业研发、制造生产系列液压升降平台的高新技术企业。目前，已经获得国家发明专利20多项，实用新型专利60多项。华北平台公司十分注重人才的引进和培养，先后聘请了哈尔滨工业大学博士、沈阳理工大学硕士、海外硕士、高级工程师等20多名高端人才。通过引进人才，公司能够研发、制造更多高科技产品，在市场上有竞争力和话语权，某些产品走在了国内同行业者的前列。

一、唯有科技，才能促进发展

济南华北升降平台制造有限公司成立于2001年，是济阳县升降平台产业中“师爷级”企业。多年来，华北平台公司非常重视科技发展和知识产权保护，已经获得国家发明专利20多项，实用新型专利60多项。该公司的罗殿华总经理深刻体会到知识产权所带来的企业发展，华北平台公司依靠科技的发展、品牌的建设、专利产品在国际和国内市场占有了一席之地，占有了被市场所认可的份额。这些也为企业带来了快速发展的后劲和正能量。在当今国际、国内市场的激烈竞争下，各项成本都在上升（科研成本、物流成本、人力成本等），所以企业必须发展具有高科技含量的技术产品、诚聘国际国内的英才，以帮助企业开发更多的高科技专利产品、使科技成果转化为先进的社会生产力，助力公司更强劲更稳定的成长。

科技是第一生产力，人才是第一生产力的动力，企业的竞争就是科技的竞争，科技的竞争终归于高端人才的竞争。公司罗殿华总经理非常重视人才的培养，广泛吸纳社会上的高端人才，目的只有一个：建设更加美好的华北公司。

二、唯有创新，方可引领行业

2017年9月，济南华北升降平台制造有限公司隆重推出的高科技产品——麦克纳姆轮全向升降平台在参加中国北京国际工程机械宝马展时获得广泛好评。麦克纳姆轮全向升降平台是为军队、航空、航天、飞机制造、中国高铁等研发制造的高科技产品，部分产品为中国升降平台之乡——济阳绽放光彩。

目前，华北平台公司是国内唯一一家能够自主研发和制造麦克纳姆轮全向升降平台的厂家，拥有包括激光导航、惯性导航、磁条导航、电子电控程序系统、纳姆轮制造等在内的核心技术。麦克纳姆轮全向升降平台是在原有基础上转型升级的智能化高科技产品，也是新旧动能转化先行区、核心区的人工智能化的高科技项目，已申报国家发明专利。麦克纳姆轮中间斜向分布了若干小辊子，其在与地面接触时产生斜向力。多个麦克纳姆轮实现力的组合，实现了直行、横移、斜行、原地旋转等平面内360°任意方向的移动和精确定位，特别适合狭小环境下的灵活运动以及平面内任意方向毫米级的移动。平台台面还可旋转、前后左右伸出，承载重量有1吨、10吨、50吨、100吨，也可根据客户的特殊要求定制。

麦克纳姆轮全向升降平台广泛应用于阿里物流、京东物流、EMS，是实现自动化搬运以及智能物流不可缺少的关键部件。麦克纳姆轮全向升降平台可灵活地通过识别二维码精确定位，分拣运输邮件。麦克纳姆轮全向升降平台还可设置自主导航系统，并用于大型立体车库，根据指令自动行驶，钻入轿车底盘下，然后托起，准确停位，是一种智能移动式机器人。麦克纳姆轮还广泛用于飞机制造，舰船武器搬运，中国高铁、机场、火车站的安装和维修，美的、格力生产线，电力巡检、特种部队打靶、舞台战车、特种叉车、动态垃圾车等，市场潜力巨大。

三、唯有文化，方能立正而走远

济南华北升降平台制造有限公司已成立16年。16年来，华北平台公司也如广大民企一样从小到大走过了不平凡的路，总经理罗殿华回顾过往的岁月：“现在想来，那些困难和挫折都是一笔财富。”1982年，机械制造专业毕业的罗殿华来到济阳县稍门农机修造厂工作。在这里，勤奋能干的他学会车、钳、刨、焊等生产技能。功夫不负有心人，五年后，他成为济阳县稍门农机修造厂厂长。接过厂长担子两年，罗殿华就遇到一难题。20世纪90年代初，中国经济体制开始由计划经济向市场经济转变。农机修造厂原有的生产工艺、技术流程和管理模式与当时的市场要求格格不入。接下来的几年，企业年年亏损，入不敷出。一个偶然的机会，罗殿华发现液压升降平台行业蕴藏着巨大的市场潜力。经过深思熟虑后，他做出了一个大胆的决策，1996年，注册成立了济南华北升降平台制造有限公司。2001年，他率先注册了“天梯”牌商标。16年来，华北人经历了风风雨雨，但华北人始终在罗殿华勤奋能干、笃实创新的精神带领下，不断打造企业文化，不忘初心，风雨兼程，引领企业不断前行。

走进位于济阳县回河镇升降平台产业园的济南华北升降平台制造有限公司，踏入大门，挂在院墙的四排标语，给人留下了深刻的印象。

总经理罗殿华说，“做企业和做人一样，诚实守信最重要。”做生意最忌讳贪小便宜，互惠互利和公平交易才能留住客户。有一回，普莱克斯（上海）工业气体有限公司的员工工作疏忽，汇货款时多汇了七八万元。罗殿华说，发现后，公司立即告知对方并返还多汇的资金。这次合作，华北赢得普莱克斯（上海）工业气体有限公司的信任。此后，该公司的多个订单都让华北制造。

产品质量是企业的生命线，尤其是液压升降平台产品，任何一个技术环节出现技术漏洞都可能酿成使用安全事故。为了严把材料进货关，华北优化进货渠道，坚决不进非正规厂家的材料，所购钢材都达到国家标准。液压升降平台的核心技术是液压传动系统，经过考察，公司引进意大利、德国最先进的液压泵站系统、意大利液压防爆装置和液压自锁装置，极大地提升了产品的科技含量。

每个企业家，都有一颗公益的心。被授予“全国机械工业优秀企业家”光荣称号的罗殿华，在企业的困难时期，还为汶川地震捐出财物近30万元，用于抗震救灾。公司多年来也持续关心救助弱势群体，捐建希望小学等公益事业处处有他们的身影。

案例启示：

在前几年经济有脱实向虚趋势的不良市场风气下，华北平台公司能够坚持16年踏实做实体经济，认真做好升降平台的制造，笃实耕耘在机械装备制造业这个行业，本身就体现了公司领导层矢志不渝、不忘初心的精神。16年来，华北平台公司又不断坚持打造自己的企业文化，以“不能为客户创造价值，我们就没有存在的价值”的华北价值观为引领，铸造起特有的目标、道德与质量理念，形成了完整、稳定、积极而契合时代进步发展的企业文化体系。时下，我国经济发展进入新常态，新技术、新产业、新业态、新模式的出现，推动着新旧动能的转换。在这场转换之战中，企业也面临着诸多的挑战。华北平台公司在多年重视科技研发的基础上，以技术创新为引领，以新技术研发为重点，瞄准市场空白狠抓核心技术开发，抢占技术高地，推出了高科技麦克纳姆轮全向升降平台，成为国内唯一一家能够自主研发和制造麦克纳姆轮全向升降平台的厂家。这家“师爷级”企业又迅速成为整个升降平台的行业领导者。由此可见，不管经济如何变动，民营企业只要有矢志不渝、戮力深耕、笃实前进的精神，锻造起良好的企业文化，形成创新创业的良好氛围，瞄准市场需求不断重视科技研发，打造自己的技术核心力量和核心产品，就可以不断实现转型升级，实现新旧动能转换，长期领军行业发展。

创新驱动发展，抢占产业高峰

——山东北辰机电设备股份有限公司

公司简介：

山东北辰机电设备股份有限公司（简称北辰机电公司）的前身为成立于1976年6月12日的长清压力容器厂，是一家专业制造、销售民用核2、3级压力容器设备、储罐、热交换器、光热发电及熔盐蓄热装备、热泵系列产品、A1、A2级压力容器和A1至A4级板式换热器的高新技术企业。公司注册资本6 288万元，注册地址位于济南市五峰山旅游度假区北辰路6号。公司占地面积超过28.6公顷，员工569人。截至2017年9月30日，公司总资产4.24亿元，净资产2.09亿元。2015年12月16日，公司股票成功在全国中小企业股份转让系统（新三板）上市（股票简称：山东北辰；股票代码：835020）。

一、加强内功建设，不断攀登资质高峰

目前，山东北辰机电设备股份有限公司共拥有15项资质与3项国际性认证。资质认知的数量和等级在压力容器行业中横向比较处于领先地位。公司拥有民用核2、3级压力容器设备制造许可证，A1、A2级压力容器设计和制造许可证，A1、A2、A3、A4级板式换热器产品安全注册证，美国机械工程师学会颁发的ASME证书（U）和授权钢印，美国锅炉和压力容器委员会颁发的NB证书和授权钢印，中国国家强制性产品认证证书（3C认证），公用管道GB2（1）级、工业管道GC2级、公用管道GB1级压力管道安装资质，对外承包工程资质证书。公司通过了ISO 9001质量管理体系认证、ISO 14001环境管理体系认证和OHSAS 18001职业健康安全管理体系认证。这些资质升级的不断成功，充分说明了北辰机电公司资产、人力资源配置、业绩、管理能力、机械设备等均符合所申请资质的要求，为今后其他资质升级做好了铺垫，同时也为公司壮大发展从广度和深度拓展了空间，为推进新技术、新业务打下了良好基础。

二、开展多元经营，做一站式产品供应商

山东北辰机电设备股份有限公司在核电行业、光热发电及熔盐蓄热行业、压

力容器及换热器行业具有重要的地位和广泛的影响力，其产品种类众多、规格型号齐全。“山东北辰”商标被国家工商总局认定为中国驰名商标。公司所生产的核电装备、光热发电及熔盐蓄热装备、热泵产品、热网加热器、各类板（壳）式换热器、高压加热器、低压加热器、闭式循环冷却器、高效智能换热机组等广泛应用于电力（含核电）、集中供热、（石油）化工、钢铁冶金、煤炭和生物医药等国民经济多个领域。公司被中国国电集团公司、中国华能集团公司、中国大唐集团公司、中国华电集团公司、国家电力投资集团公司、中国核工业集团公司、中国广核集团有限公司及全国众多的热力（电）企业认定为合格供应商，并且与上海电气集团、东方电气集团等多家知名企业保持着良好的业务合作关系。产品销售市场遍及全国各地，直接或间接出口印度尼西亚、越南、印度、巴西、白俄罗斯等东南亚、南亚、拉美及欧洲国家。

三、重视科技研发，打造公司技术优势

公司技术力量雄厚，拥有一支专业结构合理、实践经验丰富、技术创新能力强的高素质研发团队，现有专利 40 项（其中发明专利 18 项，实用新型专利 22 项）及 27 项核心技术。公司被山东省科学技术厅等单位认定为高新技术企业，公司技术中心被山东省经济和信息化委员会认定为省级技术中心，公司热传导设备工程技术研究中心被山东省科学技术厅认定为省级工程技术研究中心，公司设计中心被山东省经济和信息化委员会认定为省级工业设计中心。

近年来，为了积极响应国家节能减排号召，公司紧紧依靠自身优势，加大了对高端装备、节能环保换热装备的研发及销售力度。公司先后被济南市政府认定为济南市创新型企业，被山东省经济和信息化委员会和山东省人民政府节约能源办公室认定为山东省节能环保示范企业，2015 年 11 月，公司入选山东省节能环保企业 100 强。

四、紧跟时代步伐，制定公司发展战略

近年来，随着市场竞争的日益加剧，传统产品的利润越来越薄，山东北辰机电设备股份有限公司的领导较早认识到这一点，提出加快产品结构转型升级及创新型企业建设步伐，制定实施创新驱动发展战略，提高公司的核心竞争力。近期，公司积极响应国家号召，围绕“新旧动能转换”与创新驱动国家战略，紧紧把握市场脉搏，更加坚定不移地大力实施公司创新驱动发展战略。

在创新战略指导下，公司不断加快产品结构转型升级及创新型企业建设步伐。公司以传统产品热网加热器、高压加热器、低压加热器、闭式循环冷却器、板式换热器和高效智能换热机组等为补充，巩固和扩大其在发电、集中供热市场

领域优势地位的同时，重点加大在核电、热泵、光热发电及熔盐蓄热等高端节能环保新产品的研发和市场开拓力度，抢占高端装备制造高地，提高公司的核心竞争力和可持续发展能力。

五、加快产品转型，多领域创新驱动发展

山东北辰机电设备股份有限公司依托自身的技术研发优势，一直致力于新产品的研发创新工作。公司实施创新驱动发展战略的三年来，新产品、新技术、新工艺的研发工作取得了长足进步，公司技术人员先后取得了多个具有自主知识产权的热泵系列产品成果：吸收式热泵蒸发器及吸收器喷淋装置、溴化锂吸收式制冷循环稀释熔晶装置、溴化锂吸收式制冷循环稀释熔晶方法及装置、溴化锂吸收式制冷循环的浮子式抽气装置、管束纵向排列的乏汽型吸收式热泵蒸发器等。取得具有自主知识产权的太阳能发热系统的熔盐类换热器成果包括：外导流折流杆U管U壳纯逆流换热器以及应用于光热发电系统的汽包及蒸汽发生系统。

一直以来，山东北辰人秉承“合作、奉献、前瞻、诚信”的企业精神，坚持“质量第一、用户至上”的经营理念，以打造百年企业为目标、以振兴民族工业为己任，携手广大用户共同发展、共同进步，凭借雄厚的技术研发能力、成熟的生产工艺、可靠的产品质量、完善的售后服务体系和诚实守信的企业品格，赢得了广大用户和社会各界人士的普遍赞誉。

案例启示：

我国经济发展进入新常态后，企业也面临着诸多的挑战，新技术、新产业、新业态、新模式的出现推动着新旧动能转换时代的到来。谁在竞争中不断创新、进步，谁就能够生存。不创新走老路就意味着被残酷的市场淘汰。在市场竞争日益加剧和传统产品利润越来越薄的现实下，山东北辰机电设备股份有限公司领导层非常具有前瞻性地认识到：企业必须向创新型企业转型、技术必须向高端升级、产品结构必须向高端转型。公司根据具体情况先于国家战略制定实施公司内部创新驱动发展战略，致力于提高公司的核心竞争力，赢得了广大用户和社会各界人士的普遍赞誉。公司拥有各类资质认证、多元经营的一站式产品供应商模式与领先行业的研发优势。这是公司不忘初心，多年立足本业砥砺前行、戮力深耕的结果。公司多年脚踏实地的悉心研发，可谓“守正笃实，久久为功”。这种笃实发展的精神给公司带来了多领域多行业的累累硕果。由此可见，民营企业面对经济变动与残酷的市场竞争时，只要有睿智的头脑与敏锐的眼光，不忘初心、矢志不渝，瞄准市场需求，紧跟时代发展，不断实现转型升级，实现新旧动能转换，就可以长久领军行业而立于不败之地。

特色小镇壮大特色产业

——山东华玫生物科技有限公司

公司简介：

“玫瑰花放香如海，正是家家酒熟时。”平阴玫瑰花种植，距今已有1 300多年的历史。而今，玫瑰产业已发展成平阴的支柱产业。山东华玫生物科技有限公司是2016年7月6日新成立的公司，总部位于山东省平阴县。其经营范围包括：生物工程技术开发，玫瑰制品研发、生产、销售，玫瑰花种植、销售及新品种研发等。公司主要生产玫瑰花冠茶、玫瑰功能茶、玫瑰超微粉、玫瑰花鲜素、玫瑰鲜花液、玫瑰精油、玫瑰食品、玫瑰化妆品等系列产品。公司计划总投资7亿元，规划占地约200公顷，计划建设三个功能区。

一、搭建特色功能区——一体化功能区

山东华玫生物科技有限公司依托山东省平阴县4 000公顷优质玫瑰资源，顺应玫瑰产业的发展需要，得到政府和相关行业协会的大力支持，进入玫瑰深加工行业，打造完整的玫瑰产业链及花茶全品类品牌体系，实现优质种植、产业深加工，销售及旅游观光一体化发展。公司计划总投资7亿元，用于标准化车间建设，打造种植基地，强化新产品研发，扩大生产规模，拓展食品、化妆品等市场。规划占地约200公顷，计划建设三个功能区。

第一个功能区是生产厂区，总占地10万平方米，主要建设三栋大型GMP标准生产车间、冷库、生产综合楼、动力中心，配电楼、污水处理站、门卫室及场区硬化、绿化，购置最先进生产（线）设备319台（套）。公司的冻干生产线为国内首家，也是唯一一家。目前，第一个15 000平方米的生产车间已建成，设备已经安装调试完毕，已实现加工1 300吨玫瑰鲜花的能力。第二个功能区将建设世界玫瑰博物馆、国家级研发中心楼、文化展厅，总占地约6.7万平方米。第三个功能区通过土地流转的方式，将建设玫瑰观光园、温室博览园、转型升级示范园，总占地约180万平方米。

观光园里将建设玫瑰谷（建设配套停车场、登山木栈道、观光塔、百丈梯、精品玫瑰花田、山顶野趣公园）和百花谷（建设观光栈道、观光坡地、玫瑰浪漫

花海、景观风车、滨水餐厅、露天水吧、婚礼草坪），实现一年四季有美景。同时，引进婚纱摄影项目，打造婚纱摄影基地；创建山东一日游景观，争取实现年客流量50万人次。示范园将建设高标准、规范化玫瑰种植基地，从土壤改良、育苗、种植、施肥、浇灌、修剪、采摘等进行统一管理，达到申请欧盟认证标准。以上项目，华玫生物科技有限公司计划用三至五年的时间全部建设完毕。届时，整个项目将依托周围现有的玫瑰园开展工业旅游，实现玫瑰科研办公、电子商务、玫瑰观赏、优质种植、产品深加工、销售及旅游观光，促进第一、二、三产业一体化发展。

二、打造特色服务业小镇——花养花玫瑰小镇

玫瑰小镇的规划思路是以“文化为魂、生态为基、产业创新、品牌引领”为核心战略思想，推动构建文旅互动、产城融合、品牌引领的服务业特色小镇综合发展模式。其具有合理的规划布局，充分考虑了小镇的山体水系环境，在结合玫瑰文化旅游产业链业态的基础上，合理布局功能分区，使得生产、生活、生态空间有机融合。玫瑰小镇项目是由香港贝尔高林建筑景观设计研究院规划和设计的，起点是高标准、高要求。

在2017年度山东省服务业特色小镇试点单位评选中，经各市推荐、省发展改革委研究，确定济南、青岛、淄博、烟台、潍坊、济宁、泰安、德州、菏泽9市的17个小镇为山东省首批服务特色小镇试点单位，其中济南的“花养花玫瑰小镇一期工程”入选。同年，山东省人民政府下达2017年重点项目，华玫玫瑰制品研发及深加工项目入选。公司以该项目为抓手，建设特色突出、布局合理、配套齐全、环境优美的全国文化旅游名镇，打造以玫瑰文化旅游产业为主导的集科技研发、文化创意、展示销售、优质种植、玫瑰产品深加工产业等为一体的玫瑰全产业链。同时，公司已深入开展多项工作，与多所大学和科研院所进行合作，成功研制出了多款高档玫瑰制品。

三、打造品牌之路——让世界爱上平阴玫瑰

山东华玫生物科技有限公司的理念为“传播健康与美丽，将花朵芬芳撒向世界”。公司定位于走高端品牌之路，与中国顶级的叶茂中品牌营销策划机构签订了长期的品牌战略合作协议，争取用三年时间把“花养花”品牌做成中国花茶第一品牌。2016年“花养花”品牌正式确定，并确立了“花养花一样的女人”的品牌定位。长期以来，公司致力于与多家全球著名的食品和化妆品企业进行接触、洽谈，探讨联合发展的路子，并发出“让世界爱上平阴玫瑰”的呐喊。

2017年，阿斯塔纳世博会中国馆山东活动周在哈萨克斯坦阿斯塔纳举行，华

玫生物科技有限公司的玫瑰花茶被选为此次活动周指定纪念品。同时，公司将借此机遇，推动平阴县玫瑰产业全链条化发展，打响平阴玫瑰品牌——“平阴玫瑰甲天下”，致力于把有1 300多年悠久历史的平阴玫瑰打响全国，走向世界，实现“世界爱上平阴玫瑰”的目标。

案例启示：

2011—2017年，在总体经济缓和期，农产品加工产业却获得加速发展，居民整体消费水平不断提高。在此背景下，山东华玫生物科技有限公司紧抓山东省服务业特色小镇建设的机遇，充分发挥平阴县地域特色优势，深入了解80后、90后最新生活方式及消费习惯，及南北方市场差异特点，分析旅游特点，主动接受市场挑战，开展农业、工业、旅游业一体化产业发展模式，通过特色小镇壮大特色产业。同时，对产品进行品牌定位，并在政府引导下，通过义务推广，参加成果展、国家世博会等方式与国际接轨，让平阴玫瑰走向世界！这为山东省特色小镇试点工作的开展创造了良好的条件，进一步促进了山东省特色产业的发展壮大。

省会经济发展专题

大数据技术对济南市两化深度融合的影响及对策研究

引言

党的十六大报告率先提出了“两化融合”概念，经过长期发展和完善，特别是经过党的十七大和十八大后，两化融合的理论逐渐成熟。党的十八大报告指出：推动信息化和工业化深度融合、工业化和城镇化良性互动、城镇化和农业现代化相互协调，促进工业化、信息化、城镇化、农业现代化同步发展。至此，“两化深度融合”成为我国重要的宏观发展战略。两化融合是指将电子信息技术广泛应用到工业生产的各个环节，信息化成为工业企业经营管理的常规手段。信息化进程和工业化进程不再相互独立进行，不再是单方的带动和促进关系，而是两者在技术、产品、管理等层面相互交融，彼此不可分割，并催生工业电子、工业软件、工业信息服务业等新产业。两化融合是工业化和信息化发展到一定阶段的必然产物。在两化融合基础上，政学两界几乎同时提出了“两化深度融合”的概念。两化深度融合是两化融合的继承和发展，不是另起炉灶，而是在两化融合实践的基础上，在一些关键领域进行深化、提升，如新一代信息技术应用、产品信息化、企业信息化集成应用和融合创新、产业集群两化融合、先进制造业和现代服务业融合、培育新兴业态等。

在两化深度融合战略实施过程中，我们又迎来了“大数据时代”。在 2012 年瑞士达沃斯论坛上发布的《大数据，大影响》报告称，数据已成为一种新的经济资产类别，就像货币或黄金一样。大数据正成为继云计算、物联网之后信息技术领域的又一热点，一个国家拥有数据的规模、活性及解释运用的能力将成为综合国力的重要组成部分。在大数据时代，数据资产将成为现代经济社会的核心竞争力。2015 年 9 月，国务院印发《促进大数据发展行动纲要》（以下简称《纲要》），系统部署大数据发展工作。《纲要》明确提出，推动大数据发展和应用，在未来 5 至 10 年打造精准治理、多方协作的社会治理新模式，建立运行平稳、安全高效的经济运行新机制，构建以人为本、惠及全民的民生服务新体系，开启大众创业、万众创新的创新驱动新格局，培育高端、智能、繁荣的产业发展新生态。

因此，当前的两化深度融合正是我国两化发展中量变到质变的关键节点，而变化的本质就是信息化过程与工业生产以及企业经营管理的深度融合。信息化不再是工业改造计划的单纯目的，而转变为新型工业化的重要手段，其最终表现形式必将是各类数据的爆发性增长，世界由此将进入“数字摩尔时期”。相关研究指出，全球数据量大约每两年翻一番。这里足见数据成为两化发展的最大成果。相反地，随着信息通信技术的不断进步和工业化生产的普及，规模化、标准化、数字化、信息化已经渗透进我们生活中的各个角落，而“大数据”理论及技术的开发应用为两化深度融合提供了无限可能及可选择的有效路径。鉴于此，大数据技术的开发应用与两化深度融合的关系、两者之间的影响因素及机制和相关对策研究应是值得探讨的重要课题，对我国大数据时代的两化深度融合战略的实施和具体政策的制定有重要参考价值。

2010年，根据《山东省人民政府办公厅关于推进信息化与工业化融合试验区建设的意见》（鲁政办发〔2010〕44号），济南市正式获批山东省信息化与工业化融合试验区，两化深度融合成为济南市重要的发展战略。试验区建设六年来，济南市在两化深度融合发展中取得了不少进展，大数据技术应用逐步开展。以济南市为对象，研究大数据技术的开发应用与两化深度融合的关系、两者之间的影响因素及机制和相关对策，不仅可以为济南市相关部门制定两化融合政策建言献策，也可以作为大数据技术对两化深度融合影响研究的实证范例，为国家和其他省市提供一定参考。

一、山东省及济南市两化深度融合发展的现状研究

（一）研究现状及评述

关于山东两化融合方面的研究，主要集中在两化关系、两化融合效果、融合程度及评估方面。朱婧（2012）基于结构方程模型，研究了山东省企业信息化与工业化融合的影响因素，针对企业信息化与工业化融合影响因素的复杂性和主观性等特点，构建了企业两化融合影响因素评价指标体系；通过对比影响企业两化融合绩效各因素贡献率的理论值与实际值，指出了山东省企业信息化与工业化融合的水平和存在的问题，并据此提出有针对性的对策和建议。孙金凤、王信敏、解忠刚（2013）指出两化融合是促进节能减排的重要举措和有效途径，对工业企业节能减排的支撑作用明显；在对山东省两化融合建设投入和节能减排实际情况进行分析的基础上，建立二者之间的函数关系模型，量化两化融合对节能减排产生的效果，并利用该模型对山东省“十二五”期间在两化融合方面的投入对节能降耗产生的效果进行分析。李兆琦（2015）以山东省为例研究了工业化与信息化

的互动关系及对两化融合的影响，构建了评价工业化和信息化发展水平的指标体系，并利用山东省的数据进行省内工业化与信息化互动关系的研究，通过定量测算，找出影响两化深度融合的因素，并提出相应的改进对策。

根据上述研究状况，可以看出山东省两化深度融合研究主要集中在两化内部关系、效果、程度和评价等方面，尚未从大数据时代的视角，深入研究大数据技术对两化深度融合的影响。这就迫切需要对大数据技术在两化深度融合过程中扮演的角色、产生的作用有一个系统的研究。

（二）山东省及济南市两化融合现状

根据最新研究（李兆琦，2015），山东省工业化和信息化保持平稳增长趋势，在全国各省份排名中名列前茅。山东省电子信息产业总产值稳居全国第四。尽管不像广东和江苏在全国有非常大的市场份额和明显的增长趋势，山东省的电子信息产业仍然呈现平稳上升趋势。2013 年山东省电子信息产业总产值达近 6 000 亿元，几乎和上海持平，在电子信息产业发展方面稳居第四。山东规模以上企业生产总值上升趋势明显，近几年发展势头强劲。2011 年山东省以 99 000 亿元的规模以上工业生产总值，超越广东（94 000 亿元）成为中国第二大工业省份。

2013 年发布的《工业企业信息化和工业化融合评估规范》将企业两化融合发展水平所处阶段划分为起步建设、单项覆盖、集成提升和创新突破四个等级。山东省从所处阶段占比来看，2012 年处于起步建设阶段的企业占 23.5%，比上年减少 10.4%；处于单项覆盖阶段的企业占 44.1%，比上年减少 2.6%；处于集成提升阶段的企业占 27.9%，比上年增加 13.9%；处于创新突破阶段的企业占 4.5%，与上年基本持平，分布结构由去年的“金字塔形”逐步转变成为“橄榄球形”。

此外，山东省不同行业的两化融合发展水平表现均衡。2013 年评估企业涉及轻工、纺织、机械、化工、冶金、建材、电子和医药 8 个行业，计算了各行业企业的两化融合发展水平平均得分。各行业得分分别为：轻工 47.9、纺织 43.5、机械 47.2、化工 48.9、冶金 38、建材 47.3、电子信息 51.6、医药 47.5。除冶金行业因受宏观政策、市场因素、节能减排等外部环境影响，得分有所下降外，其他行业间得分比较均衡。与上年各行业参评企业平均值进行比较，2012 年建材、轻工、化工 3 个行业增长最快，分别增长了 6.7、4.9、3.2。

从行业企业所处不同发展水平阶段的比例来看，电子、化工、建材、轻工行业中有接近 40%的企业处于集成提升以上阶段；各行业均呈现出一定数量的处于创新突破阶段的两化融合示范企业。

从全国范围来看，尽管山东省是两化融合带头发展省份，但是排名和融合的程度并不乐观。我国省域两化融合发展不均衡，按照李荣、张冀新的研究，根据省域两化融合比较聚类分析，山东省两化融合水平在全国范围属于中度融合水平，仅次于高度融合的北京和广东两个地区。

近年来，山东省在两化融合发展方面不断前进，探索工作思路，创新工作方法，完善工作体系，推动两化融合工作不断迈上新台阶。

第一是完善政策措施，先后出台了《关于加快推进两化深度融合促进转方式调结构的意见》《六大传统产业转型升级指导计划》等一批政策文件，各市也出台了相应的两化融合促进政策，政策驱动因素对行业两化融合发展水平的提升作用比较明显。第二是开展区域试验，出台了《关于推进“两化融合”试验区建设的意见》，选择济南、烟台等10个市县作为两化融合试验区，探索区域两化融合新模式。第三是组织试点示范，印发了《两化融合“四个一百”工程培育和认定实施方案》《两化深度融合示范工程培育办法》，围绕智能制造、综合集成等专题，组织实施试点示范工程。第四是加大技术改造，推动实施省内两化深度融合专项行动。第五是加强企业两化融合发展水平评估，发布了全国首个《“两化融合”发展水平评价指标体系》地方标准，开展了2012年度工业企业两化融合发展水平评估，成立了省两化融合促进中心和评测中心，创新两化融合推进机制。此外，还组织了两化融合助企行动等宣传培训活动，强化信息技术在工业领域的推广应用。

2011年济南市成为我省首批信息化与工业化融合试验区后，积极加快两化深度融合，推进各类传统产业改造提升。为加快推进两化融合试验区建设，济南市确立了四大重点建设领域。为加快推进两化融合试验区建设，济南市确立了四大重点建设领域。在先进制造业领域，采用新型电子材料、新一代互联网、物联网、智能电网等新信息技术，推进工业产品研发设计、生产过程、新型业态培育、企业技术改造等环节的两化融合。在现代服务业领域，采用多网异构融合技术、云计算技术、射频识别、第三代移动通信网络等技术，推进在物流、金融、公共服务、城市建设与管理等环节的两化融合。在数字农业领域，采用3S技术（地理信息系统GIS、全球定位系统GPS和遥感技术RS）、农业过程数字仿真技术、生物嵌入式芯片等新信息技术、产品和网络，推进农业生产、农产品加工流通、农产品检测与质量控制等环节的两化融合。在节能环保领域，采用智能清洁技术、新型LED（发光二极管）等技术，推进清洁能源开发、能源结构调整、能源集约利用等环节的两化融合。

2014年，山东省经济和信息化委员会下发了《关于印发山东省信息化和工业化深度融合专项行动方案（2014—2018年）的通知》，为山东省两化深度融合发展指明了道路和具体的行动方案。该通知要求将以鲁版标准为基础的两化融合国标在全省尽快铺开，对各类企业的两化融合水平进行全面评估。与此同时，济南作为省会城市，有着众多高校和科研院所，而周边的淄博、德州等地工业发达，两化融合将积极推动省会经济圈建设，济南也成为两化融合排头兵。

2016 年 3 月 18 日，在山东省经信委的指导下，由山东省两化融合促进中心、济南市经济和信息化委员会主办，中国建设银行山东省分行协办的“2016 年度两化融合深度行启动仪式（济南站）”活动举行。济南市经信委副主任赵炳跃介绍了济南市经信委 2016 年的工作安排，要求准确把握当前两化深度融合发展面临的新形势，坚持“促进企业转型，推动融合发展”的工作思路，力图促进企业转型，提升济南市企业两化融合发展的水平。

（三）现状评述

尽管当前我省信息化与工业化融合发展已经取得一定程度的进展，但仍面临发展水平较低、产业基础薄弱、法律体系滞后、政策缺乏合力等一系列突出问题。作为制造业大省，山东省一直在加快推进信息化与工业化融合，促进工业经济转型升级，提升企业自主创新能力。济南市作为山东省最早的信息化与工业化融合试验区，一直在积极加快两化深度融合，也不断推进各类传统产业改造提升。但是，在全国产能过剩、供给侧亟须改革的形势下，各类传统产业在“互联网+”和“大数据时代”下如何转型升级、提质增效，以数据化、信息化、智能化、网络化、自动化为核心的两化深度融合如何落地等问题值得深入研究与探讨。因此，研究大数据技术对两化深度融合的影响及对策就成为实现两化落地的关键一环。

二、济南市大数据技术应用现状及问题分析

2010 年以来，随着大数据发展战略和相关政策的实施，济南大数据产业有了较快发展，取得了较大成效。在数据资源整合、数据技术开发等数据产业环节涌现出一批机构和企业，形成了具有山东特色的大数据产业联盟，很多项目获得立项支持，形成拉动济南大数据信息产业发展的“集团军”。在数据应用方面，“济南政务云”的建设开创了全国政务云平台建设的先河，成为国内典范，被业界称为“济南模式”，或将推向全国，也为其他领域大数据产业发展开辟了道路。“十二五”期间，济南大数据领域发生多起具有里程碑意义的大事件。多个全国“首创”“第一”“首发”“首肯”成为济南大数据产业发展的标志。

（一）济南市推动大数据的政策取向和举措

济南市政府明确了大数据发展的战略目标和战略重点，统筹谋划大数据应用、产业培育等关键布局，制定了一系列推动济南市大数据发展的政策法规。《加快服务业跨越发展的若干政策》中着重介绍软件产业基地发展政策，为其发展提供了平台。《济南市工业和信息化“十二五”发展规划》中给出了云计算、

物联网的发展方向，为济南大数据产业发展奠定了基础。《关于实施“智慧泉城”建设的意义》提到大数据等新一代信息技术是建设“智慧泉城”的技术途径，为其发展提供了契机。《济南市高新技术服务业发展规划》既从全局指出了大数据产业发展的目标，又从数据采集、存储、处理及应用等微细层面给出详细的大数据发展方向，为其发展指明了方向。《济南市工业和信息化发展专项资金使用管理暂行办法》（济财企〔2010〕35 号）中规定了要重点支持大数据云计算领域的项目，为其发展提供资金保障。

（二）济南的企业与研发机构在大数据方面的发展状况

1. 大数据生产性企业

在大数据产业链的生产、销售环节，济南涌现出了一批依靠产品和服务、迅速发展并占领市场大片江山的高新技术企业，有浪潮集团及乾云启创、联科云计算、联骏、时代智囊网络、奥维、东创德、合天智汇等公司。这些企业，因其基础条件、投资规模、发展时长等的不同，发展水平层级不同，呈“金字塔”形结构分布，高端的成熟企业少，多数企业处于发展的初级阶段，面临能否存活的问题；另有部分企业处于攻坚阶段，面临能否稳步发展、长久生存的问题。综合来看，浪潮集团在研发、生产、销售方面均处于领先地位，已经形成了较为成熟的产、研、销一条龙生产线，打造了大数据研发聚集高地。其他有大数据研发成果产出的单位，如飞越机电、银泉科技，虽是信息技术企业，但主流业务并非大数据产品和服务。有些大数据产品和服务供应商，如联科云计算、时代智囊网络、奥维、创德、合天智汇等公司还没有专利产出，可见其对大数据方面的产权保护未给予足够重视，或者企业重点定位于产品的生产和销售，未涉足高深技术领域。

2. 大数据研发性企业

专利是最大的技术信息源，象征一定的技术发展水平。大数据研发性企业主要以企业的专利产出为衡量标准。济南市“十二五”期间，研发性企业在大数据方面的专利产出情况差别显著。浪潮集团及其下属企业独树一帜，占有绝对优势，其专利产出占整个济南市专利产出的92%。其他企业所占比重很少。2011 年至 2015 年，济南大数据方面的专利产出逐年增加。2012 年是济南大数据产业发展开创性的一年，这一年在这几年中增幅最大，比 2011 年翻两番。2013 年增幅虽有下滑，但同比增长仍达到 34.8%，年产专利数高达 120 件。2013 年和 2014 年，大数据产出数量变动较小，呈稳定发展的状态。2015 年仅上半年专利产出数便达 82 件，如果以同等产出速率计算，2015 年专利产出将再创新高。然而，济南大数据方面的专利产出水平在全国并不占有优势。2011 年至 2015 年上半年，全国大数据方面的专利产出总额为 3 062 件，济南产出总额为 364 件，占全国产出的 11.9%。

3. 济南大数据产业研发机构

除浪潮集团拥有雄厚的研发实力、专业化的研发团队，从事大数据产品、技术和解决方案的研发外，济南还拥有一支高校与科研院所组建的研发队伍从事基础理论方面的研究。其中，最具代表性的研究机构是山东省计算中心和山东大学。山东省计算中心建有国家超级计算济南中心和山东省云计算中心，拥有发明专利 6 个，论文 10 余篇；山东大学成立了大数据处理实验室，组建了大数据管理与分析学科组，拥有发明专利 39 件，论文 200 余篇，在国内大数据处理领域获得了较高的知名度。

（三）济南大数据应用情况

济南大数据当前的主要应用领域为政务、医疗、教育、交通、营销、旅游、通信、互联网，应用形式有平台、数据分析系统、业务分析工具等。济南大数据在电子政务方面的应用尤其广泛。济南市政府为全面增强面向社会的信息处理能力和综合服务能力，先后上线“济南云计算中心”“济南政务云平台”，为市政工作提供全面、合理快捷的服务。济南还掀起行业云建设浪潮，相继上线了税务、公安、交通、旅游大数据平台。其中比较典型的是济南公安局在云数据中心构建的大数据平台，成为济南试点最早、应用效果较好的行业云之一。在医疗健康与制造领域的应用还处于初级阶段，很多企业都提高了对大数据的认识，积极探索大数据对企业的影响及应对措施，但要达到深度数据挖掘和广泛应用还需要时间。在金融和通信领域，大数据平台建设、大数据实施方案实施得最快、最有效。在教育、营销领域的应用，多是借助对数据的挖掘与分析，提供给用户更多有价值的信息，还没有形成成型的产品或方案。

（四）济南大数据产业发展存在的问题

1. 大数据核心技术储备不足

济南市大数据关键技术储备不足，技术薄弱，已有技术和产品的原创性、通用性、先进性不足，理论和关键技术方面有待突破。

2. 大数据应用层次低而不均

大数据在济南电子政务方面的应用已落地开花，但在物流、医疗、教育、企业等相关领域还处于试点阶段，应用层次低。有些领域还不能进行深度数据挖掘和分析，另外有些领域虽重视数据挖掘和分析，但还没有成型的产品或构建方案。

3. 大数据优秀人才缺乏

大数据的相关职位需要的是能够综合掌控数学、统计学数据分析、机器学习和自然语言处理等多方面知识的复合型人才。济南与北京、上海等城市相比，与大数据相关的信息技术、数据分析等方面的高科技人才相对比较缺乏。

三、大数据技术对两化深度融合发展的影响研究

随着科技的发展与社会进步，人们之间的交流越来越密切，生活也越来越方便。大数据就是这个高科技时代的产物，随之而来的大数据处理技术将对社会生产、组织方式和生活方式产生巨大影响。具体到两化融合，大数据技术的影响尤为显著。

（一）大数据技术将带来人类社会深度革命

2012 年以后，“大数据”（big data）一词越来越多地被提及，人们用它来描述和定义信息爆炸时代产生的海量数据，并以其命名与之相关的技术发展与创新。人们开始大声疾呼：大数据时代到来了！这种反应是社会深度革命的开始。正如哈佛大学社会学教授加里·金说：“这是一场革命，庞大的数据资源使得各个领域开始了量化进程，无论学术界、商界还是政府，所有领域都将开始这种进程。”

1. 信息与物质共生成为人类社会进步的基础

过去两百多年，人类社会经历了三次科技革命，科技水平与社会面貌都发生了惊人的变化，在过去两百多年中发生的变化完全超过了过去几千年的变化，甚至超过了以前几十万年的变化。21 世纪以来，人类社会近二十年的变化超过了过去五十年的变化，接下去的变化速度还会不断加快。这就使得人们用线性的历史观来衡量未来得出的结论几乎都是错的。所以人类社会正面临社会进步范式的转移，有可能从因果决定论转变为概率决定论。

与社会进步范式的转移类似，人们的认识应向物质与信息共生共存的新哲学境界提升。现实世界的发展已经表明，现在处在从物理世界往信息世界、数据世界转移的过程当中，人类社会已经迎来了第四次工业革命。德国工业 4.0 或者是中国制造 2025 都是这个革命进程中各国政策层面的反应，其核心是数据信息和物理世界二者的融合，是信息与物质世界的共生共存，也可理解为信息世界、数据世界和物理世界的完全融合。

2. 大数据技术将把互联网技术纳入自身范畴

信息的载体和表现形式是数据。随着互联网技术的进步，大数据技术也应运而生，同时大数据技术也开始融合互联网技术，更有把互联网技术纳入大数据技术的范畴的趋势。从某种意义上，“互联网+”是互联网技术与大数据技术共同进步的产物。

“互联网+”技术的发展过程有三个阶段。第一阶段是网络化，或者是连接人和物，把具体物质连入互联网。这个连接产生了网络效应，解决了信息不对称问

题。第二是数字化、数据化，这些设备和这些人在数据空间和网络空间中会产生大量的数据，这些原始的数据通过“清洗”变成了有用信息，就可以带来精准的预测。第三，当人们掌握这些数据的规律以后，就可以把这些规律和智能设备及各种各样的设备连在一起。这也被称之为赋予数据处理的能力，即进入了智能化阶段。最高级的智能化，人脑和机器可以连接，可以提高知识生产和传递效率。这三个阶段是“互联网+”发展中的联系过程，即这些工具与经营环节进行连接。

连接的内容就是把人和物连接进去。所实现的第一种效应是把过去的“360行”变成“3 600行”。因为互联网+人+物的连接完成以后，会对行业进行再分解。像过去出租车行业，现在就分成了顺风车、快车、出租车等。互联网连接的第二种效应是聚合，它把过去一些分散的市场聚合成一个统一市场，使得这个市场能够存在。通过互联网的聚合，把某种需求变成一个特定的市场，而过去这个市场是不存在的。所以连接具有两种效应，一种是分解，一种是聚合，使得行业发展过程中诞生出很多过去没有的市场。

（二）大数据技术将推动企业经营模式再造

大数据技术的发展使企业面临市场需求变化与生产技术升级改造的压力的同时，又面临着数据处理能力的提升。更不幸的是这种能力的提升更加重要，很可能会决定企业的生死存亡。

1. 大数据正在突破企业边界

不管是来自机器设备的数据，还是来自于社会网络的数据，如果真能够实现“互联网+”，就能够在实践中产生影响。这首先是梳理成信息，之后就要形成大数据的平台。在决策之前，仅仅拥有局部数据是没有用的，一定要把企业内部数据和企业外部数据两者联合起来。企业过去的 ERP（企业资源计划）数据在整个大数据平台当中的分量大概是 15%，另外 85% 的数据是企业外的数据、环境的数据。

以可口可乐仓储分配为例。它现在用的不仅仅是企业内部的 ERP 数据，还把欧洲国家过去的气象数据全部联系起来。因为可乐的消费跟天气的温度是有关系的。可口可乐在做了大量欧洲气象的数据和实时天气变化的分析之后，再制订仓储计划。所以大数据平台的形成表明了两化融合的加深，这种融合已经由内部向企业外部蔓延，正在突破企业边界。

此外，还有数据的开放性和公共性。因为数据难以从一家公司或者机构、政府部门所获得，所以必须要产生一个开放的、公共的网络环境。数据的动态性和及时性也十分重要，因为对于进口等事项的判断，65% 的数据可能一天之后就没有价值了。

有了数据平台以后，前期的研发、流程、渠道品牌都可以在数据驱动的基础上运营。产品的研发、流程的运营、品牌的传播等都关系到决策问题。开发这个产品是否需要借助网络，在哪个区域投放传播媒介，最后将哪一群人作为重点客户，这些都是决策问题。

2. 大数据将支撑企业的经营决策

不同的学派和实践者对于管理的本质可能有迥异的理解，但是都认可决策是管理的本质，而管理最核心的要素是信息的收集与传递。在企业经营的过程中，最重要的是经营决策。能不能提升管理的水平，或者能不能提升整个行业向高端迈进，都与决策有关系。决策产生价值，决策的精确性来自于信息对称的程度，而信息的对称程度来自于数据的挖掘和数据的梳理。

数据化来源于两个动力。第一个动力是智能设备，也就是两化融合深度与工业大数据。工业大数据来自各种各样的智能工具。数据化的第二个动力，来自社会交往的平台，如各种各样的碎片数据、分享数据。根据新摩尔定律：过去 18 个月产生的数据等于计算机有史以来的总和。或者说网络空间的数据 90%都是近两年产生的。这个数据经济的意义在于它是跨界和颠覆的基础。

如果没有掌握用户的行为数据就不好跨界。例如，小米进入手机领域，就是因为了解用户行为。还有作家转型导演取得很高票房，也是因为了解粉丝的行为。所以跨界和颠覆的基础就是大数据。随着大数据平台的不断发展，有人预测，到 2020 年，电子商务订单有 10%左右将会由家电下载完成，这就是智能化决策。这也表明大数据将在企业经营决策中起到重大作用。

3. 大数据直接决定企业的行动

在研究和利用数据之前，首先要把决策问题研究清楚。决策的区分有两个方面：一个是可控性，就是当你做完这个决策以后你是不是对最后的结果还有影响；另一个是决策结果的衡量标准，即决策的成功是否，这与竞争对手有关。按照这两个指标，可以将决策分成四个类型，第一叫判断型决策，结果是绝对的，和其他企业没有关系。第二是生产型决策，结果也和自己有关，和其他人没有关系，其中间是可控的。第三是竞争型决策，结果是相对性的，过程是不可控的。第四是开拓型决策，结果是相对性的，在这个过程中可以施加影响。

形成大数据平台以后，如何支持企业经常遇到的四类决策？这需要不同的数据类型和不同的数据平台支撑。对于判断型决策，搜索数据和比价算法是最重要的。对于生产型决策，由于结果尚未形成，中间可以调整，所以监控数据和激励算法最重要。对于竞争型决策，规则已经形成，监控数据最重要，要考虑什么时候先发制人、什么时候后发制人。先发制人是有条件的，后发制人也是有条件的，博弈论的算法最重要，根据双方的实力不断调整自己的决策。对于开拓型决策，目标已经确定，但是确定完之后战略布局没有完成，所以就需要战略布局，要考虑怎么做一个更好的战略布局才能达到既定目标。而其中最重要的是需要搜索数据和监控数据，要把信息尽量搜索全，同时把过程尽量描述得比较清晰。

数据改变企业的战略。过去静态的五类模型分析已经不太适用，所以产生了新的五类模型。第一是有没有信号优势，企业能够察觉捕捉破解预示变化的信号并及时应变。第二是试错优势或者是迭代优势，现在做互联网都说迭代式开发，通过持续、大量、低成本的试验和创新的机制，来寻找适合自己的路。第三是组织优势，领导力、组织框架、人才储备的弹性和活力，现在企业的组织结构是不是适应现在“互联网+”时代。比如很多企业做互联网转型的时候，提倡内部创业，提倡小微团队，一系列的组织变革都在进行。第四是系统优势，管理并塑造多元业务系统并形成生态，还要保持其活力。诺基亚以单个产品向苹果的生态系统挑战，注定要失败。第五是社会优势，企业发展的目标要与社会发展方向和社会责任相结合，要有利于形成口碑。反过来如果企业的价值观有问题，企业的行为和大的社会方向不一致，会有极大的负面影响。这就是新的五类模型。

如果数据能够支撑决策，使企业改变竞争战略，那么我们就从信息化迈向了数据化的时代，由 IT 迈向 DT，实现由追求效率向追求结果转变。信息化仅为管理决策提供参考价值，而数据化能够直接决定企业的行动。信息化只是简单地使用 IT 技术和数据提高企业运营效率，而数据化阶段要求数据成为产品生产和运营的核心原材料，从而实现产品和供应链增值。

（三）大数据和大数据技术是所有工业智能的来源

工业 4.0 的核心是智能制造。智能来源于哪里？就是大数据，大数据是所有智能的来源。互联网经济的发展经历了三个阶段：第一个阶段是把所有服务器连接起来；第二阶段是现在正在发生的社交互联网、移动互联网，把所有人都连起来；第三阶段就是把全世界所有的物都连起来。在物与人，设备和人、产品和人之间建立无所不在的连接关系，被称之为万物互联。但是万物互联之后又是什么？现在可以用“地球脑”来比喻人类的社会，就像电影里面提到的“天网”。物联网相当于眼睛、鼻子这些感官；云计算相当于大脑的记忆，人类的很多事情都放在云计算里；大数据是神经中枢，可以帮助人类进行决策。管理的本质在于决策，大数据可以帮助人类在战略战术层面优化决策。所以可以用一个人的大脑来比喻现在世界正在发生的变化。

十年前，英国一名统计学家就讲过，数据是新的石油，但更像是原油，需要加工，没有加工过的数据是不能用的。所以在第四次工业革命到来的时候，数据就像以前的石油一样重要。有专家提出大数据不是矿藏，而是一种新经济的土壤，是未来智能社会的土壤。未来所有行业数据化的过程都离不开大数据。最近还有一种提法是大数据是新的货币，将来大数据是可以交易的，所以数据不仅是石油，是土壤，还会是货币。

以美国哈雷戴维森为例。这家企业在 2008 年的时候濒临破产，后来通过定制化方式满足客户需求，使得这家在纽约边上一个新的工厂里，每 89 秒便可下线一辆个性化定制的摩托车。企业的股价在过去五年里翻了 7 倍。这家企业对数据的收集是无处不在的。不仅包括生产过程中的一般数据，企业甚至收集到每个排风扇的转速，以此来分析这个速度和产品的质量会不会有什么关系。

大数据不再是大企业的专利，小企业也可以使用。“智慧啤酒”是一个创业公司，非常小的公司。它做的事情是在啤酒的橡皮管中装传感器，之后卖入酒吧。根据测算，在酒吧里 22%的啤酒是被浪费掉的。现在使用云平台对每一滴啤酒进行了收集。啤酒对保鲜要求比较高，鲜啤酒只有四天的保质期。对此进行数据分析，不仅对酒吧来说可以很好地节约啤酒，对于啤酒的生产商也非常重要，原来搞不清楚哪种啤酒销量怎么样，现在可以知道各个品种在每个渠道上的销量，可以更好地制定啤酒生产计划来优化生产。

工业 4.0 另外一个重点就是大规模的个性化，通过大数据实现大规模的数据化。美国 eBay 公司相当于美国版的阿里巴巴，一年的销售额、交易额超过全球三分之一国家的 GDP。这家企业的 CIO（首席信息官）认为，他跟美联储主席的作用差不多。美联储主席通过调整利率来影响美国甚至全世界的利率，他可以通过调整政策来影响该产业的经济状况。

现在企业在大数据过程当中主要面临三大挑战。第一个挑战是对现有的数据利用不够充分。通过对美国排名前 1 000 的公司进行分析，发现目前大多数企业对数据的利用只有 10%左右。第二是在物联网时代，新类型的数据呼啸而来，像物联网传感器数据，包含了特别多非结构化的数据。现在零售行业已开始捕捉消费者的表情，看到这个产品是激动还是沮丧，抑或开心。对企业来说处理的难度非常大。第三个也是最大的挑战是没有发挥集合洞见的威力。大数据的大，不仅仅是体积大，更重要的是维度高。数据收集与数据分析涉及决策周期，随着时间的消逝，决策的价值在下降。所以企业需要缩短数据收集、数据分析和决策的周期，这样才能提升决策的价值。

（四）大数据技术是两化深度融合的加速器

工业化与信息化，大数据与“互联网+”，两大战略、两种技术的历史性融合，在 2016 年上半年已经成为国家顶层设计的重中之重，相关蓝图也一一绘就。2016 年，在智能制造、工业互联网等新理念的指导下，数字工厂、工业软件、云计算、机器人技术等成为中国制造创新发展的主旋律，经济转型升级动能加快聚集，新两化融合可望真正开花结果。大数据被誉为现代信息社会的“数据石油”。大数据技术正是经济转型升级、两化深度融合的加速器。

一是大数据技术加速开放共享，打破资源壁垒。原有的工业化道路主要是大机械、大机器、大交通、大规模的工业化生产实现资源独家占有与有效利用，但是资源分配与优化往往不能做到精细精密，资源垄断、闲置与浪费现象严重，资源利用效率与市场适应效率不能同步。大数据时代的到来，大数据基础上的互联网处理平台能够快捷便利地实现人力、物力的跨时空的优化组合。

二是大数据成为重要的战略资源，大数据技术成为重要的战略技术。大数据技术来源，在信息社会，随着大数据、云计算、物联网、移动互联网等新技术的发展及相关的创新应用不断加快，海量数据正在政务管理、产业发展、城市治理、民生服务等众多领域不断产生、积累、变化和发展，数据资源也正和土地、劳动力、资本等生产要素一样，成为促进经济增长的基本要素。大数据处理技术带来的新服务模式和资源分析处理能力，将带动产业技术研发体系的创新，推动跨领域、跨行业的融合和协同创新，在推动新兴产业快速发展的同时带动传统产业的协同发展，为大众创业、万众创新提供有力支撑，重塑国家竞争优势。

（五）大数据技术是两化深度融合的终极驱动力

随着新一代信息技术与制造业的深度融合，工业企业的运营管理，越来越依赖工业大数据。工业大数据的潜在价值也日益呈现。随着越来越多的生产设备、零部件、产品以及人力、物力不断加入工业互联网，致使工业大数据呈现出爆炸性增长的趋势。

对工业企业而言，工业大数据有四种区别于一般大数据应用的特殊用途，工业大数据是实现信息化与工业化同步历史进程的终极驱动力量。其作用主要体现在四个方面。

一是优化网络：在一个网络系统内实现互联的各种设备或机器，可以通过互联网相互协作，提高网络整体的运营效率。在医疗领域也是如此，如果将医生和护士等的医疗数据互联，数据就可以无缝地传输给医疗机构和病人，等待的时间将会更短，能够更迅速地帮助病人正确使用医疗设备，从而使得医疗设备利用率更高，医疗服务质量更好。在交通领域也是如此，如果将许多车辆实现互联，人们就会知道自己的位置和目的地，同时能够了解网络系统内其他车辆的位置和目的地，允许优化路线来寻找最有效的人工智能解决方案。

二是优化运维：通过工业大数据可以实现最优化、低成本，并有利于整个设备或机器的运行维护。例如，将生产设备、零部件都联网之后，将实现一个可监测的生产状态，可以在正确的时间将最优数量的零部件交付到准确的位置，将减少零部件库存需求和维护成本，提升设备或机器的稳定性。

三是恢复系统：通过建立广泛的大数据信息，可以帮助网络系统在发生毁灭性打击之后更加快速、有效地进行恢复。例如，当地震或其他自然灾害发生时，可以用智能仪表、传感器和其他智能设备和系统组成的网络来进行快速检测，隔离发生故障的设备或机器，不至于发生串联而导致更大规模的故障发生。

四是自主学习：每台设备或机器的操作经验可以聚合为一个大数据，使得整个设备或机器能够自主学习。这种自主学习的方式是不可能在单个机器上实现的。例如，从许多飞机上收集的数据加上位置和飞行的历史数据，才可以提供有关各种环境下飞机性能的信息。当越来越多的机器连接在一个系统中，产生无数智能数据，结果将是网络系统不断扩大并能自主学习，而且越来越智能化。

四、济南市应对大数据时代两化融合发展的对策及建议

推进两化深度融合已成为未来产业竞争的制高点。随着两化融合步伐加快，以工业互联网、信息物理系统、制造业创新网络、大数据驱动等为特征的智能工业，将引领济南市工业迈入转型发展的新时代。面对新趋势，我们应统筹谋划，明确融合路径，把握发展方向，实现重点突破，做好两化融合，为推动我市工业转型升级奠定坚实基础。

（一）基础建设层面

1. 加快普及推广智能制造，形成两化深度融合的突破口

面对智能制造快速发展态势，应采取多种举措推广智能制造模式。制定智能制造发展规划，确定发展路线图，明确方向和重大布局。实施智能制造重大工程，围绕培育智能制造生产模式，发展智能制造技术、智能装备和智能产品，组织实施智能制造三年行动计划。开展智能制造试点示范，在基础较好、需求迫切的行业、地区和企业，组织智能工厂应用示范和智能制造示范城市（区）建设。建立智能制造标准规范体系，破解信息系统不兼容、集成协同难的瓶颈。建立智能制造联盟，加强政府、企业、服务机构间的沟通交流。

2. 深入布局工业互联网，为大数据技术建构资源体系

工业互联网是实现智能制造的必备基础，是智能制造生产体系中“系统的系统”。发展工业互联网的关键是统筹谋划、提早布局。研究制定工业互联网发展路线图，明确工业互联网发展路径。制订工业互联网整体网络架构方案，开展工业互联网 IPv6 地址资源管理示范工程，科学规划互联网地址资源。深化物联网应用，在食品、药品等领域开展试点示范，培育智能检测、全产业链追溯等新模式。组织开发 CPS 相关工具和应用软件、传感和通信系统协议，在制造业、智慧城市、网络和信息安全等领域加强前瞻部署和应用推广。

（二）政策环境层面

1. 加大相关政策支持，适应大数据时代两化融合加速态势

个性化定制、按需制造、众包众设、异地协同设计等“互联网+”与工业融

合创新应用模式不断涌现。青岛海尔集团将开放式创新平台与市场需求有效对接，拓展“交互创造价值”新领域。当前互联网正重新定义制造业的研发设计、生产制造、经营管理、销售服务等全生命周期，以生产者、产品和技术为中心的制造模式加速向社会化和用户深度参与转变。预计未来几年，制造企业将以互联网思维变革传统的“闭门造车”模式，以用户思维和用户需求探索“与用户交互、让用户吐槽、最终由用户定义”的新模式。顺应制造业互联网化发展潮流，应加大对互联网与工业融合创新的支持。研究制定互联网与工业融合创新指导意见，制定发展路线图。开展互联网应用创新示范工程，打造可复制推广的应用样板。进一步推进工业云服务创新试点，将试点范围延伸至工业园区和各行各业，建设一批面向产业集聚需求和行业需求的专业性云服务平台，提高应用服务的通用性和针对性。推动工业企业与互联网企业、互联网应用创新开放平台间的合作交流。

2. 积极加大政策引导，加快制造业服务化发展脚步

制造业正从以产品为核心转变为以消费者为核心，以生产为本转变为以“生产+服务”或服务为本，服务化转型态势明显。随着互联网与工业的深度融合，制造业面向市场提供专业化服务将成为行业发展热点，在线实时监测、远程故障诊断、工控系统安全监控、融资租赁、全生命周期管理等增值服务将不断涌现。

面对制造业服务化态势，济南市政府应加大政策引导。研究制订发展服务型制造的指导意见，支持企业发展在线监控诊断、融资租赁、全生命周期管理等新业务。推动生产型制造向服务型制造转变，引导企业应用物联网、云计算、大数据等技术，提供产品全生命周期服务，拓展制造业价值链和企业盈利的新空间。加快本市生产性服务业发展，重点发展信息技术服务、科技服务、第三方物流、电子商务、节能环保服务、检验检测认证、服务外包、专业金融、培训教育等生产性服务业，形成支撑制造业升级转型的服务体系。

（三）企业引导层面

1. 积极实施典型企业引路政策，促进工业大数据深化应用

大数据应用正从零售、金融、电信、物流、医疗、交通等领域加速向制造业拓展。部分公司基于大数据技术不断优化供应链管理，确保实时、敏捷响应客户需求。也有企业搭建了网络一体智能服务平台，借助大数据为产品优化提供依据。但对于大多数制造企业而言，大数据应用主要以内部数据为主，多数停留在扩大数据来源、增加数量的阶段，还未形成有效的应用模式。随着智能制造的应用推广，越来越多的制造企业将重新审视大数据的价值，围绕产品创新、生产线监测与预警、设备故障诊断与维护、供应链管理、质量监测等方面开展集成应用。面对工业大数据应用逐步深化的趋势，我们要让典型企业引路，深入开展试

点示范。制定工业大数据发展和应用指导意见，明确发展思路、发展目标、发展重点和主要举措。组织开展工业大数据试点示范，选取典型行业骨干企业，围绕大数据在智能制造中的集成应用开展试点示范。加大工业大数据人才队伍培养，鼓励工业企业与高校联合建立大数据工程师培养基地。

2. 推动电商集成创新，探索济南市跨境电商新模式

电子商务加速向行业化和移动化方向发展，制造企业纷纷将移动商城、微信、APP 作为拓展业务范围的重要手段。未来几年，国内的电商企业将大规模开展跨境业务，我国电子商务国际化步伐将提速，越来越多的制造业将基于电子商务平台建立“网上自贸区”，从虚拟空间开辟“走出去”的途径。

面对工业企业跨境贸易蓬勃发展的态势，济南市应大力促进电子商务集成创新。抓紧研究制定鼓励跨境电子商务创新发展的相关政策，支持有条件的大型企业或行业平台建设面向跨境贸易的多语种电子商务平台，实现服务创新和应用推广。鼓励工业企业依托跨境电商平台开展进出口业务，促进大宗原材料网上交易、工业产品网上定制、上下游关联企业全球业务协同发展，创新云制造等生产和经营模式。支持集交易、电子认证、在线支付、物流、信用评估等服务于一体的第三方跨境电子商务综合服务平台发展。

（四）智力支持层面

1. 大力开展科技前沿攻关，掌握大数据核心技术

济南市大数据技术应用已经取得了相应的成绩，但是核心技术储备不足，原创性、先进性、关键性技术还处在引进阶段。因此，济南市应大力开展前沿技术攻关，依托国家信息通信国际创新园、齐鲁软件园等载体，以企业为主体加强关键技术攻关并推动成果产业化，形成一批达到国家制高点水平的“撒手锏”技术；组织推荐企业承担国家发改委、科技部等部门的大数据技术项目；培育开源社区，加强技术扩散和产业化，加快国际、国内先进技术产业化。

2. 加大大数据理论与技术培训力度，培养大数据创新应用型人才

济南市应该依托大数据联盟，加大对领导的培训，提高其对大数据的认识，增强大数据建设的意识，发挥领导在平台研发和领域应用的主导作用；结合大数据科技专项工作，积极推进深入挖掘和分析技术的研发与应用，借助大数据技术提升行业管理水平；依托国内龙头企业开展数据挖掘和分析，形成有自主知识产权和全国影响力的大数据特色应用，培育一批龙头示范企业。

济南市应以大数据领域研发和产业化项目为载体，依托济南市相关人才计划，积极引进一批领军人才和高端人才；研究制定吸引专业人才的配套政策，定期组织举办与大数据相关的研讨、论坛、宣传等活动，营造良好的大数据产业发展氛围。发挥大数据产业联盟、山东大学信息工程学院、山东计算中心平台的作

用，加快培养一批创新型技术人才和应用型大数据技术人才，为济南大数据技术促进两化深度融合提供智力支持。

五、总结与展望

尽管国内外学者已经开始关注大数据技术与两化融合相关理论、发展模式、政策选择等相关问题，但现有研究在研究思路、研究角度、研究范围、研究方法与研究细节上仍有可改进的余地。本文从大数据技术与两化融合理论出发，通过搜集、整理、分析相关文献资料及相关数据，基于系统思维，利用系统科学、管理科学等领域的理论和方法，对大数据技术对济南两化融合的影响进行深入分析和研究。主要结论有以下两个方面。

（1）大数据处理技术将对社会生产、组织方式和生活方式产生巨大影响，将带来人类社会深度革命，信息、数据与物质将形成共生共存的新理论格局。随着互联网技术的进步，大数据技术也应运而生，同时大数据技术也开始融合互联网技术，更有把互联网技术纳入大数据技术范畴的趋势。从某种意义上说，“互联网+”是互联网技术与大数据技术共同进步的产物。大数据技术是所有工业智能的来源，它将彻底颠覆现有的企业组织形式，打破企业原有边界，指导企业进行决策，决定企业的行动规模与方向，实现企业经营模式的再造。大数据技术成为重要战略技术，它既是两化融合发展的加速器也是终极推动力。

（2）通过现状分析与济南市相关政府部门的实地调研、专家访谈等途径，课题组发现大数据技术在济南市两化融合发展中已经得到高度重视和广泛而深入的应用，但是济南市也面临着大数据核心技术储备不足、优秀人才缺乏等问题。因此，济南市应该从以下几个方面制定应对与改进措施。一是从基础建设方面，加快推广智能制造，形成两化深度融合的突破口；深入布局工业互联网，为大数据技术建构资源体系。二是从政策环境方面，加大相关政策支持，适应大数据时代两化融合加速态势；积极加大政策引导，加快制造业服务化发展脚步。三是从企业引导方面，实施典型企业引路政策，促进工业大数据深化应用；加大推动电商集成创新，探索跨境电商新模式。四是从智力支持方面，大力开展科技前沿攻关，开发掌握大数据核心技术；加大大数据理论与技术的培训力度，培养大数据创新应用型人才。

大数据技术已逐渐成为转变经济发展方式的新的热点，两化融合作为一项经济结构调整的重要手段，是我省以及济南市目前和未来一段时期重点发展的对象。随着我国社会宏观经济发展与变化，关于两化融合与大数据技术的相关理论与实践也将进一步完善和发展。本文在国内外现有理论研究与实地调研的基础上，对两化融合与新兴产业进行了全面系统的研究。但是由于各种原因，本研究还存在一定的局限性，未来该领域还有许多重要的理论与实践问题有待研究与解决。

（1）随着大数据技术的进步与两化融合的深入，其相互作用机理与量化关系可能发生变化。对其不断深入研究，将会使得其关系更加明朗化，有利于政府决策。

（2）政策工具是多样化并不断创新的，随着济南经济结构的调整和经济的发展，可能会出现其他新的大数据产业政策工具。对这些政策工具及其对两化影响程度的量化分析与深入研究，将会使得政府决策更加完善、科学、客观和公正。

参考文献

［1］济南市人民政府办公厅关于贯彻鲁政办发〔2016〕50号文件运用大数据加强对市场主体服务和监管的实施意见［J］. 济南市人民政府公报，2017（7）：3-7.

［2］王建伟. 两化深度融合未来发展与对策［J］. 中国信息化，2015（2）：82-85.

［3］付大军. 面向两化融合的北京市战略性新兴产业发展模式与政策选择研究［D］. 北京：北京理工大学，2015.

［4］岳海鸥. 济南大数据产业发展状况研究［J］. 科技视界，2016（5）：128.

［5］平国春. 大数据时代：两化融合下的智慧工厂［J］. 杭州科技，2014（6）：36-37.

［6］吴文仙. 大数据时代下的贵州信息产业和“两化”深度融合发展之路：访省经济和信息化委党组书记、主任李保芳［J］. 当代贵州，2013（21）：18-19.

［7］李培楠，万劲波. 工业互联网发展与“两化”深度融合［J］. 中国科学院院刊，2014（2）：215-222.

［8］邓华，王玉家. 两化深度融合下的电力大数据应用研究［C］//中国电力企业联合会科技开发服务中心. 电力行业信息化优秀论文集2014：2014年全国电力行业两化融合推进会暨全国电力企业信息化大会获奖论文. 武汉：中国电力企业联合会科技开发服务中心，2014：7.

［9］杨明. 支撑两化深度融合工业大数据将左右企业决策［N］. 中国工业报，2015-11-02（A2）.

［10］王金杰. 信息化与工业化融合的机制与绩效［D］. 天津：南开大学，2012.

［11］熊月霞. 太湖县工业化和信息化深度融合评价研究［D］. 合肥：安徽大学，2014.

济南市产业结构碳减排潜力测度及转型对策研究

一、济南市产业结构发展现状

（一）济南基本概况

济南是山东省的省会和全省政治、经济、文化、科教与金融中心，也是国家批准的十五个副省级城市之一，作为省会城市群经济圈的核心城市，具有独特的战略地位。济南开展低碳城市试点建设，对全省低碳发展具有较强的示范带动作用。2015 年年末，城市总面积达 7 998 平方千米，全市常住人口为 713.2 万人。

1. 经济社会发展

2015 年全市地区生产总值达 6 100.2 亿元，比上年增长 8.1%，服务业占比不断提升，比重达 57.2%。财政收入增势良好，一般公共预算收入为 614.3 亿元，比上年增长 13.1%。居民生活质量不断提高，全年城镇居民人均可支配收入为 39 889 元，比上年增长 8.0%；农村居民人均可支配收入为 14 232 元，增长 8.5%。

2. 产业结构

2015 年三次产业增加值比重为 5.0 ∶ 37.8 ∶ 57.2。第三产业比重比全省平均水平高 11.9 个百分点，其中金融、物流、软件信息、会展业等现代服务业快速发展，占服务业比重达 52.7%。高新技术产业发达，规模以上工业高新技术产业产值占规模以上工业总产值的 42.63%；钢铁、有色、炼油、化工、建材、电力等六大高耗能行业工业增加值占规模以上工业增加值的比重为 27.1%；按轻重工业分，重工业主营业务收入约占规模以上工业主营业务收入的 79.8%，重工业为主的特征明显。

3. 能源结构

济南是典型的能源消费城市，一次能源基本依靠外部供给。2015 年全市能源消费总量为 2 490 万吨标准煤。其中，煤炭是主要的能源，占比达 65.53%；石油消费量为 200 万吨，天然气消费量为 7.55 亿立方米，原油、天然气全部需要从外部调入。全市用电量为 264.2 亿千瓦时，外购电量占比达三分之一；第二产业仍是电力消费主体，占全社会用电量的54.28%。

非化石能源占一次能源消费比重的3.69%；风能、太阳能、生物质能等新能源利用规模稳步增长，已并网运行的新能源发电装机达到33.69万千瓦，占总装机容量的9.3%。其中生物质能发电11.17万千瓦，太阳能发电2.72万千瓦，风力发电19.8万千瓦。地热资源得到积极开发和推广，已经开采地热井12眼，用于温泉休闲度假等项目。2015年全市二氧化碳排放总量为5 364万吨。其中，煤炭排放占比约75%，人均二氧化碳排放7.56吨。碳排放主要来自电力热力供应、钢铁、化工、水泥等行业，林业碳汇对减少温室气体排放贡献比较小。

4. 城市碳汇

森林湿地固碳能力不断提高。到2015年年底，全市林业用地面积达28.3万公顷，占全市土地总面积的34.60%；森林蓄积量达1 486.16万立方米，森林覆盖率达到35.24%。新建城市绿地2 226公顷，城市建成区绿地覆盖率达39.94%，人均公园绿地面积达到11.55平方米；湿地保护和恢复工作大力推进，2010年至今共建设国家、省、市级湿地17处，截至2015年，湿地总面积约为2.2万公顷，湿地固碳能力进一步增强。

（二）济南产业现状

近年来，济南市一直围绕“打造现代产业体系”的目标，致力于转方式、调结构、促发展，产业发展取得积极成效。2008—2015年，济南市产业结构呈现“退二进三”的变化趋势。其中，第二产业增加值比重总计下降6.87%，第三产业增加值比重总计提高8.14%（见表1）。

表1　济南市三大产业结构整体变化情况

增加值占地区生产总值的比重 / 年份	济南				
	第一产业	第二产业	工业	建筑业	第三产业
2008	6.71%	46.13%	84.66%	15.34%	47.16%
2009	6.01%	45.15%	84.59%	15.41%	48.84%
2010	5.82%	43.67%	84.93%	15.07%	50.51%
2011	5.60%	42.91%	83.11%	16.89%	51.49%
2012	5.50%	41.87%	82.59%	17.41%	52.62%
2013	5.40%	41.51%	82.44%	17.56%	53.09%
2014	5.27%	40.35%	82.71%	17.29%	54.39%
2015	5.44%	39.26%	82.34%	17.66%	55.30%

1. 第一产业发展现状

2014年，济南市粮食生产连续第12年获得丰收，呈现面积、单产、总产

"三增"的良好势头。粮食播种面积达 45.2 万公顷、粮食总产达 281.5 万吨、亩产达 415.3 千克。蔬菜生产保持稳定增长，蔬菜产量达到 548.4 万吨；畜牧业呈现恢复性增长，肉、蛋、奶产量分别增长 9.5%、1.0%、9.6%；渔业生产基本稳定，水产品产量达到 4.1 万吨。造林绿化取得积极成果，完成造林合格面积 12 364 公顷，森林覆盖率达到 27.8%。农业产业化水平进一步提高，龙头企业快速发展，全市新发展规模以上农业龙头企业 20 家，累计达到 265 家；全市规模以上龙头企业实现销售收入 150 亿元；53%的农户被纳入了农业产业化的经营范畴。全市注册登记农民专业合作社达到 1 160 家，覆盖了粮食、畜禽、林果、瓜菜、食用菌、药材、渔业、花卉苗木八大产业。

2. 第二产业发展现状

济南全市在工业领域主要形成了机械装备、汽车、食品医药、电子信息、石油化工和冶金钢铁六大主导产业。①机械装备产业。2014 年全市机械装备产业规模企业为 751 家，实现主营业务收入 1 281 亿元，在锻压设备、数控机床、发电设备、变压器、内燃机、输变电设备等领域达到国内领先水平。②汽车制造产业。2014 年全市汽车制造产业规模企业为 81 家，实现主营业务收入 792.6 亿元，全年汽车产量达 14 万辆，代表龙头企业主要有重汽集团、中集车辆（山东）有限公司等。③食品医药产业。全市食品医药产业共有规模企业 219 家，2014 年主营业务收入达 623.4 亿元，代表龙头企业有齐鲁制药有限公司、山东福瑞达医药集团公司等。④电子信息产业。目前全市电子信息制造企业为 200 余家，其中规模企业为 47 家，2014 年实现主营业务收入 401.3 亿元，涵盖计算机、集成电路、网络通信设备、数字视听产品、电子元器件、半导体材料、半导体照明、太阳能光伏、应用电子等行业。⑤石油化工产业。2014 年全市石油化工产业有规上企业 222 家，实现主营业务收入 783 亿元，代表龙头企业有中石化济南分公司、济南圣泉集团股份有限公司等。⑥冶金钢铁产业。2014 年全市粗钢产量达 746.2 万吨，代表龙头企业有山钢股份济钢分公司、济南庚辰钢铁有限公司等。

从工业内部看，济南市的煤炭、黑色金属采选业，以及食品加工业、化学原料及化学制品制造业、非金属矿物制品业等产业的生产产值占比呈持平或下降趋势。而医药制造，专用设备制造，通信设备、计算机及其他电子设备三大制造业占比呈现明显的增长趋势，从数据来看正逐渐成为济南市工业产值增长的新着力点。金属制品、交通运输设备制造、电器机械及器材制造等行业呈现显著的增长趋势，其中金属制品行业占比 7 年内济南市增加了 1.76 倍，交通运输设备制造行业占比增加了 0.22 倍。造纸、纺织、家具、皮革等制造行业整体呈现下滑趋势，其中，纺织业在 2006 年产值占比达到 6.07%，属于工业支柱产业，到 2014 年产值占比已下降到 2.95%；造纸类行业产值占比从 2006 年的 1.46%降到 2013

年的 0.32%。黑色金属冶炼及压延加工（钢铁生产）类行业占比呈现最大水平下降趋势，济南市钢铁生产总值占比由 2006 年的 19.73%降为 2014 年的 7.71%。通用设备制造业、工艺品及其他制造业、石油加工及炼焦类行业总产值占比都有超过 16%的降低。

3. 第三产业发展现状

济南服务业发达。2014 年，全市服务业实现增加值 2 892.24 亿元，主要产业有商贸服务业、信息软件业、金融业、现代物流等。①商贸服务业。2014 年批发和零售业增加值占全市第三产业的比重为 23.2%，规模比较大的有中国石化燃料油销售有限公司山东分公司、山东能源国际物流有限公司、山东银座商城股份有限公司。②金融业。济南是中国沪宁以北、京津以南、西安以东地区金融业务规模最大、机构数量最多、业务种类最全、服务功能最强的城市。2014 年，全市金融机构数量达 300 余家（省级以上分行达 35 家），雇员达 5.2 万人，本外币存款余额达 10 925.8 亿元，本外币贷款余额达 9 211.2 亿元，上市公司总数为 30 家，股票为 32 支。③信息软件产业。济南是国家认定的中国软件名城、中国服务外包示范城市、国家信息通信国际创新园、中国服务外包人才培养基地、国家软件出口创新基地、国家动漫产业发展基地。2014 年软件和信息技术服务业企业达 1 300 余家，软件业务收入达 1 300 亿元。④现代物流产业。济南是全国 21 个物流节点城市之一。2014 年，济南物流及相关企业达 10 363 家，货运总量达 50 000 万吨，从业人员为 35 万人，物流货物总额为 15 225.3 亿元，货运周转量达 30 亿吨千米。

（三）存在的问题

通过前面的分析论证，我们认为近年来济南产业虽然得到快速发展，产业结构正在向合理化、高度化以及集聚化方向发展，形成了一批具有竞争优势的产业；但是结合产业演变和优化的内在规律以及新常态下对产业结构优化的要求，我们认为济南的产业结构还存在诸多的问题。

1. 产业综合实力不强

济南市的经济发展缺乏强有力的新兴增长点，相比先进地区经济增速不高，综合实力相对下降。在全国同类城市中位次不高，在省会城市经济圈中核心带动能力不强。济南经济总量已经退居全省第三，2015 年经济密度在全省位居第三，仅分别相当于广州、南京的 32.4%、53.0%，经济总量只占省会城市群经济圈的 26.8%。农业龙头企业质量不高，工业规模效益较低，现代服务业承载能力有待提升，急需通过结构调整和布局优化促进整体经济实力快速提升。

2. 产业同质化问题较为突出

济南市长期以来缺乏系统的、刚性约束力的产业布局规划，主导产业发展思路缺乏连续性和相对稳定性，没有对不同门类、不同性质的产业进行集中安排和有效引导，各县（市）区和开发区招商引资无序竞争，项目落地布局随意，导致产业结构雷同化，形成“大而全”“小而全”的产业同构现象和同质化竞争。各产业园区机械装备、电子信息、食品饮料产业同质化率分别达到60%、50%、40%。长期以来各县（市）区之间缺少协调交流，竞争大于合作，企业间的关联与协作难以开展，产业整合目标过于分散，整合优势和规模效应不明显。对传统产业依赖程度过高，轻重比例不尽合理，且资源能源消耗型产业仍占较大比重，不仅经济效益不高，宝贵空间浪费严重，而且对资源环境带来巨大压力。

3. 产业集聚效应亟待提高

产业布局不够集中，存在一区多园、布局分散、无序发展现象。同一园区内企业多是空间集聚而非关联配套协同发展，规模和集聚效益较低，有龙头无产业和有产业无龙头的问题比较突出。产业集群中具备核心竞争力和引导产业发展方向的龙头企业较少，现有龙头企业缺乏关联产业的支撑。产业链条中处于中低区位的产品居多，能够自主研发设计并进行产品深层次延伸的企业较少，降低了企业的竞争力，限制了产业对当地经济和财政的贡献度。2015 年济南工业万元增加值利税仅为 911. 42 元，仅相当于青岛的 90. 2%。

4. 产业布局散乱且不均衡

济南 6 个县（市）区以全市 90%的地域面积，贡献了 41. 8%的生产总值，低于全国的 46%、全省的 77%，而青岛、烟台、潍坊 3 市县域经济在生产总值中的占比已达到 48%、88. 6%和 86. 4%。济南市县域财政收入占全市的 25%，低于烟台的 46%、潍坊的 58%。其中潍坊财政收入过亿元的乡镇就有 30 个，而济南市只有 1 个。

产业空间布局较为零乱，产业发展形成“中心集聚、郊县弱化”的二元结构且呈加剧态势。县域经济发展滞后，商河、平阴、济阳在全省的位次与济南省会城市的地位极不相称。郊县经济密度仅仅相当于市区的 0. 276%。中心城区与商河、平阴等周边县市在发展水平和运行质量上的巨大落差，妨碍了产业链条的平稳衔接，限制了济南作为增长核心的发展，也不利于对周边县市的辐射带动。产业布局呈现“大分散、小集中、嵌套交叉”格局。县区工业空间布局不明晰、特色不明显；主城区五区之间现代三产建设重叠，都市产业与高污染企业并存，对市区产业空间优化形成瓶颈效应。

5. 产城统筹发展亟待深化

产业布局与城乡发展的统筹尚需深化。围绕产业集群发展的相关政策体系和社会化服务体系等配套环境有待完善。很多集群内部公共产品供给不足，不少集群缺少关联产业和支持产业，缺少社会化服务体系的有效支撑。部分开发区产业就业和生活的承载能力不足，制约了区域城市化进程的推进；产业园区与新城建设的衔接仍显不足，如西部新城的“城”“业”分离现象仍然存在。部分开发区配套的水、电、气、热、交通等市政基础设施尚不完善；远郊区多数产业园区周边的教、科、文、卫等城市服务功能配套不足，影响了园区对企业的吸引力。科技园区发展进入第四代，将从单一功能的产业园向融合研发、产业与城市功能的现代科技新城转变。

6. 产业链体系不健全

一是企业间的专业化分工及产业链不完善，龙头企业带动力不强。产业链的聚集效应很大程度上是依靠企业间的分工与协作实现的。但目前济南特色产业链的组织化程度不高，内聚力薄弱，相互支持、相互依赖的专业化分工协作的产业网络尚未形成。与北京、上海、深圳等发达地区相比，产业整体实力仍然不强，特别是在着力培育的区域特色产业如电子信息、装备制造、生物医药等，更是缺乏龙头企业强力带动、配套企业相互衔接、关联企业紧密对接的完整产业链。二是缺乏核心技术，产业链创新能力弱。现有特色高技术产业链起点不高，专业化层次较低，技术熟练工人缺乏，技术水平不高，模仿现象严重，企业短期行为普遍，缺乏公益性产品开发服务、信息服务以及其他配套服务。由于高素质人才缺乏、产业配套不完善、公共产品供给不足等原因，现有产业链大多尚未形成应有的持续创新机制。

二、济南市碳减排发展现状

（一）主要工作和成绩

济南市政府高度重视低碳城市建设，积极开展低碳经济发展战略研究，编制城市温室气体排放清单，积极推进产业低碳化，稳步推广低碳建筑，大力发展低碳交通，深入推进循环经济和清洁生产，全面开展生态文明建设。

1. 积极打造低碳产业

济南市积极推进低碳技术，加快工业转型升级，出台《济南市六大传统产业转型升级实施意见》，以新技术、新工艺、新装备加快企业技术改造，提升传统产业发展水平。加快淘汰落后产能，强化节能减排管理，东部老工业区搬迁改造和关停腾退工业企业 30 家，有效促进了节能降碳工作。积极发展服务业，出台《济南市人民政府关于促进服务业加快发展的意见》以推动服务业平稳健康发展。2015 年服务业实现增加值 3 487.8 亿元，同比增长 8.9%。大力发展战略性新兴产业，新信息、新材料、新能源等产业规模不断壮大，产值不断提高。积极创建低碳环保产业园区，已创建省级节能环保产业基地 2 个、省级循环经济园区 1 个，打造省级节能环保产业示范企业 25 家。

2. 大力发展低碳交通

济南市积极推进“公交都市”试点城市建设工作，构建便捷合理的公交线网结构，提高公交服务质量和换乘效率。市区营运新能源车辆与清洁燃料公交车2 896 辆，占市区公交的 59. 1%，主城区出租车实现全部双燃料。积极做好黄标车提前淘汰补贴工作，截至 2015 年年底，累计淘汰 9. 7 万辆，全面完成山东省下达的淘汰黄标车任务。开展综合交通体系建设，启动 R1、R3 轨道交通建设，加快二环南路高架及东延、二环东西路高架南延等城市快速路工程建设和一批主次干道建设改造。

3. 稳步推广低碳建筑

济南市对新建建筑推行建筑节能闭合式管理模式，加强新建建筑节能全过程监管，目前全市县级以上城市规划区新建建筑节能标准执行率达到 100%。济南市率先在全省推行 100 米以下新建住宅建筑全部安装太阳能热水系统，大力推广太阳能光热系统建筑应用。截至 2015 年年底，既有居住建筑供热计量及节能改造建筑面积达 664 万平方米，绿色建筑推广面积达到 1 180 万平方米。济南市确立了泉城公园防灾避险中心、山东建筑大学综合实验楼以及山东城建学院实验实训中心三个被动式超低能耗建筑试点项目，其中泉城公园防灾避险中心已通过住房和城乡建设部和德国能源署的验收，能效达到德国同类建筑水平。济南成为首批三家国家住宅产业化综合试点城市之一，目前已有三箭汇福山庄、西客站安置三区中小学两个试点项目；已建成的唐官小区，是江北最大的太阳能生态小区；山东万斯达集团申报并获批成为装配式建筑技术国家住宅产业化基地，为住宅产业化的推广奠定了坚实基础。

4. 深入推进循环经济

济南市大力实施循环经济试点示范，涌现出重汽集团济南复强动力公司、圣泉集团、山东建筑大学等一批国家级和省级循环经济试点示范单位，带动了济南市循环经济的创新发展。加快工业固体废弃物的资源综合利用和再制造重点项目建设，截至 2015 年年底，资源综合利用产值达到 32. 8 亿元，工业固体废弃物资源综合利用率达 94. 5%。积极引导企业实施清洁生产审核，50 家企业完成自愿清洁生产审核，超额完成山东省下达的任务。

5. 全面开展试点建设

济南市成立了生态文明领导小组，明确了责任分工，出台了一系列法规文件，编制了生态环境保护规划，分类划定绿色生态保护区，建立优先开发、重点开发、限制开发等分类保护机制，成功申报国家生态文明先行示范区。建成国家森林城市和国家卫生城市，水生态文明市创建取得重要成果，生态城市、生态园林城市、环保模范城、海绵城市建设扎实推进，山体生态修复暨山体公园建设获中国人居环境范例奖。

（二）济南市碳排放现状

1. 二氧化碳排放总量

2005 年以来，济南市能源消费产生的二氧化碳排放量总体保持增长趋势。由 2010 年的 5 997.20 万吨增长到 2014 年的 7 279.44 万吨，年均增长率为 4.96%。2014 年二氧化碳排放总量占全省的 9.44%。

2. 二氧化碳排放强度

二氧化碳排放强度是二氧化碳排放量与 GDP 的比值，它反映了单位 GDP 产出所产生的二氧化碳排放量。与能源强度一样，二氧化碳排放强度反映了经济增长的质量和效率。2010 年济南市生产总值为 1 876.61 亿元，二氧化碳排放量为 5 997.20 万吨，二氧化碳排放强度为 3.2 吨/万元。“十二五”期间，济南市二氧化碳排放强度呈逐年下降趋势，2010 年到 2014 年分别为 3.20 吨/万元、2.68 吨/万元、2.56 吨/万元、2.55 吨/万元、2.28 吨/万元，年均下降 8.12%。二氧化碳减排取得显著成效，经济的快速发展导致对能源的需求激增，减缓了碳排放强度下降的趋势。

3. 人均二氧化碳排放量

人均碳排放量除去了不同地区人口密度对二氧化碳总排放的影响，使二氧化碳排放的地域差异更具有可比性，也是国际上进行碳减排谈判所经常使用的重要指标之一。

2010—2014 年，济南市人均二氧化碳排放量总体呈增长趋势，五年分别为 10.04 吨/人、9.64 吨/人、10.65 吨/人、12.01 吨/人、12.07 吨/人，4 年间人均增长了约 2 吨，年均增长率为 4.70%，略低于二氧化碳排放总量年均增长率。

（三）问题与挑战

尽管在低碳发展方面取得了一定成绩，但仍面临着一些问题与挑战。一是低碳产业发展任重而道远。产业结构偏重，六大高耗能行业用电约占全部工业用电的 68%。战略性新兴产业、生产性服务业等新增长点尚处于培育阶段，产业结构偏重的现象短期内难以改变。二是清洁能源供应所占的比例需要大幅提升。济南市一次能源消费以煤、原油等为主，清洁能源在一次能源消费中占比低，远低于全国平均水平。三是交通基础设施建设力度需要加大。中心城区人口密集，新区配套建设不足，职住分离现象较突出，交通拥堵现象严重，公共交通承载能力和分担率不高，缺乏快速、大容量公共交通系统，轨道交通建设需要加快。四是碳排放基础能力和政策机制仍需加强。碳排放统计、监测、监管等基础能力尚需提高。有利于低碳发展的财税、金融等经济政策还不完善，基于市场的激励和约束机制还不健全。

三、济南市各产业的碳排放强度测算和潜力分析

（一）三次产业的二氧化碳排放

2010—2014 年，济南市三次产业二氧化碳排放量均呈逐年增加态势。第一产业二氧化碳排放量由 42.95 万吨增加到 91.36 万吨，年均增长率为 20.77%；第二产业二氧化碳排放量由 3 715.32 万吨增加到 4 120.58 万吨，年均增长率为 2.62%；第三产业二氧化碳排放量由 1 234.94 万吨增加到 2 112.43 万吨，年均增长率为 14.36%。第一产业二氧化碳排放绝对量最少，但增长最快；第二产业二氧化碳排放绝对量最大，但其增长速度相对较低，排放增长较为平缓。

2010—2014 年，济南市二氧化碳排放量从高到低一直保持“第二产业、第三产业、第一产业”的格局，第二产业二氧化碳排放量是第一产业和第三产业排放量总和的 2 倍左右，而同期经济结构却呈现“三、二、一”的格局。2014 年第二产业增加值比重比第三产业低 8.6 个百分点，二氧化碳排放量比重却比第三产业高 28.45 个百分点，第二产业的高碳特征十分突出。

第一产业二氧化碳排放比重最低且较为稳定，占总排放量的 0.78%~1.43%，2012 年、2013 年比重有所下降。第一产业的二氧化碳排放强度下降缓慢，主要是由于农业机械化程度提高，能源消费增多所致。

第二产业二氧化碳排放量最多，占排放总量的 58%以上，排放量增幅较小，2014 年排放量为 4 120.58 万吨，二氧化碳排放强度为 2.87 吨/万元，与 2010 年相比下降了 33.23%。主要是因为产业内部能源结构优化，低碳能源比重上升。虽然第二产业二氧化碳排放强度有所下降，但仍远高于其他行业。

由于第三产业加快发展，第三产业二氧化碳排放量逐年增加，增长速度较快，比重有所上升。2005 年三产的二氧化碳排放强度为 1.41 吨/万元；2006 年以后开始下降，2009 年降为 1.23 吨/万元。第三产业中以信息传输、计算机服务业和软件业等科技含量较高的行业为主的现代服务行业得到了发展，行业内部结构不断优化升级。

（二）第二产业内部二氧化碳排放结构

1. 工业和建筑业二氧化碳排放

工业增加值占第二产业的比重居高不下，2010 年为 85%，2014 年为 83.11%。工业生产过程排放的二氧化碳排放量 2014 年达到 3 903.18 万吨，占第二产业二氧化碳排放量的 94.72%，占全社会二氧化碳排放总量的 53.62%。

建筑业增加值在第二产业中的比例由 2010 年的 15.0%下降到 2013 年的 14.32%。二氧化碳排放绝对量逐年增加，2014 年排放二氧化碳 290.48 万吨，占第二产业二氧化碳排放量的 7.05%，占全社会二氧化碳排放总量的 3.99%。

2. 各行业的二氧化碳排放

济南市二氧化碳排放的行业结构极不均衡。2014 年，在 37 个工业行业中，二氧化碳排放量居前 5 位的是：黑色金属冶炼及压延加工业，电力、热力的生产和供应业，化学原料及化学制品制造业，石油加工、炼焦及核燃料加工业，非金属矿物制品业。它们的二氧化碳排放量为 3 277.46 万吨，占 37 个工业行业总排放量的 91.30%。二氧化碳排放量居前 10 位的除了以上 5 大行业外，还有通用设备制造业、交通运输设备制造业、医药制造业、工艺品及其他制造业、金属制品业。前 10 位的二氧化碳排放量占 37 个行业排放总量的 96.83%（其中黑色金属冶炼及压延加工业二氧化碳排放量占 45.28%，几近一半），其他 27 个行业二氧化碳排放仅占 37 个行业排放总量的 3.17%（见表 2）。

表 2　2014 年济南市 37 个行业二氧化碳排放情况

序号	行业名称	二氧化碳排放量（万吨）	二氧化碳排放比重（%）
1	黑色金属冶炼及压延加工业	1 625.38	45.28
2	电力、热力的生产和供应业	626.11	17.44
3	化学原料及化学制品制造业	468.00	13.04
4	石油加工、炼焦及核燃料加工业	287.17	8.00
5	非金属矿物制品业	270.80	7.54
6	通用设备制造业	57.44	1.60
7	交通运输设备制造业	48.66	1.36
8	医药制造业	45.96	1.28
9	工艺品及其他制造业	24.17	0.67
10	金属制品业	22.30	0.62
11	电气机械及器材制造业	15.71	0.44
12	纺织业	15.29	0.43
13	食品制造业	15.05	0.42
14	煤炭开采和洗选业	14.06	0.39
15	专用设备制造业	9.88	0.28
16	饮料制造业	7.67	0.21
17	农副食品加工业	6.37	0.18
18	塑料制品业	3.93	0.11

表2(续)

序号	行业名称	二氧化碳排放量（万吨）	二氧化碳排放比重（%）
19	烟草制品业	3. 64	0. 10
20	水的生产和供应业	3. 29	0. 09
21	造纸及纸制品业	3. 15	0. 09
22	印刷业和记录媒介的复制业	2. 39	0. 07
23	通信设备、计算机及其他电子设备制造业	2. 34	0. 07
24	有色金属冶炼及压延加工业	1. 79	0. 05
25	黑色金属矿采选业	1. 70	0. 05
26	仪器仪表及文化、办公用机械制造业	1. 67	0. 05
27	木材加工及木、竹、藤、棕、草制品业	1. 03	0. 03
28	纺织服装、鞋、帽制造业	1. 01	0. 03
29	橡胶制品业	0. 66	0. 02
30	文教体育用品制造业	0. 64	0. 02
31	非金属矿采选业	0. 59	0. 02
32	家具制造业	0. 39	0. 01
33	燃气生产和供应业	0. 37	0. 01
34	石油和天然气开采业	0. 30	0. 01
35	皮革、毛皮、羽毛（绒）及其制品业	0. 25	0. 01
36	化学纤维制造业	0. 10	0. 00
37	废弃资源和废旧材料回收加工业	0. 05	0. 00

若将二氧化碳排放量与行业增加值结合考察，济南市二氧化碳排放量前10位行业的工业增加值之和，占37个行业工业增加值总量的66. 43%，大大小于其碳排放量所占的比重（96. 83%）。从另一个角度看，上述结论也同样成立。2014年，黑色金属冶炼及压延加工业，通用设备制造业，电力、热力的生产和供应业，交通运输设备制造业，化学原料及化学制品制造业，非金属矿物制品业，通信设备、计算机及其他电子设备制造业，电气机械及器材制造业，石油加工、炼焦及核燃料加工业，金属制品业，这10个工业增加值前十位的行业，其工业增加值占37个行业增加值总量的73. 90%，而二氧化碳排放量却占37个行业排放总量的95. 39%（见表3）。

表 3　　2014 年 37 个行业工业增加值分布

序号	行业名称	工业增加值（亿元）	增加值比重（%）
1	黑色金属冶炼及压延加工业	141.45	12.26
2	通用设备制造业	133.54	11.57
3	电力、热力的生产和供应业	114.94	9.96
4	交通运输设备制造业	103.81	9.00
5	化学原料及化学制品制造业	70.41	6.10
6	非金属矿物制品业	69.67	6.04
7	通信设备、计算机及其他电子设备制造业	67.49	5.85
8	电气机械及器材制造业	61.77	5.35
9	石油加工、炼焦及核燃料加工业	45.77	3.97
10	金属制品业	43.86	3.80
11	烟草制品业	42.63	3.69
12	医药制造业	38.03	3.30
13	专用设备制造业	32.91	2.85
14	食品制造业	27.28	2.36
15	农副食品加工业	20.64	1.79
16	纺织业	20.45	1.77
17	塑料制品业	16.41	1.42
18	饮料制造业	14.99	1.30
19	煤炭开采和洗选业	11.85	1.03
20	造纸及纸制品业	10.76	0.93
21	仪器仪表及文化、办公用机械制造业	10.21	0.88
22	印刷业和记录媒介的复制业	9.03	0.78
23	非金属矿采选业	6.58	0.57
24	纺织服装、鞋、帽制造业	5.54	0.48
25	工艺品及其他制造业	4.96	0.43
26	有色金属冶炼及压延加工业	4.91	0.43
27	文教体育用品制造业	4.50	0.39
28	燃气生产和供应业	4.21	0.37
29	水的生产和供应业	3.29	0.28
30	木材加工及木、竹、藤、棕、草制品业	2.59	0.22
31	石油和天然气开采业	2.38	0.21

表3(续)

序号	行业名称	工业增加值（亿元）	增加值比重（%）
32	家具制造业	2.11	0.18
33	皮革、毛皮、羽毛（绒）及其制品业	2.02	0.17
34	橡胶制品业	1.37	0.12
35	黑色金属矿采选业	1.29	0.11
36	化学纤维制造业	0.35	0.03
37	废弃资源和废旧材料回收加工业	0	0.00

济南市各行业二氧化碳排放强度差异很大。2014 年，二氧化碳排放强度居前 5 位的是：黑色金属冶炼及压延加工业，化学原料及化学制品制造业，石油加工、炼焦及核燃料加工业，电力、热力的生产和供应业，工艺品及其他制造业。这五大行业的工业增加值占 37 个行业增加值的 32.72%，二氧化碳排放量占 37 个行业排放量的 84.44%。排放强度前 10 位的行业除上述 5 个行业外，还有：非金属矿物制品业，黑色金属矿采选业，医药制造业，煤炭开采和洗选业，水的生产和供应业（如表 4 所示）。这 10 大行业的工业增加值占 37 个行业工业增加值总量的 43.47%，而其二氧化碳排放量占排放总量的比重却高达 93.80%，说明济南市结构调整的任务仍然十分艰巨。

表 4　　2014 年 37 个行业二氧化碳排放强度

序号	行业名称	二氧化碳排放强度（吨/万元）
1	黑色金属冶炼及压延加工业	11.49
2	化学原料及化学制品制造业	6.65
3	石油加工、炼焦及核燃料加工业	6.27
4	电力、热力的生产和供应业	5.45
5	工艺品及其他制造业	4.87
6	非金属矿物制品业	3.89
7	黑色金属矿采选业	1.32
8	医药制造业	1.21
9	煤炭开采和洗选业	1.19
10	水的生产和供应业	1.00
11	纺织业	0.75
12	食品制造业	0.55
13	饮料制造业	0.51

表4（续）

序号	行业名称	二氧化碳排放强度（吨/万元）
14	金属制品业	0.51
15	橡胶制品业	0.48
16	交通运输设备制造业	0.47
17	通用设备制造业	0.43
18	木材加工及木、竹、藤、棕、草制品业	0.40
19	有色金属冶炼及压延加工业	0.37
20	农副食品加工业	0.31
21	专用设备制造业	0.30
22	造纸及纸制品业	0.29
23	化学纤维制造业	0.28
24	印刷业和记录媒介的复制业	0.26
25	电气机械及器材制造业	0.25
26	塑料制品业	0.24
27	家具制造业	0.19
28	纺织服装、鞋、帽制造业	0.18
29	仪器仪表及文化、办公用机械制造业	0.16
30	文教体育用品制造业	0.14
31	石油和天然气开采业	0.12
32	皮革、毛皮、羽毛（绒）及其制品业	0.12
33	非金属矿采选业	0.09
34	燃气生产和供应业	0.09
35	烟草制品业	0.09
36	通信设备、计算机及其他电子设备制造业	0.03
37	废弃资源和废旧材料回收加工业	0.00

二氧化碳排放强度较小的十个行业分别是：纺织服装、鞋、帽制造业，仪器仪表及文化、办公用机械制造业，文教体育用品制造业，石油和天然气开采业，皮革、毛皮、羽毛（绒）及其制品业，非金属矿采选业，燃气生产和供应业，烟草制品业，通信设备、计算机及其他电子设备制造业，废弃资源和废旧材料回收加工业。这10个行业的工业增加值占37个行业增加值总量的12.61%，而其二氧化碳排放量所占比重仅为37个行业二氧化碳排放量的0.30%。因此，在产业结构调整过程中，应有选择地加以扶持。

（三）未来10年二氧化碳排放预测

1. 按碳排放强度比2005年下降40%测算

2020年：二氧化碳排放强度为2.28吨/万元，人均二氧化碳排放量为18.59吨/人，二氧化碳排放总量为14 320.78万吨；与2005年相比，二氧化碳排放空间为8 323.58万吨。

2025年：二氧化碳排放强度为1.92吨/万元，人均二氧化碳排放量为22.44吨/人，二氧化碳排放总量为19 452.78万吨；与2005年相比，二氧化碳排放空间为13 455.58万吨。

2. 按碳排放强度比2005年下降45%测算

2020年：二氧化碳排放强度为2.15吨/万元，人均二氧化碳排放量为17.55吨/人，二氧化碳排放总量为13 513.74万吨；与2005年相比，二氧化碳排放空间为7 516.54万吨。

2025年：二氧化碳排放强度为1.76吨/万元，人均二氧化碳排放量为20.57吨/人，二氧化碳排放总量为17 831.71万吨；与2005年相比，二氧化碳排放空间为11 834.51万吨（见表5）。

表5 济南市2015—2025年二氧化碳排放指标预测

年份	经济规模（亿元）	人口（万人）	单位生产总值CO_2排放量下降40%			单位生产总值CO_2排放量下降45%		
			CO_2排放强度（吨/万元）	CO_2排放量（万吨）	人均CO_2排放量（吨/人）	CO_2排放强度（吨/万元）	CO_2排放量（万吨）	人均CO_2排放量（吨/人）
2015	3 569.66	704.73	2.70	9 634.45	13.67	2.62	9 359.04	13.28
2016	3 998.02	716.90	2.61	10 429.29	14.55	2.52	10 072.57	14.05
2017	4 477.78	729.07	2.52	11 289.71	15.49	2.42	10 840.49	14.87
2018	5 015.12	740.58	2.44	12 221.11	16.50	2.33	11 666.97	15.75
2019	5 616.93	754.28	2.36	13 229.35	17.54	2.24	12 556.45	16.65
2020	6 290.96	770.18	2.28	14 320.78	18.59	2.15	13 513.74	17.55
2021	6 920.06	787.04	2.20	15 224.12	19.34	2.06	14 255.32	18.11
2022	7 612.06	805.14	2.13	16 213.69	20.14	1.98	15 071.88	18.72
2023	8 373.27	824.21	2.06	17 248.93	20.93	1.91	15 992.94	19.40
2024	9 210.59	844.72	1.99	18 329.08	21.70	1.83	16 855.39	19.95
2025	10 131.65	866.89	1.92	19 452.78	22.44	1.76	17 831.71	20.57

四、发达国家和地区的碳减排经验

（一）发达国家和组织的经验

1. 欧盟

欧盟发展低碳经济，主要通过制订碳减排目标、建立碳排放交易机制、实施碳税和推行碳立法等方式。

（1）建立碳交易机制。欧盟于 2005 年 1 月实施碳排放贸易体系（EU Emission Trading Scheme，简称 EU ETS 或 ETS）。该体系被誉为欧盟推进节能减排、应对气候变化的战略基石。欧盟向各个工业企业分配排放配额（欧洲排放单位，EUAs）。所有受排放管制的企业，在得到分配的排放配额后，可根据需要进行配额买卖。如果某企业采取有效减排措施而剩余排放权，则可将其出售而获利。那些实际排放量超出所持配额的企业将向持有多余排放权的企业（或金融机构）购买排放权，以免遭受惩罚而增加生产成本。碳交易机制促使企业本着降低成本的意图而努力减排，从而减少温室气体排放量。目前，EU ETS 是全球最为重要的碳交易市场，其 2008 年的交易额达到 919 亿美元，占全球碳交易总额的 73%，其占配额交易市场的比重为 99%。

（2）实施碳税。碳税是针对二氧化碳排放所征收的税。它以环境保护为目的，希望通过削减二氧化碳排放来减缓全球变暖。与排放贸易等市场竞争的温室气体减排机制不同，实施碳税只需增加少量的额外管理成本即可实现，因此，开征碳税在发达国家被认为是一种富有经济效率的手段。丹麦、荷兰、挪威、瑞典、芬兰等欧盟成员国多年前就开始征收碳排放税。例如，爱尔兰 2009 年 12 月起开征碳税；英国 2001 年开始征收气候变化税，它是适用于工业、商业、农业和公共部门的一种能源税。气候变化税使企业和公共部门能源使用的名义成本增加了 15%，但是达到协议规定的能源效率提高目标的企业可以享受 80% 的税收折扣，只付 20% 即可。2009 年 9 月，法国政府正式宣布法国将于 2010 年 1 月 1 日起在国内征收碳税，征税标准初步定在每吨二氧化碳 17 欧元，以后根据实际情况上调。目前，欧盟正在讨论实施欧盟统一的碳税，有望近期内达成协议，为欧盟征收碳排放税确定一个最低标准。

（3）推行碳立法。为缓解气候变化，发展低碳经济，欧盟出台了一系列法律法规政策。至今为止，欧盟共制定了 300 多个法律文件以实施其环境政策。在气候变化问题上，欧盟国家积极参与 1992 年里约热内卢联合国国际环境会议，主张限制温室气体排放并主动承担了减排义务，还于 1993 年制定了欧盟的《可持续发展规划》。欧盟极力推动国际谈判，促成了首个具有法律效力的、关于温室气体减排具体协议——《京都议定书》的生效。在 1997 年新修订的《阿姆斯特丹条约》中，欧盟正式将可持续发展作为欧盟的优先目标，并把环境与发展综合决策纳入欧盟的基本立法中，为欧盟环境与发展综合决策的执行奠定了法律基础。2001 年 3 月，欧盟颁布了《环境 2010：我们的未来、我们的选择》，提出未来 5~10 年欧盟的环境政策目标。2006 年 3 月，欧盟委员会发表了《欧洲安全、竞争、可持续发展能源战略》绿皮书，为欧盟的能源政策调整“定调”。2008 年

12 月，欧盟首脑会议通过了《气候行动和可再生能源一揽子计划》。2009 年 4 月 6 日，欧盟部长理事会就此表决，一致通过了这一里程碑式的法案文本。

2. 美国

美国在发展低碳经济方面的做法包括：制定碳减排目标、实施布什的“20in10 计划”和奥巴马的“绿色能源法案”、制定气候变化技术方案、立志做清洁能源技术的领先者。

（1）制定碳减排目标。美国虽然没有签署《京都议定书》，但近些年来，美国十分重视节能减碳。2007 年 7 月美国参议院提出的《低碳经济法案》直接以低碳经济为名，提出到 2020 年美国碳排放量减至 2006 年水平、2030 年减至 1990 年水平的碳排放总量控制目标。法案还提出建立限额与交易体系，并通过鼓励 CCS（碳捕捉和储存）技术开发等多项具体措施来发展低碳经济。2009 年 6 月，美国众议院通过了旨在降低美国温室气体排放、减少美国对外国石油依赖的《美国清洁能源安全法案》。该法案规定的减排目标为：至 2020 年，二氧化碳排放量比 2005 年减少 17%，至 2050 年减少 83%。尽管这一中期目标与国际社会的期望相距甚远，美国在应对气候变化的立法过程依然面临诸多挑战，但一系列气候变化法案的出台，仍然标志着美国在减排方面迈出了重要一步。

（2）布什的“20in10 计划”。在 2007 年国情咨文中，布什公布了新的能源目标，即在未来 10 年内美国将通过开发替代能源和提高燃料体系能效，将汽油消耗量降低 20%，称作“20in10 计划”。为此，美国必须在大力提高内燃机燃油效率的同时，大力发展替代燃料，从而减少美国对石油特别是进口石油的依赖，从而增强美国的能源安全，并应对全球变暖的挑战。美国前总统布什要求替代燃料的供应到 2017 年达到 350 亿加仑，这大约是 2007 年的 5 倍。

（3）奥巴马的“绿色能源法案”。2009 年奥巴马上台之后，美国应对气候变化的态度变得更加积极，提出了旨在降低温室气体排放、减少对国外石油依赖的《美国清洁能源安全法案》。法案主要内容包括：2020 年温室气体排放量比 2005 年减少 17%，2050 年进一步减少 83%；2020 年电力部门至少有 12%的发电量来自风能、太阳能等可再生能源；2012 年后新建建筑能效提高 30%，2016 年后提高 50%；实现减排目标的主要手段为配额交易制，85%的排放配额将免费发放，15%配额用于出售；2025 年之前投资 1 900 亿美元于清洁能源和能效领域。虽然法案中提出的减排目标远未达到外界的期望，但仍标志着美国在减排方面迈出了重要一步。

3. 日本

日本在发展低碳经济方面取得了一定的成绩，它发展低碳经济的做法包括：制定碳减排目标、制定低碳社会研究开发战略、加强低碳社会立法、推行建设低碳社会的措施。

（1）制定碳减排目标。日本作为太平洋岛国之一，受气候变化的影响要大于其他发达国家。鉴于气候变暖可能给该国带来不良影响，日本政府一直致力于节能减排工作，主导建设低碳社会。2008 年 6 月，时任首相的福田康夫提出防止全球气候变暖对策的“福田蓝图”，定下 2050 年日本温室气体排放量比当年减少 60%~80%的目标。2008 年 7 月，当局通过“低碳社会行动计划”，表明三至五年内将家用太阳能发电系统的成本减少一半。2010 年 1 月，日本政府以书面形式向《联合国气候变化框架公约》秘书处提交了日本的减排目标，在一定条件下，承诺到 2020 年将在 1990 年的排放基础上减排 25%，并努力实现到 2050 年比 1990 年减排 70%的中长期目标。

（2）制定低碳社会研究开发战略。日本 2008 年 7 月发布了《构建低碳社会行动计划》，2009 年 8 月又发布了《文部科学省关于构建低碳社会的研究开发战略》，并设置了“构建低碳社会研究发展战略本部”，2009 年 12 月又组建了“文部科学省构建低碳社会研究开发战略推进委员会”，推动该战略的落实。2009 年和 2010 年，日本分别投入 983 亿日元和 1 391 亿日元，用于构建低碳社会研究发展战略的八个方面，包括：有关实现社会变革的战略性研究；对碳减排技术在社会体系中的适用性进行实证研究；推动先进的低碳化技术的开发；推动未来型能源技术的开发；推进具有时效性的应对环境变化的对策研究；推动旨在持续掌握地球环境状况的系统观测；激励研究人员进行技术创新；利用先进的环境科学技术，开展国际合作和科技外交。

（3）加强低碳社会立法。早在 1979 年日本就颁布并实施了《节约能源法》，并对其进行了多次修订。1991 年至 2001 年，日本先后颁布了《合理用能及再生资源利用法》《废弃物处理法》《化学物质排出管理促进法》等关于促进再生资源利用的法律法规。通过强有力的法律手段，全面推动各项节能减排措施的实施。2006 年，经济产业省编制了《新国家能源战略》，2008 年 7 月，日本内阁会议通过了“低碳社会行动计划”，提出在未来三五年内将家用太阳能发电系统的成本减少一半。2009 年 4 月，日本公布了《绿色经济与社会变革》政策草案。该草案实施后，将使日本环境领域的市场规模从 2006 年的 70 万亿日元（1 美元约合 96 日元）增加到 2020 年的 120 万亿日元，相关就业岗位也将大大增加。

（4）强化碳排放管理。日本对企业执行节能标准的管理，有一套完整的“四级管理模式”：以首相为首的国家节能领导机构负责宏观节能政策的制订；经济产业省及其下属的资源能源厅和各县的经济产业局为节能的指挥机关，具体负责节能和新能源开发等工作，起草、制订涉及节能的详细法规方案；受政府委托的近 30 家节能中心，负责对企业的节能情况进行检查和评估，提出整改建议，并负责能源管理员资格考试等工作。节能法规定，一定规模以上的企业必须设置能源管理员岗位，负责监督企业节能和按时向政府节能管理部门上报企业的能源使用计划和节能措施，能源管理员要通过节能中心组织的全国考试，合格后方可上岗，目前日本有数万名能源管理员。

（5）实施低碳政策激励。为鼓励企业和社会节能，日本实施了多项财税激励政策。一是特别折旧和税额减免政策。使用指定节能设备，可选择设备标准进价30%的特别折旧（即在正常折旧的基础上，还可提取30%的特别折旧）或者7%的税额减免（仅适用于中小企业）。二是补助金政策。对于企业引进节能设备、实施节能技术改造，给予其该节能项目总投资额的1/3到1/2的补助（一般项目补助上限不超过5亿日元，大规模项目补助上限不超过15亿日元）；对于企业和家庭引进高效热水器，给予固定金额的补助；对于住宅、建筑物引进高效能源系统，给予其总投资1/3的补助。三是节能资金预算政策。在国家预算中安排专门节能资金，由经济产业省实施支援企业节能和促进节能的技术研发等活动，该预算纳入“能源供需结科目”，主要来源于国家征收的石油煤炭税。

（6）推进低碳经济社会化普及。日本环境省2005年就提出民众夏天穿便装，秋冬两季加穿毛衣的倡议。夏天要求男士不打领带，将空调温度由原先的26摄氏度调到28摄氏度，秋冬可调到20摄氏度。据统计，仅夏天空调温度调高2摄氏度一项，即可节能17%，换算成石油，全国每年可节约原油155万桶。在饮食方面，日本总结了一整套包括从购买、保存到烹饪等环节的详尽的节能窍门。例如，购买环节，提倡消费者购买应季蔬菜和水果，因为生产反季节的蔬菜和水果往往耗费更多能源；尽量选择产地较近的产品，从而鼓励商家从邻近地区进货，以缩短运程节省能源。在出行方面，目前多数日本家庭的轿车只在外出游玩时使用，平时上下班多选择搭乘公共交通工具。开车时，不急起步、不猛加速，提倡保持“经济速度”等。

（二）先进地区的经验

1. 上海市

为了减少碳排放量以实现可持续发展，上海市在南汇区临港新城、崇明岛等地建立“低碳经济实践区”，推动“低碳经济”发展。

（1）探索“低碳经济实践区”的发展模式。2008年11月，上海宣布将打造三大低碳经济实践区，即在崇明岛建设低碳生态实践区、在临港新城建设低碳发展实践区、在虹桥枢纽建设低碳商务实践区。上海将充分利用南汇区临港新城和崇明岛的后发优势，在两地建设若干低碳社区、低碳商业区和低碳产业园区等，以促进低碳技术的集成应用，带动两地的低碳经济发展，为上海建设低碳城市探索新的发展模式。

（2）根据自身特点探索不同的低碳发展路径。临港新城利用地理优势和自身能源，发展风电、光伏发电、地热等新能源，建成低碳实践区；虹桥区则利用其发达的商业优势、信息优势和人才优势，大力发展现代服务业，并在建筑上采用各种低碳科技，建成低碳商务区；崇明岛的生态定位更有特色，主要发展现代低碳农业。2010 年 1 月，上海市发改委公布了《崇明生态岛建设纲要（2010—2020 年）》，纲要指出，“把崇明岛的建设定位于现代化的生态岛，大力发展绿色经济，积极推进低碳经济和循环经济”。

（3）设立专项资金和提供政策保障。根据《崇明生态岛建设纲要（2010—2020 年）》，崇明产业发展的重点是发展现代生态农业和建设绿色农业基地；推进清洁生产和高科技环保型生态工业体系建设；构筑现代服务业体系，调整经济结构。这些任务的完成需要实施众多项目，资金来源成为重中之重，缺少资金支持，这些项目将难以完成。纲要中提出，“统筹平衡市级层面对崇明生态岛的政策资金支持，在深化生态补偿机制的基础上，探索设立崇明生态岛建设的专项资金，形成稳定的财政支持机制，重点支持生态保护、环境建设项目和工作措施”。在政策保障方面，将实行人口综合调控，完善土地控制政策；制定产业准入政策，建立绿色消费模式；拓宽建设资金渠道，完善生态岛建设的投融资机制；鼓励社会公众参与和监督；等等。

（4）通过淘汰落后产能加快产业结构调整。近年来，上海运用法律、经济、行政和技术等综合措施，强制淘汰了一批高能耗、高污染的落后工艺、技术设备和产品，有步骤地关、停、改了一批小冶金、小钢铁、小建材和小化工等领域的高能耗、高污染企业。截至 2014 年年底，上海市完成产业结构调整项目 571 个，实现年节能量 100 多万吨标准煤。

2. 深圳市

（1）深圳市率先建设低碳生态示范市。2010 年 1 月 16 日，深圳市政府与住房和城乡建设部举行合作框架协议签字仪式，共建“国家低碳生态示范市”。深圳成为国家住房和城乡建设部批准的第一个国家低碳生态示范市。根据协议，住建部将与深圳市合作，重点探索在城市发展转型和南方气候条件下的“渐进常态化”低碳生态城市的规划建设模式，将深圳市逐步建设成为全国乃至世界发展低碳生态城市的典范。

（2）地方政府与国家部委合作。深圳“国家低碳生态示范市”建设开创了地方政府和国家部委合作建设低碳生态示范市的先河。根据协议，住建部支持将国家低碳生态城市建设的最新政策和技术标准优先在深圳试验，引导相关项目优先落户深圳，并总结经验，向全国推广；深圳负责承接国家低碳生态城市建设的政策技术标准和示范任务，以光明新区、坪山新区等地区为试点，建设绿色交通、绿色市政、绿色建筑、低冲击开发模式、可再生能源等各类示范项目。在技术创新方面，住建部将指导深圳市积极参加国家低碳生态城市建设的政策标准制定，支持技术创新，优先将深圳市的相关项目纳入科技计划，并给予政策、技术扶持和一定的资金支持。同时，住建部支持深圳市将每年一次的“光明论坛”提升规格，使其成为国内外具有重要影响力的低碳生态城市理论与实践的交流平台。

（3）积极加强生态监管。深圳是全国率先划定基本生态控制线的城市，并将基本生态资源保护上升到地方法规监管层面。同时，深圳率先出台了《绿色建筑评价标准》《绿色建筑设计导则》等一系列“绿色”技术标准和规范准则。新近获国务院批复的2010版城市总体规划，更是将“生态保护”作为城市发展目标之一，并提出以区域合作开展生态建设和环境保护，积极推动循环经济和绿色产业等策略。

（4）实施多项低碳生态试点项目。光明、坪山新区作为深圳市探索低碳生态城市的示范区，正展开一系列规划研究与实践；南山区商业文化中心已建成完善的雨水利用和中水回用系统，在新能源公交利用、资源回收利用、土地集约利用等方面做出了良好示范作用。下一步深圳市将通过优化城市结构、创新土地利用模式、建立绿色交通系统等手段，推动“绿色城市”建设迈向新境界。

3. 乌鲁木齐市

（1）制定风电基地建设规划。2010 年 4 月，为加快推进风能开发利用，扩大达坂城等大型风电基地建设规模，建成我国可再生能源规模化利用示范基地，乌鲁木齐市出台了《关于加快达坂城风区风电基地建设带动我市风电产业快速发展的实施意见》（以下简称《实施意见》）。《实施意见》指出，首府将设立风电建设项目前期专项资金，用于达坂城风区规划范围内，整体风电资源前期勘测、测风塔建立、水土保持等相关基础设施的前期准备。并制定了风电企业入驻达坂城风区的标准，并对达坂城风区的发展进行了合理的规划和安排。

（2）政府对风电建设项目大力扶持。新疆经济技术开发区与达坂城区将全力推动金风科技股份有限公司实施试验风电场建设，共同协助企业争取不低于 3 万~5 万千瓦的上网容量。达坂城区负责试验风电场的选址，并确保提供 5 平方千米的建设用地；达坂城区对开发区推荐的风电企业在土地规划、土地出让金、土地政策等方面给予积极优先的扶持，为风电企业提供良好的发展空间；开发区与达坂城区同意以资金、土地资产、基础设施资产等作为出资，设立风电产业发展引导资金，主要用于风电产业基础设施建设、战略规划研究、项目招商引资等方面，支持风电产业的发展。

（3）形成风电产业集群。新疆达坂城内的企业金风科技，是我国风电装备制造行业最耀眼的明星之一，同时也是国内第一家具备完全自主研发设计能力和完整自主知识产权的风电整机制造商，市场业绩增长连续 8 年超过 100%。目前，乌鲁木齐经济技术开发区已经形成以金风科技为龙头的风电装备制造业基地，吸引了艾尔姆、羲之翔、汇通、鑫风等国内外著名企业，形成了研发、电机制造、风机叶片、配套设备和风机装配等较为完整的产业链。2006 年，经济技术开发区启动了以金风为龙头的风电产业园建设，开辟了 100 公顷土地，以扶持、发展一批具备条件的本地零部件生产企业，吸引一批国际、国内著名零部件生产企业投资。

（三）国内外低碳经济发展的主要经验

1. 把发展低碳经济作为国家战略

面对温室气体排放过多、全球气候变暖的情况，越来越多的国家将发展低碳经济提升到国家战略层面。2003 年，英国发布政府白皮书《我们能源的未来：创建低碳经济》，将实现低碳经济作为英国能源战略的首要目标。2006 年，英国政府在《能源回顾》中，在确认 2003 年白皮书四大目标的同时，进一步指出两大挑战：①与其他国家一起应对气候变化的国际行动；②保证安全、清洁和合理的国内能源供应。2007 年，英国的《能源白皮书——迎接能源挑战》出台，该报告论调基本上与 2006 年的《能源回顾》一致，其中用大量篇幅描述了国际能源需求和温室气体大幅度增长对气候变化的影响，强调国际行动的必要性。

在平衡与协调欧盟各成员国目标的基础上，欧盟委员会于 2007 年通过了欧盟战略能源技术计划，其目的在于促进新的低碳技术研究与开发，以达成欧盟确定的气候变化目标。

日本是一个资源稀缺的国家，历来重视节能减碳。2008 年 6 月，日本首相福田康夫以政府的名义提出日本新的防止全球气候变暖的对策，即著名的“福田蓝图”。这是日本低碳战略形成的正式标志，它包括应对低碳发展的技术创新、制度变革及生活方式的转变，其中提出了日本温室气体减排的长期目标是：到 2050 年日本的温室气体排放量比目前减少 60%~80%。

2. 出台政策法规推进低碳经济发展

政府在推动低碳经济发展中扮演着重要的角色。很多发达国家采取强有力的政策法规，促使低碳经济在较短时间内得到了迅速发展并取得明显的社会经济成效。

（1）出台强制性的法规标准。一方面，政府通过立法和颁布对行业、部门的最低能效标准和排放标准以推动低碳经济发展。例如，美国对汽车以及大多数家用耗能设备实施最低能效标准，对建筑和空调、冰箱等高耗能家用电器，不断提高节能标准。英国政府出台可持续住房标准，分为 6 个等级限定能源效率和水效率的最小消费标准，对所有租赁和出售的建筑物实行能源绩效证书管理制度等。另一方面，为推动新型可再生能源的发展，政府用法律的形式对可再生能源的应用比例进行强制性规定。如美国能源政策法规定到2012年，可再生和替代性交通燃料（主要是乙醇）达到75亿加仑，约为2005年的两倍。类似的还有英国在2002年实施的《可再生能源义务令》、荷兰在电力法中实施的“绿色证书”计划以及德国著名的“固定电价”制度等。

（2）出台必要的经济激励政策。经济激励政策是市场经济国家在保护环境过程中普遍采用的经济手段。低碳经济在一些发达国家取得显著成效，在很大程度上归功于政府的这些政策措施。其主要内容有三点。一是政府直接投入。许多国家发展低碳经济时非常重视政府投入，期望以政府的先期投入弥补“市场失灵”。比如，英国政府出资建立碳基金，法国政府出资用于可再生能源和清洁能源汽车技术研发，美国政府投入巨资用于新能源研发，日本政府连续向低碳技术研发投资，等等。二是财政补贴。政府对有利于低碳经济发展的生产者或经济行为给予补贴，是促进低碳经济发展的一项重要经济手段。英国对可再生能源的使用采取了一系列财政补贴措施。比如，英国为弥补被强制供应一定比例可再生能源（由2005—2006年的5.5%提高到2015—2016年的15.4%）的电力提供者，准许给予其一定的补贴。丹麦为推动可再生能源进入市场，采取一系列能源补贴措施，包括对“绿色”用电和近海风电的定价优惠，对生物质能发电采取财政补贴激励。三是税收优惠。与征收碳税相比，税收优惠是一种正向激励措施。比如，欧盟及英国、丹麦等成员国规定对可再生能源不征收任何能源税，对个人投资的风电项目则免征所得税等。法国自2005年1月开始，对使用可再生能源或热泵的能源设备的税收减免从40%提高到50%。此外，常见的激励政策还有贷款优惠等。

3. 大力推进低碳技术创新

技术进步是推动低碳经济发展的基本动力。近几年来，发达国家在节约能源技术、可再生能源技术和CCS技术开发等方面都取得显著成效。

（1）节约能源技术。近二三十年来，节约能源技术得到很大发展。在工业节能方面，包括供暖和空调节能、工业循环水系统能源优化、余热发电、供电系统节能等，高效节能锅炉、节能型供热或制冷设备、节能电机和变频器、节能家电和节能灯泡等节能设备及产品不断问世，能源利用效率稳步提高。比较突出的节能技术创新有美国的火电站技术，欧盟的绿色交通技术，欧盟、加拿大等的建筑节能技术，它们在世界节能技术创新中处于领先地位。

（2）低碳能源技术。很多发达国家通过对核能和可再生能源的利用，一方面解决了国内能源供应压力，另一方面大大减轻了碳排放带来的气候变化压力。法国在核能技术创新方面领先其他各国，建设了大量核反应堆，目前法国电力供应中80%以上依靠核能，另外还向西班牙、比利时、瑞士和德国等邻国出口电力。可再生能源方面，风电、太阳能和生物质能是近年来发展最快的可再生能源。①风电。全球风力发电产业装机量近10年来以25%的年增长速度飙升，风电技术不断得到突破，海上大容量风电场逐渐发展。②太阳能。到2007年全世界太阳能热利用装机容量达到1.05亿千瓦，并网太阳能光伏系统安装量达到了770万千瓦，80%以上集中在德国、西班牙、日本和美国。③生物质能。到2007年，全世界生物质能发电总装机容量约为5 000万千瓦，生物燃料乙醇年产量约5 000万吨，主要集中在巴西和美国，生物柴油年产量约1 000万吨，主要集中在德国、美国和法国。

（3）CCS技术。CCS技术是指收集化石燃料燃烧前或燃烧后产生的二氧化碳，将其封存在深层地下、深海或者通过工业流程将其凝固在无机碳酸盐的过程。这种方法可以减少的排放量达85%，是众多碳减排技术中应用前景十分广阔的新兴技术。但目前CCS技术的成本昂贵，全球大规模的CCS项目只有2~3个。第一个用于温室气体减排目标的CCS项目是挪威的Sleipner项目，该项目自1996年开始从天然气中分离二氧化碳，日封存二氧化碳2 700吨，累计封存2 000万吨二氧化碳。目前，CCS项目主要分布在北美和欧洲，亚洲较少。

4. 积极推动低碳产业发展

发展低碳产业成为各国政府未来的工作重点。例如英国政府降碳方面的重要举措是发展风能与生物质能产业，并提出三步目标：近期目标是那些有竞争力的、可尽快实现出口的技术领域，包括近海风能、主动和被动式太阳能装置、水电以及垃圾能等；中期目标（到2010年）是确保实现2010年可再生能源发展目标的新技术以及有出口前景的技术，包括生物残留物、近海风能、能源作物、燃料电池以及太阳光电等；远期目标（2010年以后）的重点是那些在执行研究和开发计划过程中发现的潜在能源技术，包括燃料电池、与建筑一体化的光电装置、海势以及太阳能热电等。德国政府通过《可再生能源法》来保证可再生能源的地位。确定了以下几个重点领域：①风能产业。②可再生能源发电产业。③可再生能源供暖产业。意大利政府从1992年对可再生能源发电厂的电价实行保护价收购，扶持可再生能源的发展。1999年后，意大利通过立法的形式开始实行“绿色证书”制度。限制高碳能源的使用，激励低碳的可再生能源发展。日本提出未来太阳能的发展目标，强化了太阳能的研制、开发与利用，日本政府在积极推进技术开发降低太阳能发电系统成本的同时，进一步落实包括补助金在内的鼓励政策，强化太阳能利用世界第一的位置。美国在2006年提出“先进能源计划”，强调增加可替代能源和清洁能源技术的投入，大力发展核电产业、生物燃料技术产业、“氢经济”产业。

5. 建立完善市场驱动机制

（1）建立碳排放量交易机制。2002 年英国正式实施碳排放交易机制，成为世界上第一个在国内实行碳排放量市场交易的国家。欧盟在各成员国的基础上，建立了温室气体排放贸易体系，扩大交易范围，除了污染性工业企业与电厂，交通、建筑部门也可以参与交易，并于 2005 年在欧洲范围内实施了公司级别上的排放交易。此外，欧盟比英国在机制上有所创新，摈弃了分配许可量的做法，转为实现排污量的拍卖机制。这种方法将确保排污者实际支付由于排放二氧化碳而产生的环境破坏的成本。预计到 2020 年，碳交易能带来几百亿欧元的收入。通过制定排放限额，鼓励企业以最低成本投资于能源效率和洁净技术。美国、日本、澳大利亚也采取类似排污机制，不过在实施时间与配套政策上略有不同。日本从 2008 年 10 月起在企业间试行温室气体排放权交易制度，并考虑今后开展研究可再生能源的收费标准体系。澳大利亚的"减少碳排放计划"于 2010 年 7 月正式实施。对于"减少碳排放计划"而引起的成本增加问题，澳大利亚政府对低收入家庭采取退税及其他福利措施予以补贴，对受影响的企业则实施"气候变化行动资金"和"电力系统调节计划"予以支持。

（2）加强国际减碳协作。对于气候变化这个全球最大的公共问题，单靠一个国家是无法完成减碳任务的。所以，西方各国纷纷加强协作。例如，英国政府与 8 个工业强国和欧盟伙伴一道研发遏制气候变化的技术，实现碳减少的目标，同时也帮助其他国家，特别是发展中国家，实现他们自己确定的减少碳排放量的目标，使英国能够从中获得最大限度回报。德国同许多国家尤其是发展中国家开展了气候保护领域的合作，近年来加强与美国的协作，发起欧盟与美国间的"跨大西洋气候和技术行动"，重点是统一标准、制定共同的研究计划等，并在 2007 年 4 月召开的欧盟与美国首脑会议上确定了该项行动的具体措施。澳大利亚推行了一系列计划，为制定全球解决方案做出贡献，包括为本地区脆弱的国家提供可观的援助，帮助其适应不可避免的气候变化。澳大利亚还通过 2 亿澳元的"国际森林碳计划"参与国际缓解气候变化的努力，为降低发展中国家森林采伐和森林退化造成的温室气体排放提供支持。

（四）国内外低碳经济发展的启示

国内外成功的低碳经济发展经验，对于我们发展低碳经济具有重要的启示和借鉴作用。

1. 树立低碳发展理念是前提

理念是行动的支配力量。我们过去之所以长期片面追求 GDP，就在于发展理念出现了偏差。因此，发展低碳经济，必须首先树立低碳发展理念。这就需要我们加强对发展低碳经济的宣传教育，普及气候变化和低碳经济的知识。主要新闻媒体应在重要版面、重要时段进行重点宣传，刊登和播出与低碳经济有关的作品。把低碳经济的内容渗透到各类学校的教育教学中，培养少年儿童以及成年人的节约、环保和低碳意识。通过培育低碳文化，使低碳发展理念在各级决策者、实施者、监督者和社会公众中扎根，渗透到生产生活的各个领域，使人们的行动更多符合低碳发展的准则，为建设“低碳济南”营造城市氛围。

2. 制定低碳经济发展规划是先导

纵观国内外的成功经验，无一不是规划先行。借鉴这一经验，应及早制定济南市低碳经济发展规划，把加快低碳技术研发、促进低碳产业发展纳入国民经济和社会发展规划，明确低碳发展的总体思路、主要目标、发展路径、工作重点和保障措施，进行总体安排部署。低碳经济发展规划既要着眼长远，又要注重当前。在制订中长期战略技术的储备和研发规划的同时，还要制定专项规划。就当前而言，应以节能和煤炭的清洁利用为重点，不断提高能源的利用效率；从中长期来看，应进一步推动能源发展多元化，逐步减少燃煤比例，大幅度提高低碳和无碳能源的比重，建立以洁净煤、可再生能源等为主体的可持续能源支撑体系和绿色管理体系，推动经济的低碳转型。

3. 加强低碳技术创新是关键

低碳技术的创新能力，在很大程度上决定了是否能顺利实现低碳经济发展。我们要积极开展低碳技术开发及其推广工作。一方面要强化自主研发，另一方面要加强与发达国家的低碳技术交流合作，引进和消化先进节能技术和可再生能源技术。针对发展低碳经济的链接技术、共性技术、关键技术进行科研攻关。以企业为主体，加强产学研合作，构建产业技术联盟，促进低碳技术转化及其在各大产业中的发展与应用。当前，迫切需要研发的低碳技术包括节能和清洁能源、碳捕集和封存、清洁汽车技术等。为此，应进一步推进科技体制改革，建立有利于推进低碳技术开发和产业化的服务体系，建设低碳技术创新的体制机制，培育低碳技术创新企业。

4. 建立低碳产业体系是根本

低碳经济归根结底是靠产业支撑的。没有产业的低碳，就没有经济的低碳。发展低碳经济并不意味限制重化工业的发展，而是要利用低碳技术推进产业结构调整，建立符合现代产业体系要求的低能耗、低物耗、低排放的发展模式。为实现这一目的，一要努力推动高耗能企业重组整合，用高新技术改造高能耗、高排放的钢铁、水泥、电力等传统产业，提高产业集中度，提升能源的集约利用率，降低单位 GDP 的碳排放量。二要建立高碳排放行业的准入、退出机制。要抬高高耗能产业的进入门槛，制定相应准入标准，将低碳标准纳入环评体系。同时，依靠市场机制淘汰高耗能行业的落后产能。三要大力发展以能源综合利用为核心的循环经济，以循环经济企业、循环经济园区为载体，推进能源综合利用。四要积极发展低耗能的高新技术产业和现代服务业。五是构建“低碳济南责任体系”，推动济南市低碳产业发展的责任明细化、专业化。

5. 健全低碳发展政策法规体系是保障

发展低碳经济离不开政策法律的引导和规范。应加强对国家、山东省与低碳经济相关的政策法规的研究，结合自身特点，出台地方性的政策法规，加大对低碳发展的政策支持。首先，加大财政投入，建立低碳经济预算体制，设立低碳产业引导基金和低碳技术研发专项；制定税收减免、财政补贴、政府绿色采购等财税优惠政策，发挥其激励作用，引领企业开发先进的低碳技术，研究并实施低碳生产模式。其次，充分发挥资本市场对低碳经济的资源配置作用，加大风险投资支持低碳技术研发的力度，完善低碳经济的项目融资方式，引导金融机构和社会资金流向低碳项目。最后，加快制定有利于减缓温室气体排放、能源清洁发展、低碳能源开发和利用的价格政策、投资政策、贸易政策体系和可持续发展的政策法规体系，推动能源结构调整和可再生能源开发。

五、基于碳减排的济南产业转型发展对策

突出省会综合优势，做强现代服务业，培育发展新兴产业，改造提升传统产业，大力发展现代都市农业，努力打造低碳产业体系。

（一）做强现代服务业

充分利用济南市的服务业基础及省会城市优势，走产业协同路线，做强现代服务业。大力建设信息、金融、文化旅游、物流等四大区域性服务中心。

信息服务中心。加速信息技术向经济领域、服务业领域渗透融合，加快形成由信息化强劲推动的经济发展新形态。丰富工业软件产品体系，做大信息安全产业规模，发展信息系统集成、信息技术咨询产业，扎实推进中国软件名城、国家信息产业高技术产业基地等创新示范平台建设。推进互联网技术与产业领域融合创新，健全电子商务支撑体系，培育电子商务服务能力，加快电子商务应用的深化，推动互联网与生产性、生活性服务业融合发展，打造国家电子商务发展示范城市。加快国家信息惠民和智慧城市建设试点，依托济南市信息产业基础优势，加快形成大数据产品体系，构建竞争优势突出的大数据产业链。推进信息化与工业化深度融合，实施两化深度融合示范工程，建设智能制造创新平台和公共服务平台，完善智能制造服务支撑体系。

区域性金融中心。集中市、区两级优势资源，创新招商引资方式，强化交通等设施配套，全力打造中央商务区，积极推进金融改革创新，加快建设成在全国有较大影响力的黄河中下游地区金融中心。通过政策推动、市场选择等吸引国际

国内知名企业入驻，引进国内外银行、证券、保险等各类金融机构，完善多层次的金融市场体系；积极推动齐鲁银行、中泰证券、鲁证期货、泰山财险等法人金融机构拓展发展空间，发展本土金融机构。

文化旅游中心。依托产业基础和资源禀赋优势，优化文化旅游发展格局。深度整合泉水、文化、生态、休闲等旅游资源，构建以泉文化为主题的“一核一带四区”旅游发展总体格局。突出泉文化旅游特色，打造“好客山东、泉城济南”和“天下泉城”的文化旅游品牌和城市名片。

区域性物流中心。充分发挥济南区位交通优势，以创建综合运输服务示范城市为契机，优化运输通道布局，完善物流网络。实施产业联动发展示范试点工程，推进物流资源整合，推动物流业与制造业、商贸业、农业有机融合、协同发展。加强物流技术与商业模式融合创新，优化物流企业供应链管理服务。强化现代信息技术在物流领域的应用，加快建设跨行业、跨区域的物流信息服务平台。打造以网络化、信息化、规模化为主要特征，联接京津冀与长三角、山东半岛与中原经济区的区域性物流中心。

（二）培育发展新兴产业

以突破制约产业发展的核心关键技术为主攻方向，加大政策扶持和资金投入力度，加强技术创新，重点加快培育新信息、新能源、节能环保、新医药及生物、新材料和高端装备制造等战略性新兴产业。

新一代信息技术。做大做强高端容错计算机、高性能服务器、大容量存储、云服务终端等云计算产业链。加快发展集成电路产业，提升新一代网络与通信产品的研发与产业化水平，推进量子通信科研成果转化，培育卫星通信、光通信产业，支持北斗系统应用产业，积极发展物联网、应用电子、数字家庭、空间地理信息应用等产业。加快高档数控机床、工业机器人等智能制造装备的研发与产业化，着力突破关键功能部件、智能化仪器仪表等领域，全面推广数控技术、智能技术，促进装备制造智能化。

新能源与节能环保产业。强化太阳能光热利用优势，完善产业链；加强风电机组及配套设备的制造能力，支持发展生物质能装备和城市垃圾发电，推广地源、空气源、污水源热泵技术，合理扩大地热资源利用领域。重点发展节能装备产品、污染防治装备、资源综合利用装备和产品，积极推行合同能源管理，推进节能环保市场化、规范化发展。

新医药及生物产业。加快建设国家综合性新药研发技术大平台和国家创新药物孵化基地，实施重大新药创制国家科技重大专项，打造国家级生物医药研发和孵化基地。重点发展生物育种和绿色农用生物制品产业，推进动植物良种产业化；围绕农副产品深加工和农业废弃物综合利用，加快生物高技术产业化发展，培育生物制造产业。

新材料产业。加快培育发展济南新材料产业园，建成新材料科研成果孵化、转化、产业化基地。以半导体材料、氟材料、胶体材料及其他新型材料为重点，加快碳化硅、铌酸锂、氟聚合物、氟材料、硅材料等新材料研究与开发，提升核心技术和产业规模。

高端装备制造业。以高端智能装备为重点，依托优势骨干企业，加快推进装备制造业信息化，研究现代设计技术、先进加工技术、先进制造模式，提高大型成套装备生产能力，促进装备制造业升级换代。依托济南市交通装备和机械制造产业基础，走产业协同的路子，以生产性服务业为纽带，强壮交通装备制造业和机械装备制造业。用好重汽集团的规模优势，以专业物流为纽带，协同零部件、整车、售后服务等产业链环节，提升产业结构层次和贡献能力。发挥传统机床产业优势，实施国家“高档数控机床与基础制造装备”重大专项，加快大型、精密、高速数控机床的研发，促进数控机床专业化、大型化发展。

（三）改造提升传统产业

以控制总量、优化结构、完善产业链、提升价值链为方向，通过技术改造与创新，推动传统产业优化升级、提质增效。加快淘汰钢铁、化工、水泥等落后产能，改造提升纺织、食品、家电等传统优势产业。借势“中国制造 2025”和“互联网+”行动计划，加强信息技术与制造业融合，培育发展产业新形态和新模式，推进传统产业向中高端迈进。

钢铁。加快推进钢铁产业结构调整升级，重点发展高附加值深加工系列产品。加强钢铁产业与下游产业的协作，发挥钢铁制造、能源转换和废物消纳处理等综合功能。

化工。发挥龙头企业带动作用，以基地化、大型化、一体化、精细化为方向，加快发展精深加工煤化工、氟化工产业。

水泥。坚持淘汰、整合落后产能，坚持等量置换、优化升级，坚持环境保护及产业链条综合发展。重点研究运用水泥窑协同处置工业废弃物、城市生活垃圾技术以及脱硫、脱硝技术，实现节能减排；研究应用阿尔法磁谱仪的核心技术，共建水泥生产过程热能集成利用技术平台，降低水泥生产过程总能耗，实现规模节能效益。

纺织服装。积极采用新材料、新工艺、新技术，优化产品结构，发展高附加值产品和产业用纺织品。依托重点骨干品牌企业，发展自主品牌服装，培育壮大济南服装产业群。以韩都衣舍电子商务为契机，带动纺织服装行业开展电子商务销售的渠道。

食品。加快攻克及应用食品生物技术、食品辐照技术、食品超临界流体技术、微胶囊技术、膜分离技术、超高压技术、分子蒸馏技术。整合优势资源，发展优质、保健酒水饮料产品。加快壮大乳制品生产企业群体，加强质量监控与管理。建设优质小麦生产基地，全面构筑“放心面粉”“放心食用油”经销网络。支持休闲保健食品企业加大技术开发力度，积极发展保健型、功能性特种食品及绿色食品。培育一批具有济南特色的焙烤食品重点企业。扶持唐和唐生物科技等骨干企业成为全国功能糖加工基地。

家电。围绕洗衣机、小家电和关键零部件，重点开发高效、节能、环保、低噪音家电系列产品。拓宽“九阳电器”系列产品的品牌结构，发展家庭餐饮、洗浴、洁卫、文化等用途的电器产品，不断满足现代家居生活需求。鼓励企业针对市场需求，研发智能化家居设备和智能康复设备。

（四）积极发展低碳农业

低碳农业是低碳经济的重要组成部分。在推进农业产业化过程中，农业整体能耗和二氧化碳排放量不断增加，节能减排的矛盾日渐凸现，农业低碳化势在必行。发展低碳农业，必须与新农村建设有机结合，推进农村新能源建设等工程项目，大力推广太阳能集热、沼气综合利用和节水灌溉等技术，提高新能源技术的应用水平。走有机生态农业之路，提倡少用化肥、农药，降低农业生产过程对化石能源的依赖，减少农业生产和农村生活中的碳足迹。要推行农作物综合利用和循环利用，把沼气建设与改厨、改厕、改圈结合起来，将生活垃圾、牲畜粪便、作物秸秆发酵成沼气，变废为宝，美化环境。推广秸秆利用新技术，将秸秆作为土壤基肥或生物质有机肥。以秸秆为原料加工生产纤维板或秸秆炭燃料，减少对生态环境的破坏。大力发展生态农业，加强农业节能、节地、节水、节肥等工作，从整体上降低生产成本，保护生态环境，增强土壤固碳能力，减少二氧化碳等温室气体的排放。

（五）大力发展总部经济

总部经济是依托信息网络重新配置资源，提高管理效率，降低交易成本而创造价值的经济形态。总部经济具备低碳经济“低能耗、低污染、低排放”的基本特征。发展总部经济可以为中心城市带来税收、产业、消费、就业、社会资本等方面的经济效应，有利于推动产业结构优化升级，提高中心城市知名度和美誉度。济南市作为省会和区域性中心城市，拥有众多的高校、科研单位和高素质的人力资源，具备发展总部经济的得天独厚的优势。要结合省会都市圈建设，把发展总部经济作为转方式调结构和提升文化品位的战略选择，加快中央商务区、金融服务区规划建设，着力培植先进制造业、高新技术产业、现代服务业总部，建设低碳经济总部基地，带动服务业发展，提升城市功能形象、促进产业结构升级，增强中心城市对周边地区的辐射带动能力。依托大学科技园，建设工业设计基地，发展文化创意产业。

（六）促进建筑产业低碳化

（1）全面推动绿色建筑发展。出台绿色建筑激励政策及发展规划，明确绿色建筑推广目标。根据济南城市特点，因地制宜推广被动式低能耗技术、建筑废弃物利用技术在建筑项目中的应用，同时在国家住宅产业化综合试点的基础上，继续推进建筑产业现代化，加快发展建设工程预制和装配技术，推广适合工业化生产的预制装配式混凝土、钢结构，提高建筑工业化技术集成水平；支持集设计、生产、施工于一体的工业化基地建设，开展工业化建筑示范试点；大力提倡、鼓励建筑保温与结构一体化和新建住宅一次装修到位或菜单式装修。积极推动太阳能光热建筑一体化应用，严格执行100米以下新建居住建筑和集中供应热水的公共建筑全部应用太阳能热水系统的政策，科学推广土壤源热泵供热制冷技术，增强可再生能源在建筑中的复合及深度应用，促进济南市绿色建筑快速发展。

（2）积极开展建筑节能改造。加强全过程监管，完善建筑节能闭合管理模式，确保济南市建筑现行节能标准的执行率为100%。加强节能技术推广，积极鼓励立体绿化等技术在建筑工程中的应用。有计划、有步骤地积极开展既有建筑节能改造，通过开展围护结构、供热计量、管网优化、太阳能光热光电等工程，基本完成全市有改造价值的建筑的节能改造。

（3）加强公共建筑能耗监测平台建设。加强公共建筑节能监管体系建设，所有新建、改扩建的公共建筑采用同步设计并安装用能分项计量装置，完善能耗数据监测系统。提倡和鼓励采取合同能源管理模式以实施建筑节能改造，促进公共建筑低碳发展。

（七）开发可再生能源和新能源

鼓励开发以太阳能为代表的可再生能源和新能源，支持太阳能发电关键技术的研究和开发，包括大型并网光伏发电系统关键技术、塔式太阳能热发电系统关键技术、新型太阳光伏电池产业化技术、可再生能源太阳能电池配套新材料等，力争达到国内领先水平。鼓励太阳能技术的应用和产业化。深化太阳能-建筑一体化研究。利用并完善太阳能电池及热水供应技术，满足全天候使用要求。结合济南实际，因地制宜地在农村地区推广沼气、风能、水力发电、太阳能等可再生能源的利用。

（八）深化官产学研合作

发挥政府的组织协调和引导作用，整合高校、科研单位的优势资源，深化官产学研合作，促进企业开展低碳技术研发和成果转化。加快企业技术创新联盟建设，引导驻济高校和科研院所发挥科技创新的生力军作用，与重点、骨干企业建立各种形式的技术合作联盟，形成长期、稳定的合作关系，解决制约企业发展的关键技术难题。组织实施“城校合作工程”，注重良性互动发展，重点支持对产业发展具有重大促进作用的产学研合作项目，帮助企业提升产品研发的质量和水平。引导高校、科研院所依据企业的技术需求，开展科技攻关和新产品开发，推动重大低碳技术创新成果的应用，促进企业产品结构优化和低碳化。引导驻济高校建立中小企业服务中心，推动高校与济南市中小企业建立密切的合作关系，为中小企业的发展提供全方位的科技服务。联合建立技术研发平台，研发低碳技术，倡导低碳设计，降低产品在制造、储运、流通、消费、回收等环节的物耗和能耗。支持高校、科研院所与企业合作，研发二氧化碳捕捉和封存（CCS）技术，推动二氧化碳“变废为宝”。开展智能电网、高性能电力存储技术的研发，为推广和应用新能源创造条件。

济南市低碳城市试点建设目标如表 6 所示。

表 6　　济南市低碳城市试点建设目标

指标名称		单位	指标值		
			2015 年基本值	2020 年目标值	变化率(%)
1	碳排放总量	万吨二氧化碳	5 364	6 044（2025 年达峰值 6 192）	12.68
2	单位生产总值二氧化碳排放	吨二氧化碳/万元	0.88	0.69	-21.59
3	单位生产总值能源消耗	吨标准煤/万元	0.41	0.34	-17.07
4	煤炭占一次能源消费比重	%	65.53	60	-8.84
5	非化石能源占一次能源消费比重	%	3.69	8.0	166.67
6	第三产业增加值比重	%	57.2	60	4.90
7	现代服务业增加值占服务业比重	%	52.7	56	6.26
8	户籍人口城镇化率	%	62	67	8.06
9	森林覆盖率	%	35.24	稳定在 35%以上	-
10	城市建成区绿地覆盖率	%	39.94	40.2	0.65
11	年均空气质量指数（AQI）	-	良好以上 141 天	良好以上 170 天	20.57
12	PM2.5 平均浓度	微克/立方米	87	75	-13.79
13	新建绿色建筑比例	%	40	100	150
14	公共交通出行比例（公共交通机动化出行分担率）	%	42.76	60	40.32
15	国家低碳园区、低碳社区数量	个	0	2	-
16	城区居住小区生活垃圾分类达标率	%	75	90	20

军民融合发展专题

国防科工局关于印发《2016年国防科工局军民融合专项行动计划》的通知

科工计〔2016〕204号

机关各部门，局属各事业单位：

《2016年国防科工局军民融合专项行动计划》已经国防科工局第1次局长办公会审议通过，现印发给你们，请各单位按任务分工和时间要求，加大工作力度，加强沟通衔接，切实形成合力，推动军民融合解题破题。

国防科工局

2016年2月28日

2016年国防科工局军民融合专项行动计划

党的十八届五中全会和党中央关于制定国民经济和社会发展第十三个五年规划建议明确提出，实施军民融合发展战略，形成全要素、多领域、高效益的军民深度融合发展格局。为集中力量，专项突破，加快推进国防科技工业军民融合深度发展，在更好支撑国防和军队建设、保障武器装备科研生产的同时，发挥军工优势推动国家科技进步和服务经济社会发展，制订2016年国防科工局军民融合专项行动计划。

一、指导思想

以党的十八大、十八届三中全会、十八届四中全会、十八届五中全会和习近平总书记系列重要讲话精神为指导，坚持战略引领、目标导向和问题导向相结合，坚持发挥国家主导和市场运作两个作用，着力强化顶层统筹，加强系统谋划，聚焦重点任务，推动解题破题，务求取得实效，力争国防科技工业军民融合深度发展率先取得突破。

二、行动目标

通过实施专项行动计划，进一步优化体制机制和政策制度环境，大力推进国防科技工业军民融合发展进程。出台顶层规划和系列政策措施，建立组织实施体系；进一步健全军民科技协同创新机制，推进强基工程，夯实创新基础；扩大军工开放，进一步深化技术、产品和资本的“民参军”；推动资源共享，初步实现军工科技资源向社会开放以及与民口科技资源的互通；落地一批军转民项目，推动军工服务国民经济发展。

三、重点任务及部门分工

（一）强化规划引领，推进政策落实

1. 印发《国防科技工业军民融合深度发展“十三五”规划》并组织实施。开展规划深化论证，充分征求有关方面意见，完成规划报批印发。做好规划解读和宣贯，制定重点任务分工，组织推进实施。

2. 印发《推进国防科技工业军民融合深度发展的若干政策措施》并组织实施。配合国务院办公厅印发《推进国防科技工业军民融合深度发展的若干政策措施》，拟制分工方案，加强对地方政府有关部门的指导，组织推进政策措施实施。

3. 推动相关政策先行先试。按照国家建设军民融合创新示范区、全面创新改革试验区的统一部署，着眼推动国防科技工业军民融合破题，组织有关试点区域推动政策率先落地。

（二）优化军工结构，深化“民参军”

4. 推进军品科研生产能力结构调整。着眼构建小核心、大协作、专业化、开放型的武器装备科研生产体系，会同军地有关部门编制军品科研生产能力结构调整方案，研究提出相关政策措施建议。

5. 推动扩大军工外部协作。探索将军工外部配套率、民口配套率和民营配套率相关数据纳入国防科技工业经济运行统计。研究提出引导军工扩大外部协作的思路。

6. 完善武器装备科研生产许可准入审查制度。在前期试点基础上，继续扩大武器装备科研生产许可与装备承制单位资格联合审查。研究拟制《武器装备创新性研制活动科研许可后置审批管理办法》。

7. 推动军品科研生产单位履约信誉评级。试点开展军品科研生产单位履约信誉评级，进一步完善评级的方法程序和标准规范，具备推广基础。

8. 加强与全国工商联的合作交流。充分发挥全国工商联的优势和作用，促进军民信息互通，扩大收集民口优势技术和产品，推动民口单位主动与军工对接合作。

9. 推动军工企业改制重组和上市。积极开展和规范办理涉军单位改制重组上市军工事项审查，发展混合所有制经济，提高军工资产证券化率。鼓励军工专业化重组。

10. 研究非国有企业军工能力管理机制。开展国家投入非国有企业形成的军工能力核查，完善非国有企业军工能力管理方案。

11. 实施军品增值税政策。按照财政部、税务总局有关规定，组织报送民口单位军品增值税合同清单。

（三）推动协同创新，加强资源统筹

12. 推动军工设备设施开放共享。按照国防科工局和财政部联合印发的《关于推动军工重大试验设施和大型科研仪器向社会开放的通知》，组织有关军工单位在国家军民融合公共服务平台上登记和发布一批不涉密共享信息，开展涉密共享信息目录编制。

13. 推动航天资源和数据共享。继续组织推进气象、海洋、陆地系列遥感卫星数据支撑军事应用。加快推进高分军民数据交换共享，加强军民卫星资源在重大自然灾害等应急事件中的协同观测和数据共享，推动军民空间碎片监测预警数据和信息共享。

14. 加强国防科技平台的共享和交流。组织编制一批国防学科重点实验室共享目录，在军民融合公共服务平台发布。推进国防科技重点实验室和国家重点实验室的技术交流。

15. 扩大信息共享。升级国家军民融合公共服务平台功能，出台平台建设相关管理细则，丰富平台信息内容，提高服务水平。

16. 推动科技协同创新。实施《关于加快国防科技工业科技协同创新的意见》，制订工作方案，明确责任主体、任务分工和时间表。研究建立军工科研机构与民用科研机构、高等院校的协同创新机制。

17. 加强人才培养和教育培训。推动依托装备承制单位开展军队装备技术保障人才培训和培训基地建设。与教育部、地方政府签署“十三五”共建高校协议。制定《国防特色学科管理办法》，组织开展“十三五”首批国防特色学科点设立工作。支持官田中央兵工厂旧址修缮保护。

18. 实施军民标准通用化工程。系统梳理现行军工行业标准，提出“立改废”清单、强制性标准清单和建议上升为国家标准的清单。

19. 制定发布“军转民”“民参军”目录。优选先进适用的军民两用技术与产品，编制发布 2016 年度《军用技术转民用推广目录》和《民参军技术与产品推荐目录》。

20. 推动军用关键材料进口替代。制订军用关键材料进口替代行动计划，立足国家工业基础，按照突出重点、分类推进、产用协同、多措并举的原则，分层分阶段推进行动计划实施，解决存在的进口风险问题。

21. 推进军工能力自主化。制订军工能力自主化专项行动计划，提出需求清单，与国家有关部门开展对接，推进自主化技术攻关。在军工建设项目中，支持优先选用国产设备仪器。开展进口设备仪器改国产化的可行性审查，完善扩大采购国产首台套设备仪器的支持政策。

22. 完善国家核应急体系。建立健全统筹协调、军民融合、多部门参与的国家核应急体系，重点完善国家核应急预案体系和“一厂一案”式应急处置响应行动方案，修订《核电厂核事故应急管理条例》等法规制度，调整充实国家核事故应急协调委成员单位，指导重点省份建立健全军民融合的核应急组织管理机构并完善能力体系。

23. 推进中国核应急救援队建设。开展队伍组建，制订工作计划，明确项目建设的路线图、任务书和时间表，正式成立军民融合的中国核应急救援队。

24. 加强武器装备动员能力建设。围绕应急扩产需要，组织编制一批生产动员预案。编制火炸药行业结构能力调整方案，提出改革调整措施，推动结构优化，缓解供需矛盾。结合军队调整改革进展，推进高新技术武器装备支前保障队伍建设。

（四）发展融合产业，服务稳增长调结构

25. 推动军工技术转移转化。编制印发《军用技术推广“十三五”规划》，支持一批军用技术推广项目。实施《国防科技工业促进科技成果转化的指导意见》，完善国防科技工业知识产权数据管理。

26. 推动军民融合产业发展。利用军工优势发展核、航天、航空、高技术船舶和海洋工程以及电子信息高端装备和产业，支持和推进一批项目立项实施，完成一批项目深化论证，协调推动一批项目纳入国家重大科技项目和相关规划。推动军工技术向民用领域转化，论证支持一批军工高技术产业化项目，辐射带动区域经济发展，引导军工积极支持贫困地区建设。协调有关部门，积极推动设立国防科技工业军民融合产业投资基金。

27. 推进军民融合集成电路制造工程。制订军民两用集成电路发展专项行动计划，进一步细化和深化论证军民融合集成电路产业发展和生产线建设思路，制订《军民融合集成电路产业发展总体思路和顶层规划方案》。

28. 加快核技术应用。加强核技术应用产业发展，重点在放射性同位素生产，医用加速器、放疗设备研发等领域加大科技攻关，推动一批项目立项。

29. 加强高分重大科技专项实施和成果应用。完成高分三号卫星发射、高分四号卫星投入使用。推动“一带一路”空间信息走廊建设与应用工程相关内容实施。新建5个以上省级高分数据应用中心，开通运行高分应用综合信息服务共享平台。组建成果转化部，启动部分科技成果转化工作。

30. 对口支援赣南等原中央苏区振兴发展。组织有关军工集团公司、江西省国防科工办制订对口支援吉水县工作计划。按照中央组织部统一部署，继续选派优秀干部到吉水县挂职。加强项目和产业对接，协调推动产业化项目落户吉水。

31. 推动军工与区域经济融合发展。围绕已签署的局省战略合作协议，制订分工方案，推动重点事项进展。新签署2个以上局省战略合作协议，创新合作方式，明确支持重点。做好武器装备科研生产单位周边环境安全保密治理工作。

32. 加强国际合作推动军工“走出去”。加强与外方政府的合作，推进建立军工技术合作联委会机制，深化双边军贸合作。建设中国国家航天局国际合作卫星数据共享服务平台，推动整星、地面基础设施、遥感数据及应用全产业链出口。充分利用国家原子能机构平台，推动签署一批政府间合作文件，加强与国际原子能机构等多边组织的合作并发挥好双边合作机制作用，推动核电、核燃料、核装备、核技术及相关服务“走出去”。

科技部中央军委科学技术委员会关于印发《“十三五”科技军民融合发展专项规划》的通知

国科发资〔2017〕85号

各省、自治区、直辖市及计划单列市科技厅（委、局）、新疆生产建设兵团科技局、国务院各有关部门科技主管司局、各军种装备部、战略支援部队参谋部、军委机关各有关部门办公厅（秘书局、综合局）、军事科学院科研指导部、国防大学科研部、国防科学技术大学科研部、武警部队参谋部：

根据党中央、国务院、中央军委的战略部署，为加强科技领域军民融合深度发展，依据《中共中央 国务院 中央军委关于经济建设和国防建设融合发展的意见》《“十三五”国家科技创新规划》《军队建设发展“十三五”规划纲要》的有关要求，科技部、中央军委科学技术委员会联合编制了《“十三五”科技军民融合发展专项规划》。现印发你们，请认真贯彻执行。

科技部　中央军委科学技术委员会

2017年4月12日

“十三五”科技军民融合发展专项规划

根据党中央、国务院、中央军委的战略部署，为在科技领域全面实施军民融合发展战略，依据《中华人民共和国国民经济和社会发展第十三个五年规划纲要》《国家创新驱动发展战略纲要》《中共中央 国务院 中央军委关于经济建设和国防建设融合发展的意见》《“十三五”国家科技创新规划》《国务院 中央军委经济建设和国防建设融合发展“十三五”规划》《军队建设发展“十三五”规划纲要》，编制本规划。

一、形势与需求

科技军民融合作为国家创新驱动发展战略、军民融合发展战略和改革强军战略的交汇点，是党中央对科技创新发展的战略部署，是提高国防和军队现代化建设水平的重大举措，是推动科技创新和经济发展的强大引擎。

“十二五”期间，按照党中央、国务院、中央军委有关军民融合与科技创新的总体部署，建设完善军民结合、寓军于民的武器装备科研生产体系，大力推进军民结合的科研设备共享平台建设，加强军民科技资源开放和军民两用技术相互转移，初步建立了军民融合国防科技创新体系。党的十八大以来，科技领域认真贯彻军民融合发展战略，积极探索、勇于创新，科技军民融合意识逐渐增强，融合氛围日益浓厚，融合实践不断丰富。在中关村、中国（绵阳）科技城等国家自主创新示范区和地区，建设了一批军民融合协同创新科研机构、军民两用技术创新基地、军民融合科技园区等载体和平台，探索建立了跨军民、跨部门的科技军民融合创新模式、军民协同攻关，成功实施了载人航天及探月工程、北斗卫星导航、高分辨率对地观测系统、天河二号超级计算机、快舟卫星发射系统、量子通信卫星等一批科技军民融合重大项目和工程。高等学校、科研院所、高技术企业和军工集团等各类创新主体积极实践科技军民融合并取得较好成效。科技军民融合发展的环境条件不断改善，修订了《中华人民共和国促进科技成果转化法》，全面实施国防知识产权战略，为军民融合科技创新和产业化发展提供了有力支撑。

同时，必须清醒地认识到，我国科技军民融合发展还存在一些问题，主要表现在：对科技军民融合发展的特点、规律和本质性要求的认识尚未到位；科技军民融合发展缺乏顶层设计和宏观统筹，相关部门的组织管理、工作运行等缺乏协调联动，军民科技协同创新体系有待建立；军民科技规划计划、基础资源共享等缺乏有效衔接，促进成果双向转移转化的评价标准不明确、激励措施不足、对接渠道不畅，科技军民融合的整体效益与潜力有待挖掘，军民科技协同创新能力有待加强；科技军民融合政策体系尚未建立，涉及科技军民融合的制度环境有待优化。

“十三五”时期是我国军民融合发展由初步融合向深度融合过渡的关键阶段，科技军民融合发展面临前所未有的机遇和挑战。随着全球新一轮科技革命、产业变革和军事革命加速发展，军事技术与民用技术交叉融合程度越来越深、渗透兼容越来越强，科技军民融合发展是顺应全球格局变化趋势的必然选择。科技军民融合是落实国家战略部署的基本要求，是国家战略部署在科技领域的重大体现，是全面深化科技体制改革、国防和军队改革明确的重点任务，也是进一步激发体制机制活力，实现富国与强军相统一，推动国家和军队创新发展的根本要求。未来五年，我国经济发展进入速度变化、结构优化和动力转换的新常态，中国特色军事变革不断深入，国防建设同世界军事强国的差距正在逐步缩小。促进国民经济建设，落实总体国家安全观，维护国家安全和战略利益，迫切需要建立起完备、统一、高效、开放的军民科技协同创新体系，推动科技创新突破，谋求军事科技优势，培育战略性新兴产业，提高国防军事实力，助力经济建设和国防建设。

二、总体思路

（一）指导思想

全面贯彻落实党的十八大和十八届三中全会、十八届四中全会、十八届五中全会、十八届六中全会精神，以马克思列宁主义、毛泽东思想、邓小平理论、“三个代表”重要思想、科学发展观为指导，深入贯彻习近平总书记系列重要讲话精神，贯彻落实总体国家安全观，按照“五位一体”总体布局和“四个全面”战略布局的要求，牢固树立和贯彻落实创新、协调、绿色、开放、共享的发展理念，以创新驱动发展战略和军民融合发展战略为统领，加强组织领导，不断深化改革，健全科技军民融合体制机制，完善政策制度，加强军民科技协同创新能力建设，推动科技创新资源统筹，创新融合发展模式，打造军民深度融合的通道，促进科技军民深度融合发展，为国家安全、经济建设、国防和军队建设协调、平衡、兼容发展提供战略支撑。

（二）基本原则

战略导向，融合发展。聚焦创新驱动、军民融合国家战略，牢固树立国家在科技军民融合发展中的主导地位，建立完善领导体制和组织架构，加强统筹协调，打造科技军民深度融合的动力引擎，推动经济建设和国防建设融合发展。

需要牵引，系统推进。面向国家安全、经济发展、国防和军队建设重大需求，明确科技军民融合发展的主攻方向和突破口，系统部署科技军民融合发展的重点任务，加强试点示范、辐射带动，系统推进科技领域军民融合各项工作。

联合研发，强基固本。瞄准新一轮科技革命、产业变革和军事革命，统筹军民科研力量和创新资源，军地联合攻关，加强基础前沿和关键共用技术研究，形成全链条、一体化的科研布局，提高科技军民协同创新能力。

改革创新，双向转移，深化科技体制改革、国防和军队改革，创新管理模式，注重运用市场手段增加科技军民融合的活力，充分发挥各类创新主体作用，加强知识产权保护与应用，促进军民科技成果双向转移转化和应用。

（三）发展目标

到2020年，基本形成军民科技协同创新体系，推动形成全要素、多领域、高效益的军民科技深度融合发展格局。

——科技军民融合体制机制取得突破。统一领导的组织管理体系、高效有序的工作运行机制基本建成，军民科技协同创新的体制机制更加成熟，军民科技规划计划有序衔接，资源配置更加高效。

——科技军民融合的引领作用提升显著。科技军民融合成为引领军民融合发展的重要动力，军民科技协同创新能力大幅跃升，重要领域军民协同攻关取得重大突破，科技动员能力明显增强，有力促进基础领域资源共享体系、中国特色先进国防科技工业体系、军事人才培养体系、军队保障社会化体系和国防动员体系建设发展。

——军民科技基础资源实现双向开放共享。国家和军队科技资源实现统筹对接，军民重大科研基础设施和实验室实现统筹布局、双向开放、高效利用，军民标准兼容通用，科技基础资源实现军民互通共享。

——军民科技成果双向转化运用卓有成效。建成国家军民科技成果公共服务平台和一批军民技术交易中心，军民科技成果交流渠道顺畅高效、转化效率倍增，军民科技成果双向转化成效显著，军民科技成果转化体系基本形成。

——科技创新人才机制更加完善。科技创新人才双向交流机制、国际合作机制等基本建立，科技创新人才评价激励机制、联合培养机制更加完善，科技密集型国防后备力量规模机构更趋合理，引导建成一批科技军民融合新型智库，形成科技创新人才涌现、活力迸发的新局面。

——科技军民融合试点示范效应凸显。建立一批军民融合、产学研一体的协同创新平台和新型科研机构，先行试点科技军民融合的政策制度，探索建立科技军民融合金融服务新模式，推动科技军民融合政策制度、组织管理和运行模式创新，形成“布局合理、以点带面、辐射带动”的科技军民融合健康发展新态势。

——科技军民融合政策制度体系基本完备。基本建成系统完备、衔接配套、有效激励的科技军民融合政策制度体系，出台促进科技军民融合发展的财政、价格、投融资、科技奖励等一系列配套政策，促进科技军民融合发展的政策制度环境更加优化，科技军民融合创新要素流动更加顺畅。

三、重点任务

（一）强化科技军民融合宏观统筹

1. 完善科技军民融合体制机制

完善军民科技协同创新的环境和条件，现行中央与地方、军队与地方高效互动的科技创新协同协作。建立健全科技协同创新组织管理体系，在中央军民融合发展委员会的统筹指导下，强化科技军民融合工作的顶层设计和组织协调。探索建立军民科技协同创新的新机制，完善联席会议、情况通报、任务对接、协调会商等制度规定，建立规划计划联合论证实施机制，实现重大科技项目的军民共同论证实施。

2. 推动规划计划的统筹衔接

加强国防科技创新发展规划与国际科技创新规划的衔接，逐步推动实现军民各类科技计划资源的统筹配置与管理。加强中央财政与地方财政支持的科技计划统筹衔接，优化科技战略资源的配置方向和重点，调整地区科技发展布局，形成特色鲜明、储备丰厚、链条完整的区域科技创新和动员能力。

（二）加强军民科技协同创新能力建设

3. 统筹布局基础研究和前沿技术研究

强化军民协同原始创新和系统布局，开展基础研究和前沿技术研究协同攻关。设立基础研究军民融合专项基金，重点支持国防基础研究项目，促进民用基础研究成果向军事应用转化，建立完善基础研究军民融合机制，推动军民基础研究科技计划资源的统筹配置与管理。在智能无人、生物交叉、先进电子、量子技术、未来网络、先进能源、新型材料、先进制造等技术领域，着力发展前瞻性、先导性、探索性、颠覆性技术，抢占国际竞争制高点。探索管理体制机制创新，推动民用先进科学技术的军事应用，加速前沿技术向现实战斗力和国民经济转化。

4. 实施科技军民融合重点专项

根据国家重点研发计划全链条设计、一体化组织实施的要求，在电子信息、空间遥感、新材料、先进制造、能源、交通、生物、海洋、现代农业和社会公共安全等领域，部署实施一批具有军民两用特征的重点项目。按照联合论证、联合支持、联合组织、协同创新的思路，启动实施科技军民融合重点专项，开展军民科技协同研发，推进军民科技双向转化应用。加强对科技军民融合重点专项的军事需求牵引和统筹协调指导，积极推进军民协同攻关，加速科技成果形成新的生产力和战斗力。

5. 实施国家重大科技项目

加强“核高基”、宽带移动通信、重大新药创制、重大传染病防治、集成电路装备、高分辨率对地观测系统、载人航天与探月工程等军民融合重大专项成果双向转移转化。面向 2030 年，围绕深海、深地、深空、深蓝等领域的战略高技术布局，强化顶层衔接，有效发挥军地双方作用，积极推动天地一体化信息网络、量子通信与量子计算机、脑科学与类脑研究等新一轮军民融合重大科技项目论证与实施。

（三）推动科技创新资源统筹共享

6. 加强科研平台共建共用

统筹军民共用重大科研基地和基础设施布局建设，以重大科技任务军民协同攻关为主线，建立实验室、试验设施、大型科学装置、科学仪器中心等各类科技基础设施共享共用机制，推动军民重大科学仪器设备自主研发和科研平台开放共享。聚焦国家战略需求，联合建设国家实验室，积极推进军民共建国家重点实验室、国家工程研究中心、国家临床医学研究中心等建设，持续带动科研条件建设整体水平提高。制定国家重点实验室与国防科技重点实验室、军工和军队重大试验设施与国家重大科技基础设施的资源共享管理办法，发布开发目录清单。

7. 推动科技基础资源的军民互通共享

制定军民兼容、军民通用的技术标准规范，积极推动军用装备和设施采用先进适用的民用标准，将先进适用的军用标准转化为民用标准，推动军民标准通用化建设，建立标准化军民融合长效机制。加强军民通用计量基础设施建设，推动军民计量标准统一，完善量值传递溯源体系、提升计量测试能力、强化计量保障能力。加强科技信息资源和科技情报共享，强化国家科技报告和国防科技报告制度协调衔接。

（四）促进军民科技成果双向转化

8. 推动军民科技成果相互转化体系建设

建立国家军民技术成果公共服务平台，发布军民科技成果信息，加强军民科技成果交流和技术信息互通，提供军民科技成果评价、信息检索、政策咨询等服务。建立国家军民两用技术交易中心，支持技术交易、科技金融、创新服务等成果转化工作。支持科研院所、高等院校等建立科技成果转化机构，完善科技成果转化工作机制，优化科技成果转化工作流程，健全科技成果转化制度。加强现有科技成果转化服务平台的整合提升。

9. 推进知识产权战略实施

强化分配制度的知识价值导向，促进创新成果转化收益合理分享。完善全国知识产权运营公共服务平台，鼓励建设区域性军民融合特色知识产权服务平台，形成军民科技创新资源共享的知识产权运营服务能力。把知识产权作为科研、生产、采购和服务的保障要素，完善成本核算办法，引导民用领域知识产权在国防和军队建设领域运用，鼓励国防知识产权向民用领域转化。

（五）开展先行试点示范

10. 建设军民科技协同创新平台

依托国家自主创新示范区、国家高新技术产业开发区、国家军民融合创新示范区，在军民有需求、合作基础好、军工产业发达、创新资源密集、军民融合特色鲜明的区域及重点领域，建设一批战略性、综合性的军民科技协同创新平台。牵头组织开展科技军民融合的综合示范，实施军民科技政策制度的先行先试、军民科技协同研发、军民科技基础资源融合共享、典型成果转移转化示范、科技金融支持、创新创业生态构建等任务，带动形成完善的军民科技协同创新体系。

11. 鼓励建设军民融合新型科研机构

依托高等院校、科研院所、专业机构等，引导和推动在军民融合重点领域建设一批新型科研机构，开展前沿技术和颠覆性技术研发、军民科技成果转化、产业孵化，创新管理模式，统筹科技资源，服务国防建设与经济发展重大需求。鼓励中小企业、科研院所、高等院校等多方协同，建设军民融合众创空间、科技企业孵化器、高科技园区、技术创新联盟等机构，开展军民科技协同创新。鼓励与国际知名科研机构合作，在海外设立研发机构，与相关领域具有创新优势的国家共建一批联合研究中心、技术转移中心、技术示范推广基地和科技园区等国际合作平台，创新科技军民融合发展模式。

12. 探索科技军民融合金融服务模式

发挥金融创新对科技军民融合的重要助推作用，鼓励国家自主创新示范区和中国（绵阳）科技城等地区探索开展科技军民融合和金融结合机制，大力促进各类金融机构推出面向科技军民融合的金融服务与产品，开展科技军民融合金融服务模式创新试点。在国家科技成果转化引导基金中设立军民科技成果转化子基金。引导金融机构、社会资本参与军民科技协同创新，建立从实验研究、中试到生产的全过程、多元化和差异性的科技军民融合融资模式。

（六）加强创新队伍建设

13. 完善军民创新人才培养使用机制

加强科技创新人才军民联合培养，创新军民融合人才管理模式，推动军民人才交流，加速人才双向有序流动。鼓励各类优秀人才参与国防科技创新，建立军地人才、技术、成果转化对接机制，完善符合军民科技成果转化工作特点的职称评定、岗位管理和考核评价制度。加强国内外高层次人才引进，集聚从事前沿科学技术研究的高端人才，培育军民融合科技创新发展的专家团队。

14. 建设科技军民融合新型智库

积极推动科技军民融合新型高水平智库建设，研究国内外科技军民融合发展趋势，开展战略研究和态势评估，进行预测预判，提出咨询建议，为科技军民融合战略、规划、政策等提供理论基础和决策依据。加强与国外科技军民融合领域具有优势的智库对接合作，建立交流合作机制，开展国际合作研究，为科技军民深度融合发展提供理论、政策和战略支撑。

（七）完善政策制度体系

15. 加强科技军民融合制度建设

按照系统完备、衔接配套、有效激励的要求，持续推进科技军民融合相关制度建设。积极参与国家军民融合立法建设中有关科技军民融合内容的论证，加快推进国防科技成果转化运用和科技军民融合发展等制度出台。建立完善国防科技成果降解密制度、国防知识产权制度等，破除制约科技军民融合发展的障碍。

16. 完善科技军民融合政策环境

强化引导、激励、扶持、补偿等方面政策导向，落实出台促进科技军民融合发展的财政、价格、投融资等政策。健全科技奖励政策，建立原创成果溯源机制，制定基础研究激励政策。鼓励各类创新主体参与科技军民融合发展，调整优化“民参军”市场准入、需求对接、信息发布等政策。加大研发费用加计扣除、高新技术企业税收优惠、固定资产加速折旧等政策的落实力度。面向社会开放共享的军工设施，主要由各主体按市场机制协商解决。

四、保障措施

（一）加强组织领导

军地科技主管部门共同牵头组织实施本规划。军地科技管理部门要依据本规划，建立协同推进的规划实施机制，结合实际，强化各部门、各地方科技军民融合工作部署，做好与规划总体思路和主要目标的衔接，做好重大任务的分解和落实。军地科技管理部们要加强对规划的宣传贯彻，做好协调服务和实施指导，充分调动社会各方面参与的积极性、主动性，最高限度地凝聚共识，广泛动员各方力量，共同推动规划的顺利实施。

（二）强化规划协调管理

军地科技管理部门可依据本规划编制相应的科技军民融合规划，加强与本规划的配套、衔接。健全军地各部门之间、中央与地方之间的工作会商与沟通协调机制，加强不同规划间的有机衔接。加强年度计划与规划的衔接，确保规划提出的各项任务落到实处。

（三）建立科技投入体系

加强中央财政投入和科技军民融合发展需求衔接，引导地方政府加大科技军民融合投入力度。创新财政科技投入方式，加强财政资金和金融手段的协调配合，鼓励有条件的地方综合运用风险补偿、贷款贴息等多种方式，充分发挥财政资金的杠杆作用，推进社会资本主导设立创业投资基金，引导金融资金和民间资本进入科技军民融合领域，完善多元化、多渠道、多层次的科技投入体系。

（四）加强战略研究

重视开展科技军民融合发展战略研究，加强科技军民融合发展战略、重大理论、体系设计、体制机制等方面的研究，建立科技军民深度融合发展的理论体系和方法体系，开展科技军民融合发展态势评估和科技军民融合中长期发展战略研究，为科技军民融合战略决策和管理提供有力支撑。

（五）协同监督评估

建立健全科技规划监测评估制度和动态调整机制，开展规划实施情况的动态监测和评估。开展规划实施中期评估和期末总结评估，对规划实施效果做出综合评价，为规划调整和制定新一轮规划提供依据。建立分工负责制度，加大规划实施、政策落实、项目建设监管力度，强化规划的调控、牵引和约束作用。

附录一　2017 山东省民营企业百强名单

表 1　　2017 山东省民营企业百强名单

排名	企业名称
1	山东魏桥创业集团有限公司
2	信发集团有限公司
3	山东东明石化集团有限公司
4	华泰集团有限公司
5	山东大海集团有限公司
6	中融新大集团有限公司
7	万达控股集团有限公司
8	利华益集团股份有限公司
9	山东京博控股股份有限公司
10	济宁如意投资有限公司
11	山东海科化工集团有限公司
12	青建集团股份公司
13	新凤祥控股集团有限责任公司
14	山东科达集团有限公司
15	山东创新金属科技有限公司
16	山东太阳控股集团有限公司
17	山东晨曦集团有限公司
18	临沂新程金锣肉制品集团有限公司
19	山东新希望六和集团有限公司
20	日照钢铁控股集团有限公司
21	华勤橡胶工业集团有限公司
22	万华实业集团有限公司
23	山东金诚石化集团有限公司
24	东营鲁方金属材料有限公司
25	山东金岭集团有限公司
26	丛林集团有限公司
27	山东玉皇化工有限公司
28	西王集团有限公司

表1(续)

排名	企业名称
29	威高集团有限公司
30	山东渤海实业股份有限公司
31	富海集团有限公司
32	东营方圆有色金属有限公司
33	万通海欣控股股份有限公司
34	中化弘润石油化工有限公司
35	山东九羊集团有限公司
36	山东泰山钢铁集团有限公司
37	东岳集团有限公司
38	东辰控股集团有限公司
39	山东胜通集团股份有限公司
40	香驰控股有限公司
41	岚桥集团有限公司
42	滨化集团股份有限公司
43	山东博汇集团有限公司
44	利群集团股份有限公司
45	山东清源集团有限公司
46	家家悦控股集团股份有限公司
47	山东汇丰石化集团有限公司
48	山东鲁花集团有限公司
49	永锋集团有限公司
50	山东垦利石化集团有限公司
51	山东寿光鲁清石化有限公司
52	中信国安化工有限公司
53	金正大生态工程集团股份有限公司
54	歌尔股份有限公司
55	山东五征集团有限公司
56	烟台恒邦集团有限公司
57	山东步长制药股份有限公司
58	山东远通汽车贸易集团有限公司
59	新华锦集团有限公司
60	山东金茂纺织化工集团有限公司
61	山东中海化工集团有限公司
62	山东金升有色集团有限公司
63	日照市凌云海糖业集团有限公司
64	山东奥德燃气有限公司

表1(续)

排名	企业名称
65	诸城外贸有限责任公司
66	青岛世纪瑞丰集团有限公司
67	日照兴业集团有限公司
68	山东铁雄冶金科技有限公司
69	齐鲁制药有限公司
70	山东淄博傅山企业集团有限公司
71	临清三和纺织集团有限公司
72	山东科瑞控股集团有限公司
73	石横特钢集团有限公司
74	隆基集团有限公司
75	东营亚通石化有限公司
76	金猴集团有限公司
77	山东齐成石油化工有限公司
78	山东润峰集团有限公司
79	山东亨圆铜业有限公司
80	山东联盟化工集团有限公司
81	山东泉林纸业有限责任公司
82	玲珑集团有限公司
83	得利斯集团有限公司
84	东营齐润化工有限公司
85	山东荣信煤化有限责任公司
86	三角集团有限公司
87	兴源轮胎集团有限公司
88	赛轮金宇集团股份有限公司
89	瑞星集团股份有限公司
90	山东星光糖业有限公司
91	山东东方华龙工贸集团有限公司
92	力诺集团股份有限公司
93	道恩集团有限公司
94	山东潍焦控股集团有限公司
95	山东省新能源有限公司
96	华盛江泉集团有限公司
97	潍坊特钢集团有限公司
98	山东阳谷电缆集团有限公司
99	龙大食品集团有限公司
100	沂州集团有限公司

附录二　2017 山东省企业百强名单

表 2　　　　2017 山东省企业百强名单

序号	企业名称	营业总收入（亿元）
1	山东魏桥创业集团有限公司	3 882.40
2	海尔集团有限公司	2 016.10
3	信发集团有限公司	2 001.50
4	山东能源集团有限公司	1 946.40
5	国网山东省电力公司	1 831.50
6	兖矿集团有限公司	1 397.90
7	鸿富泰精密电子（烟台）有限公司	1 250.10
8	山东重工集团有限公司	1 069.00
9	山东钢铁集团有限公司	1 025.40
10	山东省商业集团有限公司	1 016.17
11	海信集团有限公司	1 003.30
12	南山集团有限公司	936.2
13	山东东明石化集团有限公司	886.9
14	山东晨鸣纸业集团股份有限公司	738.9
15	山东黄金集团有限公司	731.9
16	中国烟草总公司山东省公司	722.7
17	浪潮集团有限公司	710.3
18	中国重型汽车集团有限公司	700.3
19	华泰集团有限公司	667
20	山东大海集团有限公司	652.7
21	华电国际电力股份有限公司	633.5
22	万达控股集团有限公司	632.6
23	利华益集团股份有限公司	601.1
24	中石化销售有限公司山东石油分公司	597.6
25	山东高速集团有限公司	589.4
26	中石化股份有限公司齐鲁石化分公司	546.9
27	济宁如意投资有限公司	537.3
28	上汽通用东岳汽车有限公司	533

表2（续）

序号	企业名称	营业总收入（亿元）
29	山东京博控股股份有限公司	531
30	山东海科化工集团有限公司	508.3
31	中石化股份有限公司胜利油田分公司	506.3
32	山东招金集团有限公司	496.4
33	中石化青岛炼油化工有限责任公司	484.3
34	新凤祥控股集团有限责任公司	476.1
35	山东创新金属科技有限公司	456.8
36	山东太阳控股集团有限公司	441.8
37	山东晨曦集团有限公司	429.6
38	中车青岛四方机车车辆股份有限公司	416.8
39	日照钢铁集团有限公司	399
40	山东玉皇化工有限公司	397.4
41	山东新希望六和集团有限公司	395
42	华勤橡胶工业集团有限公司	389.2
43	万华实业集团有限公司	387.7
44	山东金诚石化集团有限公司	371.4
45	东营鲁方金属材料有限公司	371.1
46	山东金岭集团有限公司	369
47	中国移动集团山东有限公司	365.5
48	中色奥博特铜铝业有限公司	365.4
49	丛林集团有限公司	360.2
50	山东时风（集团）有限责任公司	355.8
51	西王集团有限公司	340.3
52	威高集团有限公司	336.2
53	山东渤海实业股份有限公司	329.8
54	富海集团有限公司	327.3
55	东营方圆有色金属有限公司	322.2
56	中国人寿保险股份公司山东省分公司	319.5
57	乐金显示（烟台）有限公司	309.8
58	山东科达集团有限公司	308.6
59	洪业化工集团股份有限公司	306.1
60	万通海欣控股股份有限公司	294.6
61	临沂新程金锣肉制品集团有限公司	294.4
62	山东恒源石油化工股份有限公司	288.5
63	山东昌邑石化有限公司	285.1
64	中化弘润石油化工有限公司	284.3

表2(续)

序号	企业名称	营业总收入（亿元）
65	山东中矿集团有限公司	282.7
66	山东九羊集团有限公司	281.5
67	山东泰山钢铁集团有限公司	274.5
68	东岳集团有限公司	272.6
69	山东中烟工业有限责任公司	271.8
70	东辰控股集团有限公司	266.1
71	青岛啤酒股份有限公司	261.1
72	鲁西集团有限公司	260
73	山东华星石油化工集团有限公司	259.1
74	香驰控股有限公司	251
75	岚桥集团有限公司	245.9
76	滨化集团股份有限公司	244.1
77	东部铜业股份有限公司	242.8
78	山东博汇集团有限公司	240.9
79	山东清源集团有限公司	238.8
80	家家悦控股集团股份有限公司	238.2
81	中国联合网络通信有限公司山东省分公司	238
82	山东汇丰石化集团有限公司	234.6
83	山东鲁花集团有限公司	232.3
84	山东垦利石化集团有限公司	232.2
85	永锋集团有限公司	224.4
86	山东寿光鲁清石化有限公司	212.3
87	中石化股份有限公司济南分公司	209.4
88	正和集团股份有限公司	206.5
89	浪潮乐金数字移动通信有限公司	204.3
90	金正大生态工程集团股份有限公司	193.5
91	山东五征集团有限公司	191
92	歌尔声学股份有限公司	189.9
93	烟台恒邦集团有限公司	189.9
94	北汽福田汽车股份有限公司诸城汽车厂	189.8
95	兴源轮胎集团有限公司	187.4
96	山东步长制药股份有限公司	187.2
97	山东金茂纺织化工集团有限公司	179.6
98	淄博商厦股份有限公司	176.9
99	山东中海化工集团有限公司	175.1
100	山东潍坊百货集团股份有限公司	172

附录三　2017 中国县域经济 100 强榜单

表 3　　2017 中国县域经济 100 强榜单

序号	县（市）	所属省市区
1	昆山市	江苏省
2	江阴市	江苏省
3	张家港市	江苏省
4	常熟市	江苏省
5	石狮市	福建省
6	太仓市	江苏省
7	义乌市	浙江省
8	晋江市	福建省
9	慈溪市	浙江省
10	宜兴市	江苏省
11	龙口市	山东省
12	余姚市	浙江省
13	海宁市	浙江省
14	长沙县	湖南省
15	准格尔旗	内蒙古自治区
16	诸暨市	浙江省
17	荣成市	山东省
18	丹阳市	江苏省
19	桐乡市	浙江省
20	广饶县	山东省
21	胶州市	山东省
22	即墨市	山东省
23	伊金霍洛旗	内蒙古自治区
24	南昌县	江西省
25	平湖市	浙江省
26	扬中市	江苏省
27	温岭市	浙江省
28	嘉善县	浙江省

表3(续)

序号	县（市）	所属省市区
29	迁安市	河北省
30	海门市	江苏省
31	神木县	陕西省
32	玉环市	浙江省
33	海盐县	浙江省
34	瓦房店市	辽宁省
35	乐清市	浙江省
36	靖江市	江苏省
37	溧阳市	江苏省
38	浏阳市	湖南省
39	三河市	河北省
40	瑞安市	浙江省
41	永康市	浙江省
42	福清市	福建省
43	寿光市	山东省
44	乌审旗	内蒙古自治区
45	阿拉善左旗	内蒙古自治区
46	桓台县	山东省
47	邹平县	山东省
48	莱州市	山东省
49	格尔木市	青海省
50	启东市	江苏省
51	章丘市	山东省
52	滕州市	山东省
53	招远市	山东省
54	象山县	浙江省
55	昌吉市	新疆维吾尔自治区
56	垦利县	山东省
57	长兴县	浙江省
58	新郑市	河南省
59	海安县	江苏省
60	宁乡县	湖南省
61	德清县	浙江省
62	南安市	福建省
63	莱西市	山东省
64	蓬莱市	山东省

表3（续）

序号	县（市）	所属省市区
65	平度市	山东省
66	长乐市	福建省
67	邹城市	山东省
68	诸城市	山东省
69	四会市	广东省
70	奉化市	浙江省
71	宁海县	浙江省
72	如皋市	江苏省
73	海城市	辽宁省
74	东阳市	浙江省
75	惠安县	福建省
76	肥城市	山东省
77	临安市	浙江省
78	郫县	四川省
79	府谷县	陕西省
80	石河子市	新疆维吾尔自治区
81	泰兴市	江苏省
82	巩义市	河南省
83	新泰市	山东省
84	锡林浩特市	内蒙古自治区
85	东台市	江苏省
86	荥阳市	河南省
87	宜都市	湖北省
88	义马市	河南省
89	嵊州市	浙江省
90	青州市	山东省
91	如东县	江苏省
92	桐庐县	浙江省
93	安吉县	浙江省
94	新昌县	浙江省
95	新密市	河南省
96	龙海市	福建省
97	蓟县	天津市
98	岱山县	浙江省
99	乳山市	山东省
100	安宁市	云南省

附录四 2017中国民企500强榜单

表4　　2017中国民企500强榜单

500强序号	企业名称	省(市)	行业	营收(万元)
1	华为投资控股有限公司	广东省	计算机、通信和其他电子设备制造业	52 157 400
2	苏宁控股集团	江苏省	零售业	41 295 073
3	山东魏桥创业集团有限公司	山东省	有色金属冶炼和压延加工业	37 318 332
4	海航集团有限公司	海南省	综合	35 233 153
5	正威国际集团有限公司	广东省	有色金属冶炼和压延加工业	33 001 920
6	联想控股股份有限公司	北京市	计算机、通信和其他电子设备制造业	30 695 285
7	中国华信能源有限公司	上海市	批发业	29 094 988
8	京东集团	北京市	互联网和相关服务	26 012 165
9	大连万达集团股份有限公司	辽宁省	综合	25 498 000
10	恒力集团有限公司	江苏省	化学原料和化学制品制造业	25 164 763
11	万科企业股份有限公司	广东省	房地产业	24 047 724
12	恒大集团有限公司	广东省	房地产业	21 144 400
13	浙江吉利控股集团有限公司	浙江省	汽车制造业	20 879 870
14	江苏沙钢集团有限公司	江苏省	黑色金属冶炼和压延加工业	19 833 975
15	美的集团股份有限公司	广东省	电气机械和器材制造业	15 984 170
16	雪松控股集团有限公司	广东省	商务服务业	15 701 937
17	碧桂园控股有限公司	广东省	房地产业	15 308 698
18	海亮集团有限公司	浙江省	有色金属冶炼和压延加工业	15 169 013
19	新疆广汇实业投资（集团）有限责任公司	新疆维吾尔自治区	零售业	14 561 731
20	苏宁环球集团有限公司	江苏省	房地产业	13 356 839
21	三胞集团有限公司	江苏省	零售业	13 008 768
22	泰康保险集团股份有限公司	北京市	保险业	12 510 400
23	TCL集团股份有限公司	广东省	计算机、通信和其他电子设备制造业	10 647 350

表4(续)

500强序号	企业名称	省(市)	行业	营收(万元)
24	新奥集团股份有限公司	河北省	燃气生产和供应业	10 478 564
25	比亚迪股份有限公司	广东省	汽车制造业	10 347 000
26	青山控股集团有限公司	浙江省	有色金属冶炼和压延加工业	10 286 156
27	中天钢铁集团有限公司	江苏省	黑色金属冶炼和压延加工业	10 133 575
28	东岭集团股份有限公司	陕西省	批发业	9 640 568
29	天能集团	浙江省	电气机械和器材制造业	9 616 325
30	超威集团	浙江省	电气机械和器材制造业	9 565 364
31	海澜集团有限公司	江苏省	纺织服装、服饰业	9 330 468
32	山东东明石化集团有限公司	山东省	石油加工、炼焦和核燃料加工业	8 868 932
33	盛虹控股集团有限公司	江苏省	纺织业	8 804 037
34	浙江荣盛控股集团有限公司	浙江省	化学纤维制造业	8 687 537
35	上海均和集团有限公司	上海市	综合	8 616 677
36	阳光保险集团股份有限公司	广东省	保险业	8 312 187
37	广厦控股集团有限公司	浙江省	房屋建筑业	8 053 913
38	腾邦集团有限公司	广东省	软件和信息技术服务业	7 969 120
39	西安迈科金属国际集团有限公司	陕西省	批发业	7 917 063
40	南通三建控股有限公司	江苏省	房地产业	7 792 830
41	远大物产集团有限公司	浙江省	其他服务业	7 574 966
42	浙江恒逸集团有限公司	浙江省	化学纤维制造业	7 520 307
43	河北津西钢铁集团股份有限公司	河北省	黑色金属冶炼和压延加工业	7 282 800
44	新华联集团有限公司	湖南省	综合	7 189 858
45	百度公司	北京市	互联网和相关服务	7 054 936
46	河北新华联合冶金控股集团有限公司	河北省	黑色金属冶炼和压延加工业	7 007 209
47	新希望集团有限公司	四川省	农、林、牧、渔服务业	6 855 884
48	中天控股集团有限公司	浙江省	房屋建筑业	6 754 313
49	华泰集团有限公司	山东省	造纸和纸制品业	6 670 596
50	新城控股集团股份有限公司	江苏省	房地产业	6 598 063
51	山东大海集团有限公司	山东省	综合	6 526 700
52	银亿集团有限公司	浙江省	批发业	6 525 061
53	中融新大集团有限公司	山东省	批发业	6 511 717
54	万达控股集团有限公司	山东省	石油加工、炼焦和核燃料加工业	6 423 524

表4(续)

500强序号	企业名称	省(市)	行业	营收(万元)
55	三一集团有限公司	湖南省	专用设备制造业	6 375 794
56	科创控股集团有限公司	四川省	医药制造业	6 367 282
57	修正药业集团	吉林省	医药制造业	6 360 145
58	中南控股集团有限公司	江苏省	房地产业	6 325 180
59	深圳市大生农业集团有限公司	广东省	农业	6 252 486
60	正邦集团有限公司	江西省	农业	6 201 286
61	九州通医药集团股份有限公司	湖北省	批发业	6 155 684
62	北京建龙重工集团有限公司	北京市	黑色金属冶炼和压延加工业	6 133 018
63	奥克斯集团有限公司	浙江省	其他制造业	6 123 523
64	利华益集团股份有限公司	山东省	石油加工、炼焦和核燃料加工业	6 111 605
65	内蒙古伊利实业集团股份有限公司	内蒙古自治区	食品制造业	6 060 922
66	宁夏天元锰业有限公司	宁夏回族自治区	有色金属冶炼和压延加工业	6 001 122
67	扬子江药业集团	江苏省	医药制造业	5 976 948
68	杭州锦江集团有限公司	浙江省	有色金属冶炼和压延加工业	5 938 616
69	广东温氏食品集团股份有限公司	广东省	畜牧业	5 935 523
70	亨通集团有限公司	江苏省	计算机、通信和其他电子设备制造业	5 863 268
71	深圳市怡亚通供应链股份有限公司	广东省	仓储业	5 829 050
72	江阴澄星实业集团有限公司	江苏省	化学原料和化学制品制造业	5 814 481
73	天津荣程联合钢铁集团有限公司	天津市	黑色金属冶炼和压延加工业	5 800 017
74	雅戈尔集团股份有限公司	浙江省	综合	5 633 399
75	通威集团有限公司	四川省	农副食品加工业	5 617 826
76	河南省漯河市双汇实业集团有限责任公司	河南省	农副食品加工业	5 390 431
77	华夏幸福基业股份有限公司	河北省	房地产业	5 382 059
78	广州富力地产股份有限公司	广东省	房地产业	5 373 033
79	唯品会（中国）有限公司	广东省	零售业	5 371 226
80	山东京博控股股份有限公司	山东省	石油加工、炼焦和核燃料加工业	5 310 336
81	盾安控股集团有限公司	浙江省	专用设备制造业	5 256 893
82	红豆集团有限公司	江苏省	纺织服装、服饰业	5 252 176

表4(续)

500强序号	企业名称	省(市)	行业	营收(万元)
83	稻花香集团	湖北省	酒、饮料和精制茶制造业	5 232 844
84	济宁如意投资有限公司	山东省	纺织业	5 192 988
85	正泰集团股份有限公司	浙江省	电气机械和器材制造业	5 104 068
86	卓尔控股有限公司	湖北省	综合	5 086 427
87	山东海科化工集团	山东省	石油加工、炼焦和核燃料加工业	5 083 216
88	江苏南通二建集团有限公司	江苏省	房屋建筑业	5 073 126
89	青建集团股份公司	山东省	房屋建筑业	5 072 174
90	福中集团有限公司	江苏省	综合	5 064 785
91	正荣集团有限公司	福建省	房地产业	5 040 359
92	特变电工股份有限公司	新疆维吾尔自治区	专用设备制造业	4 901 487
93	江苏三房巷集团有限公司	江苏省	纺织业	4 887 241
94	玖龙纸业（控股）有限公司	广东省	造纸和纸制品业	4 873 991
95	深圳市爱施德股份有限公司	广东省	综合	4 833 327
96	亚邦投资控股集团有限公司	江苏省	化学原料和化学制品制造业	4 736 603
97	江苏省苏中建设集团股份有限公司	江苏省	房屋建筑业	4 698 991
98	宝塔石化集团有限公司	宁夏回族自治区	石油加工、炼焦和核燃料加工业	4 697 635
99	广州晶东贸易有限公司	广东省	批发业	4 675 145
100	德力西集团有限公司	浙江省	电气机械和器材制造业	4 661 352
101	重庆市金科投资控股（集团）有限责任公司	重庆市	其他金融业	4 658 845
102	山东科达集团有限公司	山东省	土木工程建筑业	4 602 958
103	山东创新金属科技有限公司	山东省	有色金属冶炼和压延加工业	4 567 623
104	杭州娃哈哈集团有限公司	浙江省	酒、饮料和精制茶制造业	4 559 165
105	宁波金田投资控股有限公司	浙江省	有色金属冶炼和压延加工业	4 503 056
106	重庆龙湖企业拓展有限公司	重庆市	房地产业	4 477 704
107	长城汽车股份有限公司天津哈弗分公司	天津市	汽车制造业	4 444 336
108	山东太阳控股集团有限公司	山东省	造纸和纸制品业	4 417 759
109	东方希望集团有限公司	上海市	有色金属冶炼和压延加工业	4 312 798
110	山东晨曦集团有限公司	山东省	石油加工、炼焦和核燃料加工业	4 295 858

表4(续)

500强序号	企业名称	省(市)	行业	营收(万元)
111	内蒙古鄂尔多斯投资控股集团有限公司	内蒙古自治区	综合	4 172 362
112	郑州中瑞实业集团有限公司	河南省	商务服务业	4 154 999
113	和润集团有限公司	浙江省	食品制造业	4 129 341
114	双胞胎（集团）股份有限公司	江西省	农副食品加工业	4 122 745
115	四川科伦实业集团有限公司	四川省	医药制造业	4 117 468
116	内蒙古伊泰集团有限公司	内蒙古自治区	煤炭开采和洗选业	4 115 263
117	蓝光投资控股集团有限公司	四川省	房地产业	4 081 515
118	临沂新程金锣肉制品集团有限公司	山东省	食品制造业	4 029 150
119	四川宏达（集团）有限公司	四川省	有色金属矿采选业	4 022 311
120	浙江中成控股集团有限公司	浙江省	房屋建筑业	3 989 194
121	江苏永钢集团有限公司	江苏省	黑色金属冶炼和压延加工业	3 958 787
122	山东新希望六和集团有限公司	山东省	畜牧业	3 946 000
123	日照钢铁控股集团有限公司	山东省	黑色金属冶炼和压延加工业	3 933 027
124	浙江桐昆控股集团有限公司	浙江省	化学纤维制造业	3 913 421
125	隆鑫控股有限公司	重庆市	通用设备制造业	3 912 830
126	华勤橡胶工业集团有限公司	山东省	橡胶和塑料制品业	3 892 165
127	天安人寿保险股份有限公司	北京市	保险业	3 885 902
128	四川蓝润实业集团有限公司	四川省	房地产业	3 868 581
129	江苏南通六建建设集团有限公司	江苏省	房屋建筑业	3 821 692
130	人民电器集团有限公司	浙江省	电气机械和器材制造业	3 796 752
131	重庆力帆控股有限公司	重庆市	汽车制造业	3 788 098
132	物美控股集团有限公司	北京市	零售业	3 773 922
133	郑州宇通集团有限公司	河南省	汽车制造业	3 768 502
134	广东圣丰集团有限公司	广东省	橡胶和塑料制品业	3 730 653
135	山东金诚石化集团有限公司	山东省	石油加工、炼焦和核燃料加工业	3 713 878
136	东营鲁方金属材料有限公司	山东省	有色金属冶炼和压延加工业	3 711 216
137	创维集团有限公司	广东省	计算机、通信和其他电子设备制造业	3 702 372
138	融侨集团股份有限公司	福建省	房地产业	3 700 000
139	蓝思科技股份有限公司	湖南省	计算机、通信和其他电子设备制造业	3 691 772

表4(续)

500强序号	企业名称	省(市)	行业	营收(万元)
140	山东金岭集团有限公司	山东省	化学原料和化学制品制造业	3 689 740
141	杭州滨江房产集团股份有限公司	浙江省	房地产业	3 668 000
142	江苏阳光集团有限公司	江苏省	纺织服装、服饰业	3 650 623
143	弘阳集团有限公司	江苏省	批发业	3 594 460
144	山东玉皇化工有限公司	山东省	化学原料和化学制品制造业	3 572 264
145	三河汇福粮油集团有限公司	河北省	农副食品加工业	3 569 280
146	深圳海王集团股份有限公司	广东省	批发业	3 547 024
147	环嘉集团有限公司	辽宁省	批发业	3 536 431
148	河北普阳钢铁有限公司	河北省	黑色金属冶炼和压延加工业	3 535 037
149	冀南钢铁集团有限公司	河北省	黑色金属冶炼和压延加工业	3 521 535
150	天瑞集团股份有限公司	河南省	其他制造业	3 500 265
151	均和（厦门）控股有限公司	福建省	综合	3 455 839
152	中天科技集团有限公司	江苏省	电气机械和器材制造业	3 450 691
153	西王集团有限公司	山东省	农副食品加工业	3 402 859
154	威高集团有限公司	山东省	医药制造业	3 361 631
155	四川德胜集团钒钛有限公司	四川省	黑色金属冶炼和压延加工业	3 356 070
156	天狮集团有限公司	天津市	食品制造业	3 354 195
157	荣盛控股股份有限公司	河北省	房地产业	3 350 280
158	盘锦北方沥青燃料有限公司	辽宁省	石油加工、炼焦和核燃料加工业	3 309 665
159	传化集团有限公司	浙江省	化学原料和化学制品制造业	3 304 487
160	晶龙实业集团有限公司	河北省	计算机、通信和其他电子设备制造业	3 302 668
161	湖南博长控股集团有限公司	湖南省	黑色金属冶炼和压延加工业	3 293 320
162	江西方大钢铁集团有限公司	江西省	黑色金属冶炼和压延加工业	3 290 675
163	远东控股集团有限公司	江苏省	综合	3 272 223
164	江苏新长江实业集团有限公司	江苏省	黑色金属冶炼和压延加工业	3 272 177
165	富海集团有限公司	山东省	石油加工、炼焦和核燃料加工业	3 254 717
166	维维集团股份有限公司	江苏省	食品制造业	3 250 593
167	浙江昆仑控股集团有限公司	浙江省	综合	3 237 182
168	东营方圆有色金属有限公司	山东省	有色金属冶炼和压延加工业	3 222 246
169	研祥高科技控股集团有限公司	广东省	计算机、通信和其他电子设备制造业	3 220 692

表4(续)

500强序号	企业名称	省(市)	行业	营收(万元)
170	浙江宝业建设集团有限公司	浙江省	房屋建筑业	3 216 547
171	步步高集团	湖南省	零售业	3 214 532
172	山河建设集团有限公司	湖北省	房屋建筑业	3 210 730
173	福晟集团有限公司	福建省	土木工程建筑业	3 209 341
174	上海绿地城市建设发展（集团）有限公司	上海市	房屋建筑业	3 202 709
175	大汉控股集团有限公司	湖南省	商务服务业	3 152 077
176	精功集团有限公司	浙江省	金属制品业	3 151 099
177	法尔胜泓昇集团有限公司	江苏省	金属制品业	3 127 327
178	宁波富邦控股集团有限公司	浙江省	综合	3 126 715
179	上海复星高科技（集团）有限公司	上海市	商务服务业	3 126 276
180	华芳集团有限公司	江苏省	纺织业	3 118 321
181	金浦投资控股集团有限公司	江苏省	化学原料和化学制品制造业	3 108 087
182	天津友发钢管集团股份有限公司	天津市	金属制品业	3 101 112
183	中基宁波集团股份有限公司	浙江省	商务服务业	3 100 911
184	武安市裕华钢铁有限公司	河北省	黑色金属冶炼和压延加工业	3 096 007
185	金澳科技（湖北）化工有限公司	湖北省	石油加工、炼焦和核燃料加工业	3 094 425
186	河南森源集团有限公司	河南省	电气机械和器材制造业	3 078 635
187	通鼎集团有限公司	江苏省	计算机、通信和其他电子设备制造业	3 063 395
188	波司登股份有限公司	江苏省	纺织服装、服饰业	3 057 110
189	双良集团有限公司	江苏省	通用设备制造业	3 034 234
190	华仪集团有限公司	浙江省	电气机械和器材制造业	3 028 480
191	卧龙控股集团有限公司	浙江省	电气机械和器材制造业	3 024 640
192	龙元建设集团股份有限公司	浙江省	房屋建筑业	2 998 118
193	万通海欣控股股份有限公司	山东省	石油加工、炼焦和核燃料加工业	2 936 855
194	北京链家房地产经纪有限公司	北京市	房地产业	2 929 225
195	江苏集群信息产业集团	江苏省	软件和信息技术服务业	2 912 295
196	龙信建设集团有限公司	江苏省	房屋建筑业	2 865 984
197	广西盛隆冶金有限公司	广西壮族自治区	黑色金属冶炼和压延加工业	2 859 460
198	通州建总集团有限公司	江苏省	房屋建筑业	2 831 049

表4(续)

500强序号	企业名称	省(市)	行业	营收(万元)
199	富通集团有限公司	浙江省	计算机、通信和其他电子设备制造业	2 806 687
200	澳洋集团有限公司	江苏省	纺织业	2 791 541
201	深圳市信利康供应链管理有限公司	广东省	商务服务业	2 774 617
202	山东泰山钢铁集团有限公司	山东省	黑色金属冶炼和压延加工业	2 744 964
203	常州天合光能有限公司	江苏省	电气机械和器材制造业	2 731 853
204	东岳集团有限公司	山东省	化学原料和化学制品制造业	2 726 062
205	广东海大集团股份有限公司	广东省	农副食品加工业	2 718 531
206	江苏扬子江船业集团公司	江苏省	铁路、船舶、航空航天和其他运输设备制造业	2 687 254
207	河北新金钢铁有限公司	河北省	黑色金属冶炼和压延加工业	2 680 263
208	武安市明芳钢铁有限公司	河北省	黑色金属冶炼和压延加工业	2 679 591
209	深圳欧菲光科技股份有限公司	广东省	计算机、通信和其他电子设备制造业	2 674 641
210	东辰控股集团有限公司	山东省	化学原料和化学制品制造业	2 661 065
211	文一投资控股集团	安徽省	房地产业	2 644 813
212	山东胜通集团股份有限公司	山东省	金属制品业	2 633 724
213	河北新武安钢铁集团文安钢铁有限公司	河北省	黑色金属冶炼和压延加工业	2 617 826
214	天士力控股集团有限公司	天津市	医药制造业	2 601 664
215	北京运通国融投资有限公司	北京市	零售业	2 585 210
216	万丰奥特控股集团有限公司	浙江省	通用设备制造业	2 581 805
217	红狮控股集团有限公司	浙江省	非金属矿物制品业	2 563 750
218	华东医药股份有限公司	浙江省	医药制造业	2 537 967
219	香江集团有限公司	广东省	综合	2 528 000
220	香驰控股有限公司	山东省	农副食品加工业	2 512 189
221	浙江新湖集团股份有限公司	浙江省	综合	2 503 192
222	浙江富冶集团有限公司	浙江省	有色金属冶炼和压延加工业	2 493 021
223	百兴集团有限公司	江苏省	批发业	2 475 632
224	江苏三木集团有限公司	江苏省	化学原料和化学制品制造业	2 452 757
225	山东博汇集团有限公司	山东省	化学原料和化学制品制造业	2 408 980
226	浙江中南建设集团有限公司	浙江省	房屋建筑业	2 408 466
227	中太建设集团股份有限公司	河北省	房屋建筑业	2 403 284
228	江苏沃得机电集团有限公司	江苏省	通用设备制造业	2 401 094

表4（续）

500强序号	企业名称	省（市）	行业	营收（万元）
229	龙光基业集团有限公司	广东省	房地产业	2 399 718
230	利群集团股份有限公司	山东省	批发业	2 390 565
231	山东清源集团有限公司	山东省	石油加工、炼焦和核燃料加工业	2 383 193
232	重庆新鸥鹏企业（集团）有限公司	重庆市	房地产业	2 380 557
233	荣民控股集团有限公司	陕西省	综合	2 380 115
234	江苏新海石化有限公司	江苏省	石油加工、炼焦和核燃料加工业	2 371 994
235	南通化工轻工股份有限公司	江苏省	批发业	2 363 158
236	江苏金峰水泥集团有限公司	江苏省	其他制造业	2 355 165
237	山东汇丰石化集团有限公司	山东省	石油加工、炼焦和核燃料加工业	2 345 983
238	新八建设集团有限公司	湖北省	房屋建筑业	2 342 632
239	包商银行股份有限公司	内蒙古自治区	货币金融服务	2 341 036
240	河北新武安钢铁集团烘熔钢铁有限公司	河北省	黑色金属冶炼和压延加工业	2 336 804
241	江苏省镔鑫钢铁集团有限公司	江苏省	黑色金属冶炼和压延加工业	2 336 656
242	上海均瑶（集团）有限公司	上海市	综合	2 336 591
243	安徽国购投资集团	安徽省	综合	2 312 061
244	森马集团有限公司	浙江省	纺织服装、服饰业	2 301 896
245	华峰集团有限公司	浙江省	化学原料和化学制品制造业	2 293 739
246	深圳市富森供应链管理有限公司	广东省	商务服务业	2 290 043
247	俊发地产有限责任公司	云南省	房地产业	2 287 807
248	福建省金纶高纤股份有限公司	福建省	化学纤维制造业	2 283 841
249	宜华企业（集团）有限公司	广东省	木材加工和木、竹、藤、棕、草制品业	2 263 630
250	浙江明日控股集团股份有限公司	浙江省	批发业	2 254 818
251	深圳市华星光电技术有限公司	广东省	其他制造业	2 233 645
252	山东垦利石化集团有限公司	山东省	石油加工、炼焦和核燃料加工业	2 232 061
253	重庆华宇集团有限公司	重庆市	房地产业	2 228 960
254	升华集团控股有限公司	浙江省	批发业	2 221 333
255	中发实业（集团）有限公司	黑龙江省	保险业	2 211 978

表4(续)

500强序号	企业名称	省(市)	行业	营收(万元)
256	福建永荣控股集团有限公司	福建省	化学纤维制造业	2 205 031
257	兴华财富集团有限公司	河北省	金属制品业	2 203 279
258	江苏新华发集团有限公司	江苏省	批发业	2 181 139
259	晶科能源有限公司	江西省	电气机械和器材制造业	2 173 499
260	浙江龙盛控股有限公司	浙江省	化学原料和化学制品制造业	2 168 761
261	康美药业股份有限公司	广东省	医药制造业	2 164 232
262	浙江逸盛石化有限公司	浙江省	化学原料和化学制品制造业	2 157 191
263	海外海集团有限公司	浙江省	综合	2 157 098
264	新疆生产建设兵团农八师天山铝业有限公司	新疆生产建设兵团	有色金属冶炼和压延加工业	2 153 574
265	维科控股集团股份有限公司	浙江省	综合	2 150 299
266	合众人寿保险股份有限公司	湖北省	保险业	2 139 673
267	东方润安集团有限公司	江苏省	黑色金属冶炼和压延加工业	2 135 461
268	攀华集团有限公司	江苏省	金属制品业	2 123 287
269	广东格兰仕集团有限公司	广东省	电气机械和器材制造业	2 119 679
270	国能商业集团有限公司	上海市	综合	2 112 592
271	东旭集团有限公司	河北省	专用设备制造业	2 108 986
272	永鼎集团有限公司	江苏省	计算机、通信和其他电子设备制造业	2 093 372
273	五星控股集团有限公司	江苏省	批发业	2 092 384
274	深圳市年富供应链有限公司	广东省	商务服务业	2 068 890
275	江苏邗建集团有限公司	江苏省	房屋建筑业	2 067 791
276	河南黄河实业集团股份有限公司	河南省	非金属矿物制品业	2 066 133
277	江苏天工集团有限公司	江苏省	仪器仪表制造业	2 065 783
278	中信国安化工有限公司	山东省	化学原料和化学制品制造业	2 056 122
279	河南众品食业股份有限公司	河南省	农副食品加工业	2 038 515
280	江苏文峰集团有限公司	江苏省	零售业	2 036 510
281	中国万向控股有限公司	上海市	保险业	2 031 032
282	苏州金螳螂企业(集团)有限公司	江苏省	建筑装饰和其他建筑业	2 026 520
283	太平鸟集团有限公司	浙江省	零售业	2 017 294
284	新七建设集团有限公司	湖北省	房屋建筑业	2 011 882
285	西子联合控股有限公司	浙江省	专用设备制造业	1 998 169
286	福建恒安集团有限公司	福建省	造纸和纸制品业	1 989 514

表4（续）

500强序号	企业名称	省（市）	行业	营收（万元）
287	南通四建集团有限公司	江苏省	房屋建筑业	1 966 798
288	浙江大东南集团有限公司	浙江省	橡胶和塑料制品业	1 963 616
289	中浪环保股份有限公司	浙江省	废弃资源综合利用业	1 958 170
290	浙江金田阳光投资有限公司	浙江省	商务服务业	1 947 163
291	曙光控股集团有限公司	浙江省	房屋建筑业	1 938 672
292	东兆长泰集团有限公司	北京市	房屋建筑业	1 936 558
293	歌尔股份有限公司	山东省	计算机、通信和其他电子设备制造业	1 928 780
294	江苏新潮科技集团有限公司	江苏省	计算机、通信和其他电子设备制造业	1 928 331
295	无限极（中国）有限公司	广东省	食品制造业	1 927 917
296	成都蛟龙港（成都蛟龙投资有限责任公司、成都蛟龙经济开发有限公司）	四川省	综合	1 927 697
297	三花控股集团有限公司	浙江省	通用设备制造业	1 920 315
298	华泽集团有限公司	湖南省	酒、饮料和精制茶制造业	1 920 256
299	广州立白企业集团有限公司	广东省	化学原料和化学制品制造业	1 915 305
300	山东五征集团有限公司	山东省	汽车制造业	1 909 945
301	宗申产业集团有限公司	重庆市	铁路、船舶、航空航天和其他运输设备制造业	1 897 603
302	湖北枝江酒业集团	湖北省	酒、饮料和精制茶制造业	1 894 632
303	山西潞宝集团	山西省	石油加工、炼焦和核燃料加工业	1 893 429
304	重庆中昂投资集团有限公司	重庆市	房地产业	1 887 097
305	深圳华强集团有限公司	广东省	软件和信息技术服务业	1 883 406
306	山东远通汽车贸易集团有限公司	山东省	零售业	1 871 178
307	海天建设集团有限公司	浙江省	房屋建筑业	1 868 433
308	震雄铜业集团有限公司	江苏省	有色金属冶炼和压延加工业	1 865 676
309	开元旅业集团有限公司	浙江省	综合	1 862 882
310	中洋联合集团股份有限公司	河南省	批发业	1 862 334
311	宁波均胜电子股份有限公司	浙江省	汽车制造业	1 855 241
312	同程网络科技股份有限公司	江苏省	互联网和相关服务	1 854 185
313	江苏金昇实业股份有限公司	江苏省	专用设备制造业	1 853 260
314	云南力帆骏马车辆有限公司	云南省	汽车制造业	1 851 707
315	福星集团控股有限公司	湖北省	综合	1 849 741

表4(续)

500强序号	企业名称	省(市)	行业	营收(万元)
316	得力集团有限公司	浙江省	文教、工美、体育和娱乐用品制造业	1 849 241
317	新华锦集团	山东省	批发业	1 834 646
318	万马联合控股集团有限公司	浙江省	零售业	1 826 642
319	奥康集团有限公司	浙江省	皮革、毛皮、羽毛及其制品和制鞋业	1 818 022
320	花园集团有限公司	浙江省	有色金属冶炼和压延加工业	1 805 079
321	金发科技股份有限公司	广东省	橡胶和塑料制品业	1 799 085
322	润东汽车集团有限公司	江苏省	其他服务业	1 797 299
323	常熟市龙腾特种钢有限公司	江苏省	黑色金属冶炼和压延加工业	1 795 926
324	山东金茂纺织化工集团有限公司	山东省	有色金属冶炼和压延加工业	1 795 827
325	伟星集团有限公司	浙江省	综合	1 794 755
326	新疆农六师铝业有限公司	新疆生产建设兵团	金属制品业	1 787 370
327	江苏华宏实业集团有限公司	江苏省	化学纤维制造业	1 785 260
328	利泰集团有限公司	广东省	批发业	1 782 232
329	三鼎控股集团有限公司	浙江省	纺织业	1 775 057
330	东莞华贝电子科技有限公司	广东省	计算机、通信和其他电子设备制造业	1 766 768
331	华立集团股份有限公司	浙江省	综合	1 765 535
332	河北新武安钢铁集团鑫汇冶金有限公司	河北省	黑色金属冶炼和压延加工业	1 757 822
333	美锦能源集团有限公司	山西省	石油加工、炼焦和核燃料加工业	1 756 734
334	巨星控股集团有限公司	浙江省	通用设备制造业	1 756 344
335	大全集团有限公司	江苏省	电气机械和器材制造业	1 752 255
336	金花投资控股集团有限公司	陕西省	零售业	1 750 658
337	山东中海化工集团有限公司	山东省	石油加工、炼焦和核燃料加工业	1 750 532
338	新凤鸣集团股份有限公司	浙江省	化学纤维制造业	1 747 698
339	宁夏宝丰集团有限公司	宁夏回族自治区	煤炭开采和洗选业	1 743 505
340	福建捷联电子有限公司	福建省	计算机、通信和其他电子设备制造业	1 738 684
341	武汉市金马凯旋家具投资有限公司	湖北省	综合	1 723 033

表4（续）

500强序号	企业名称	省（市）	行业	营收（万元）
342	亿阳集团股份有限公司	黑龙江省	综合	1 722 433
343	广东联塑科技实业有限公司	广东省	橡胶和塑料制品业	1 722 105
344	天津亿联投资控股集团有限公司	天津市	房地产业	1 716 660
345	兴惠化纤集团有限公司	浙江省	纺织业	1 715 933
346	华南物资集团有限公司	重庆市	批发业	1 709 903
347	重庆小康控股有限公司	重庆市	汽车制造业	1 708 260
348	天茂实业集团有限公司	湖北省	保险业	1 703 113
349	圆通速递有限公司	上海市	邮政业	1 700 000
350	珠海市魅族科技有限公司	广东省	计算机、通信和其他电子设备制造业	1 696 836
351	大连金玛商城企业集团有限公司	辽宁省	租赁业	1 684 521
352	广州市时代地产集团有限公司	广东省	房地产业	1 679 654
353	浙江东南网架集团有限公司	浙江省	金属制品业	1 671 560
354	浙江宝利德股份有限公司	浙江省	零售业	1 669 310
355	万事利集团有限公司	浙江省	纺织服装、服饰业	1 664 713
356	广州元亨能源有限公司	广东省	批发业	1 663 208
357	福耀玻璃工业集团股份有限公司	福建省	非金属矿物制品业	1 662 134
358	天津华北集团有限公司	天津市	有色金属冶炼和压延加工业	1 656 892
359	河北冠丰冶金工业有限公司	河北省	黑色金属冶炼和压延加工业	1 654 491
360	泰地控股集团有限公司	浙江省	综合	1 644 695
361	山东金升有色集团有限公司	山东省	有色金属冶炼和压延加工业	1 641 980
362	上海胜华电缆（集团）有限公司	上海市	电气机械和器材制造业	1 639 348
363	四川省乐山市福华农科投资集团有限责任公司	四川省	化学原料和化学制品制造业	1 618 124
364	大运九州集团有限公司	山西省	汽车制造业	1 616 945
365	群升集团有限公司	浙江省	综合	1 616 454
366	大亚科技集团有限公司	江苏省	木材加工和木、竹、藤、棕、草制品业	1 610 856
367	山东奥德燃气有限公司	山东省	燃气生产和供应业	1 608 656
368	深圳市朗华供应链服务有限公司	广东省	商务服务业	1 605 996
369	方远建设集团股份有限公司	浙江省	房屋建筑业	1 605 537
370	南通建工集团股份有限公司	江苏省	房屋建筑业	1 603 076
371	浙江兴日钢控股集团有限公司	浙江省	有色金属冶炼和压延加工业	1 593 176

表4(续)

500强序号	企业名称	省(市)	行业	营收(万元)
372	诸城外贸有限责任公司	山东省	食品制造业	1 572 054
373	青岛世纪瑞丰集团有限公司	山东省	批发业	1 568 242
374	河南金汇不锈钢产业集团有限公司	河南省	有色金属冶炼和压延加工业	1 566 256
375	天颂建设集团有限公司	浙江省	房屋建筑业	1 563 278
376	河南龙成集团有限公司	河南省	黑色金属冶炼和压延加工业	1 562 485
377	河南正商置业有限公司	河南省	房地产业	1 553 167
378	利时集团股份有限公司	浙江省	橡胶和塑料制品业	1 552 607
379	江苏爱康实业集团有限公司	江苏省	综合	1 551 944
380	日照兴业集团有限公司	山东省	综合	1 551 676
381	瑞声科技控股有限公司	广东省	计算机、通信和其他电子设备制造业	1 550 682
382	山西立恒钢铁集团股份有限公司	山西省	黑色金属冶炼和压延加工业	1 547 965
383	广州美涂士投资控股有限公司	广东省	综合	1 540 149
384	德华集团控股股份有限公司	浙江省	木材加工和木、竹、藤、棕、草制品业	1 539 368
385	骆驼集团股份有限公司	湖北省	电气机械和器材制造业	1 537 499
386	金龙精密铜管集团股份有限公司	河南省	有色金属冶炼和压延加工业	1 527 299
387	江河创建集团股份有限公司	北京市	建筑装饰和其他建筑业	1 523 959
388	祥生实业集团有限公司	浙江省	房地产业	1 521 901
389	山东铁雄冶金科技有限公司	山东省	综合	1 521 152
390	程力专用汽车股份有限公司	湖北省	汽车制造业	1 520 362
391	梦金园黄金珠宝集团有限公司	天津市	其他制造业	1 518 686
392	重庆市博赛矿业（集团）有限公司	重庆市	有色金属冶炼和压延加工业	1 518 379
393	宁波申洲针织有限公司	浙江省	纺织服装、服饰业	1 509 908
394	华孚控股有限公司	广东省	纺织业	1 505 838
395	浙江富春江通信集团有限公司	浙江省	计算机、通信和其他电子设备制造业	1 504 818
396	天津恒运能源集团股份有限公司	天津市	批发业	1 503 723
397	齐鲁制药有限公司	山东省	医药制造业	1 503 569
398	五洲国际集团	江苏省	房地产业	1 500 185
399	浙江国泰建设集团有限公司	浙江省	房屋建筑业	1 497 713
400	大华（集团）有限公司	上海市	房地产业	1 496 574
401	华太建设集团有限公司	浙江省	房屋建筑业	1 495 837

表4(续)

500强序号	企业名称	省(市)	行业	营收(万元)
402	中厦建设集团有限公司	浙江省	房屋建筑业	1 493 745
403	广博集团	浙江省	文教、工美、体育和娱乐用品制造业	1 492 421
404	浙江协和集团有限公司	浙江省	黑色金属冶炼和压延加工业	1 490 221
405	山西通才工贸有限公司	山西省	黑色金属冶炼和压延加工业	1 484 791
406	浙江建华集团有限公司	浙江省	批发业	1 477 838
407	浙江元立金属制品集团有限公司	浙江省	金属制品业	1 476 095
408	临清三和纺织集团有限公司	山东省	纺织业	1 475 715
409	远邦控股集团有限公司	北京市	仓储业	1 470 052
410	人本集团有限公司	浙江省	通用设备制造业	1 461 382
411	连云港亚新钢铁有限公司	江苏省	黑色金属冶炼和压延加工业	1 461 259
412	舜宇集团有限公司	浙江省	计算机、通信和其他电子设备制造业	1 460 016
413	绿都控股集团有限公司	浙江省	房地产业	1 455 192
414	广州合生骏景房地产有限公司	广东省	房地产业	1 454 089
415	正太集团有限公司	江苏省	房屋建筑业	1 451 935
416	深圳市华富洋供应链有限公司	广东省	综合	1 448 344
417	武汉康顺集团有限公司	湖北省	批发业	1 448 088
418	信利光电股份有限公司	广东省	计算机、通信和其他电子设备制造业	1 440 446
419	天津恒兴集团有限公司	天津市	黑色金属冶炼和压延加工业	1 438 973
420	安徽蓝德集团股份有限公司	安徽省	有色金属冶炼和压延加工业	1 434 054
421	山东科瑞控股集团有限公司	山东省	专用设备制造业	1 433 286
422	杭州东恒石油有限公司	浙江省	批发业	1 428 846
423	江西济民可信集团有限公司	江西省	医药制造业	1 428 197
424	东莞农村商业银行股份有限公司	广东省	货币金融服务	1 426 360
425	海马汽车集团股份有限公司	海南省	汽车制造业	1 423 927
426	天洁集团有限公司	浙江省	通用设备制造业	1 417 517
427	农夫山泉股份有限公司	浙江省	酒、饮料和精制茶制造业	1 413 864
428	江苏吴中集团有限公司	江苏省	综合	1 409 488
429	月星集团有限公司	江苏省	综合	1 407 157
430	腾达建设集团股份有限公司	浙江省	土木工程建筑业	1 403 640
431	赤峰远联钢铁有限责任公司	内蒙古自治区	黑色金属冶炼和压延加工业	1 384 473

表4(续)

500强序号	企业名称	省(市)	行业	营收(万元)
432	星星集团有限公司	浙江省	电气机械和器材制造业	1 380 351
433	苏州胜利精密制造科技股份有限公司	江苏省	计算机、通信和其他电子设备制造业	1 376 751
434	江西赣基集团工程有限公司	江西省	土木工程建筑业	1 372 966
435	江苏省建工集团有限公司	江苏省	房屋建筑业	1 372 908
436	济源市万洋冶炼(集团)有限公司	河南省	有色金属冶炼和压延加工业	1 370 500
437	宁波建工股份有限公司	浙江省	房屋建筑业	1 369 580
438	星河湾集团有限公司	广东省	房地产业	1 368 705
439	天津现代集团有限公司	天津市	房地产业	1 367 520
440	厦门禹洲集团股份有限公司	福建省	房地产业	1 367 182
441	中设建工集团有限公司	浙江省	房屋建筑业	1 361 197
442	歌山建设集团有限公司	浙江省	房屋建筑业	1 356 188
443	安徽中鼎控股(集团)股份有限公司	安徽省	橡胶和塑料制品业	1 354 673
444	湖南金龙国际集团	湖南省	废弃资源综合利用业	1 351 750
445	广东电白建设集团有限公司	广东省	房屋建筑业	1 350 020
446	五洋建设集团股份有限公司	浙江省	房屋建筑业	1 348 951
447	金猴集团有限公司	山东省	皮革、毛皮、羽毛及其制品和制鞋业	1 346 096
448	江西博能实业集团有限公司	江西省	金属制品业	1 339 198
449	长春欧亚卖场有限责任公司	吉林省	零售业	1 333 463
450	浙江大华技术股份有限公司	浙江省	软件和信息技术服务业	1 332 909
451	浙江展诚建设集团有限公司	浙江省	房屋建筑业	1 329 050
452	兴隆大家庭商业集团有限公司	辽宁省	零售业	1 324 474
453	东方建设集团有限公司	浙江省	房屋建筑业	1 319 564
454	富丽达集团控股有限公司	浙江省	化学纤维制造业	1 316 310
455	北京明天投资有限公司	北京市	房地产业	1 313 640
456	南通新华建筑集团有限公司	江苏省	房屋建筑业	1 312 637
457	锦联控股集团有限公司	辽宁省	水上运输业	1 307 303
458	北京京奥港集团有限公司	北京市	批发业	1 302 929
459	宝业湖北建工集团有限公司	湖北省	房屋建筑业	1 302 768
460	上海春秋国际旅行社(集团)有限公司	上海市	航空运输业	1 302 375
461	浙江万达建设集团有限公司	浙江省	房屋建筑业	1 301 032

表4(续)

500强序号	企业名称	省(市)	行业	营收(万元)
462	高运控股集团有限公司	浙江省	土木工程建筑业	1 294 760
463	永兴特种不锈钢股份有限公司	浙江省	黑色金属冶炼和压延加工业	1 293 457
464	华讯方舟科技有限公司	广东省	计算机、通信和其他电子设备制造业	1 284 880
465	大自然钢业集团有限公司	浙江省	黑色金属冶炼和压延加工业	1 283 579
466	山东亨圆铜业有限公司	山东省	金属制品业	1 283 099
467	胜达集团有限公司	浙江省	造纸和纸制品业	1 280 618
468	法派集团有限公司	浙江省	纺织服装、服饰业	1 278 500
469	明阳新能源投资控股集团有限公司	广东省	电气机械和器材制造业	1 267 398
470	万安集团有限公司	浙江省	汽车制造业	1 266 709
471	山东联盟化工集团有限公司	山东省	化学原料和化学制品制造业	1 261 169
472	内蒙古蒙泰煤电集团有限公司	内蒙古自治区	煤炭开采和洗选业	1 258 754
473	汇宇控股集团有限公司	浙江省	房地产业	1 256 650
474	中亿丰建设集团股份有限公司	江苏省	房屋建筑业	1 254 959
475	上海龙昂国际贸易有限公司	上海市	批发业	1 254 233
476	杭州诺贝尔集团有限公司	浙江省	非金属矿物制品业	1 254 158
477	浙江舜江建设集团有限公司	浙江省	房屋建筑业	1 253 290
478	佛山市海天调味食品股份有限公司	广东省	食品制造业	1 245 856
479	江苏高力集团有限公司	江苏省	房地产业	1 242 627
480	海天塑机集团有限公司	浙江省	专用设备制造业	1 241 719
481	华翔集团股份有限公司	浙江省	汽车制造业	1 241 011
482	天津宝迪农业科技股份有限公司	天津市	农副食品加工业	1 234 125
483	人福医药集团股份公司	湖北省	医药制造业	1 233 095
484	振石控股集团有限公司	浙江省	黑色金属冶炼和压延加工业	1 230 545
485	致远控股集团有限公司	浙江省	有色金属冶炼和压延加工业	1 230 165
486	浙江天圣控股集团有限公司	浙江省	化学纤维制造业	1 228 907
487	浙江航民实业集团有限公司	浙江省	纺织业	1 226 359
488	建华管桩集团有限公司	江苏省	非金属矿物制品业	1 224 688
489	新十建设集团有限公司	湖北省	房屋建筑业	1 219 836
490	广州海印实业集团有限公司	广东省	商务服务业	1 219 760
491	佛山市兴海铜铝业有限公司	广东省	综合	1 219 370

表4(续)

500强序号	企业名称	省(市)	行业	营收(万元)
492	淮海控股集团有限公司	江苏省	汽车制造业	1 219 126
493	河南金利金铅集团有限公司	河南省	有色金属冶炼和压延加工业	1 217 706
494	连云港兴鑫钢铁有限公司	江苏省	黑色金属冶炼和压延加工业	1 216 610
495	安徽山鹰纸业股份有限公司	安徽省	造纸和纸制品业	1 213 481
496	辅仁药业集团有限公司	河南省	医药制造业	1 212 194
497	湖北三宁化工股份有限公司	湖北省	化学原料和化学制品制造业	1 210 144
498	江苏国强镀锌实业有限公司	江苏省	其他制造业	1 208 308
499	天津源泰德润钢管制造集团有限公司	天津市	黑色金属冶炼和压延加工业	1 206 247
500	广东江粉磁材股份有限公司	广东省	计算机、通信和其他电子设备制造业	1 205 150

后　记

从全国来看，我国经济发展进入新常态，物质基础雄厚，人力资源丰富，市场空间广阔，发展潜力巨大。改革红利加速释放，区域合作发展深入推进，经济发展方式加快转变，新的增长动力正在孕育形成，新型工业化、信息化、城镇化、农业现代化同步发展，促进经济保持中高速增长，迈向中高端水平，经济长期发展向好的基本面没有变。

山东省仍处于实现由大到强战略性转变的关键时期。这一时期，山东省将完成全面建成小康社会的历史性任务，发展呈现新的阶段性特征，产业升级提速、城乡区域一体化、陆海统筹联动、生产力发展的多层次将为山东省经济发展提供更大潜力、韧性和回旋空间。随着改革红利加速释放、市场空间不断拓展、政策措施继续完善，山东省民营经济必将迎来一个大发展、大繁荣的崭新局面。

2017 年 8 月中国民营经济发展峰会在济南召开，会上李群副省长指出，民营企业蕴含着新动能的巨大潜力，广大民营企业家是创业创新的主体，是推动新旧动能转换的重要力量。山东省委省政府高度重视民营企业在新旧动能转换中的重要作用，将建立党委政府与民营企业沟通的制度化平台，着力构建“亲”“清”新型政商关系，在全社会倡树尊重、理解、崇尚企业家精神的良好风气。宏观的经济战略给山东省民营经济发展带来了新的机遇。

山东当代民营经济研究院专注于山东省民营经济发展研究，在调研的基础上形成了《2017 山东省民营经济发展报告》。作为山东省第一份专门研究民营经济的报告，本书在社会上引起了很大的关注，产生了良好的影响，部分问题已得到有效解决。

《2017 山东省民营经济发展报告》的编撰，得到了山东英才学院、西南财经大学出版社的大力支持。全书由山东当代民营经济研究院院长赵琳负责总体设计、审定，并带领研究院各位科研人员进行了本书的编撰工作。另外，本书的成功出版还得益于国内外有关专家、学者的研究成果和文献资料，在此一并表示诚挚的谢意！

本书已是我们出版的第五本民营经济发展报告，前四本出版之后，我们收获了来自全国各地读者的宝贵建议，并在此书中做了改善。如仍有不妥之处，敬请广大读者和专家不吝赐教。

编　者

2017 年 10 月